| 光明社科文库 |

中国特色社会主义
公安工作理论研究

隋从容◎著

光明日报出版社

图书在版编目（CIP）数据

中国特色社会主义公安工作理论研究／隋从容著
. --北京：光明日报出版社，2022.11
ISBN 978－7－5194－6978－8

Ⅰ.①中… Ⅱ.①隋… Ⅲ.①公安工作—理论研究—
中国 Ⅳ.①D631

中国版本图书馆 CIP 数据核字（2022）第 236099 号

中国特色社会主义公安工作理论研究
ZHONGGUO TESE SHEHUI ZHUYI GONGAN GONGZUO LILUN YANJIU

著　　者：隋从容	
责任编辑：杜春荣	责任校对：房　蓉　李佳莹
封面设计：中联华文	责任印制：曹　诤

出版发行：光明日报出版社

地　　址：北京市西城区永安路 106 号，100050

电　　话：010-63169890（咨询），010-63131930（邮购）

传　　真：010-63131930

网　　址：http://book.gmw.cn

E - mail：gmrbcbs@gmw.cn

法律顾问：北京市兰台律师事务所龚柳方律师

印　　刷：三河市华东印刷有限公司

装　　订：三河市华东印刷有限公司

本书如有破损、缺页、装订错误，请与本社联系调换，电话：010-63131930

开　　本：170mm×240mm			
字　　数：309 千字	印　　张：16.5		
版　　次：2024 年 1 月第 1 版	印　　次：2024 年 1 月第 1 次印刷		
书　　号：ISBN 978－7－5194－6978－8			
定　　价：95.00 元			

目 录
CONTENTS

导　论

本书是山东省社会科学规划项目一般项目"中国特色的社会主义公安理论研究"〔11CKSZ03〕的拓展成果。本课题研究的核心内容是：改革开放以来，中国共产党把马克思主义的基本原理与中国改革开放和现代化建设的实际相结合，运用马克思主义的立场、观点和方法回答及解决公安工作中的实际问题所产生的一系列思想理论。本课题不是针对公安工作中某一警种或某些警种的具体工作理论的研究。

大凡研究一个课题，常规的思路是对课题进行如下的思考和论述：这是一个什么样的课题，为什么要研究这个课题，怎样研究这个课题。导论部分将对这三个问题进行解答。另需说明的是，为了行文方便，文中对涉及的所有人物的称谓一律省略，直呼其名。

公安工作是维护国家安全和社会稳定、促进社会公平正义、保障人民安居乐业的重要工作。改革开放40多年来，中国创造了经济持续健康发展、社会持续安全稳定的"两大奇迹"，是世界上最安全的国家之一。取得这样的成就，既凝聚着全国公安战线和广大公安民警的艰苦努力，更彰显着中国共产党治国理政的卓越智慧和能力。

改革开放40多年来，中国共产党始终把公安工作摆在事关国家政权安全和社会稳定的重要位置，在汲取国内外公安工作理论思想精华的基础上，以马克思主义国家学说和无产阶级专政理论为指导，紧密结合我国改革开放和现代化建设的时代主题，顺势而为，在逐步推进中国特色社会主义公安事业的进程中，对公安工作的性质、地位、职责任务、公安工作的着力点以及公安工作主体建设等重大理论和实践问题展开了深入探索与回答，形成了一套相对完整、科学，具有中国特色的社会主义公安工作理论体系，即中国特色社会主义公安工作理论。它是与毛泽东公安工作思想一脉相承而又与时俱进的思想理论，包含了以邓小平、江泽民、胡锦涛、习近平为主要代表的中国共产党人关于公安工作的重要思想和观点。深入挖掘和系统梳理改革开放以来中国共产党人的公安工作思想，构建中国特色社会主义公安工作理论体系，无论是对推进中国特色社会主义理论体系研究，还是为进一步推进新时代公安工作提供理论参考，都具有十分重要的理论价值和实践意义。

研究中国特色社会主义公安工作理论，有利于推进和深化中国特色社会主义理论体系特别是习近平新时代中国特色社会主义思想研究。中国特色社会主义理论体系博大精深，思想深刻，内涵丰富。要想准确理解其精神，把握其内涵，需要从各个领域展开研究。邓小平曾就如何完整准确地理解毛泽东思想问题，专门提出了"做理论工作的同志，要花相当多的功夫，从各个领域阐明毛泽东思想的体系"① 的要求。虽然时过境迁，但是其引申的含义同样适用于当下如何完整准确地理解中国特色社会主义理论体系和习近平新时代中国特色社会主义思想。从公安领域总结、归纳、提炼和深化中国特色社会主义公安工作理论，可以进一步推进和深化中国特色社会主义理论体系以及习近平新时代中国特色社会主义思想的全方位研究。

有利于深化和拓展马克思主义国家学说和无产阶级专政理论的研究。结合新的时代际遇和社会现实，研究中国特色社会主义公安工作理论的理论基础和理论渊源，可以加深对马克思主义国家学说中国家的起源与消亡、国家的本质和职能、国家与警察的关系、国家消亡的可能与条件、无产阶级专政的新形式和无产阶级民主的实质等的认识与理解，深化和拓展对马克思主义国家学说和无产阶级专政理论的认识。

有利于深化和拓展中国化马克思主义公安工作思想研究。审视中国共产党领导的公安工作从诞生到现在整个发展历程，在中国这样一个人口多、底子薄，经济文化发展很不平衡的多民族发展中大国，如何捍卫社会主义制度、维护国家安全和社会稳定、为建设社会主义现代化强国保驾护航，是马克思主义发展史上的崭新课题。马克思主义经典作家没有给出答案。中国共产党励精图治，坚持把马克思主义基本原理同中国具体实际相结合，一代接着一代干，取得了举世瞩目的成就，使得中国成为全世界最安全的国家之一，这是中国化马克思主义公安工作思想指导的结果。认真梳理改革开放以来中国共产党的公安工作思想，构建中国特色社会主义公安工作理论体系，有利于加深和拓展中国化马克思主义公安工作思想研究。

研究中国特色社会主义公安工作理论，有利于健全和完善中国特色社会主义公安制度和治理体系。理论创新是制度创新的核心和灵魂。我们党始终重视

---

① 邓小平. 邓小平文选：第 2 卷 [M]. 北京：人民出版社，1994：44.

制度建设，尤其是党的十八大以来，党提出了"推进国家治理体系和治理能力现代化"这个重大命题，党的十九届四中全会更是专门用一次全会对坚持和完善中国特色社会主义制度，推进国家治理体系和治理能力现代化的总体目标和具体任务进行专题研究和部署，把制度建设摆到了更加突出的位置。建设我国现行的公安制度和治理体系，是在深刻总结我国公安工作的历史经验和教训的基础上，以马克思主义的国家学说和无产阶级专政理论为指导，结合公安工作的具体实际建立的。社会进步离不开制度创新，公安工作要加快现代化的步伐同样离不开不断完善的公安制度和治理体系的支持与保障。党的十九届四中全会提出的"坚持和完善共建共治共享的社会治理制度，保持社会稳定、维护国家安全"等决定和十九届五中全会通过的《中共中央关于制定国民经济和社会发展第十四个五年规划和二〇三五年远景目标的建议》提出的"统筹发展和安全，建设更高水平的平安中国"的目标，都对公安制度和治理体系建设提出了新要求。我国的社会主义性质和基本国情决定了社会主义中国的公安制度，既不可能用资本主义的警务理论来阐释，也不可能用资本主义的警务理论来指导和推动其创新与发展，这个使命理所当然地要由中国共产党的公安工作理论来完成。所以，在全面推进依法治国、积极推进国家治理体系和治理能力现代化、全面深化公安改革、坚持总体国家安全观、建设更高水平的平安中国的语境下，研究中国特色社会主义公安工作理论，有助于公安机关健全和完善公安制度和治理体系，加快推进法治公安和公安工作现代化建设。

有利于推进公安工作的历史进程。中国共产党人对待马克思主义的态度是，学习研究马克思主义，要以我们正在做的事情为中心，既要着眼于对马克思主义理论的运用和对实际问题的理论思考，又要着眼于新的实践和新的发展。随着中国的崛起，国家安全结构和经济利益格局正在发生改变，毋庸置疑，公安机关正面临着前所未有的矛盾和压力。党的二十大报告明确提出了推进国家安全体系和能力现代化，坚决维护国家安全和社会稳定，建设更高水平的平安中国，以新安全格局保障新发展格局的新要求。所有这些，既需要中国特色社会主义公安工作理论指导人民警察树立科学的人民警察观，又需要切实有效的理论来引领公安实践。全面总结和建构中国特色社会主义公安工作理论及其体系，为建立与"五位一体"总体布局、"四个全面"战略布局相适应的法治公安提供理论支持，已经成为当代中国公安理论工作者的重大历史使命。通过研究，梳理出中国特色社会主义公安工作理论与实践的演进脉络，尝试性地总结出中国特色的社会主义公安工作理论体系所包含的重要内容，可以为公安机关打造过硬队伍，深化平安建设，推进法治建设，建设平安中国、法治中国提供理论参考。

有利于中国公安与世界警察的互动。加强中国特色社会主义公安工作理论研究是构建国际警务话语体系、学习和借鉴国际警务工作经验、向世界展示中国的公安工作、进一步加强国际警务合作的需要。改革开放以来，随着全球化进程的不断推进，随着我国市场经济的深入发展和我国对外开放的大门不断敞开，我国与世界各国在各个领域的合作不断增加，我国的公安机关与国外、境外警界的交流也日渐频繁，加强国际警务执法合作，已成为公安机关惩治腐败、打击跨国犯罪的重要形式之一。学习和借鉴国际警务工作经验，向世界展示中国的公安工作，讲好中国公安故事，展示中国公安形象，进一步加强国际警务合作是我们当前和今后加强国家交流与合作的重要任务。这些都需要立足于了解中国公安工作的实际，立足于了解中国的公安是社会主义制度下的公安、是中国共产党绝对领导的公安这一特征，立足于清醒的政治头脑。与西方不同，中国的公安工作有其鲜明的特色和个性。构建我国的警务话语体系，需要以中国特色社会主义公安工作理论为指导。中国特色社会主义公安工作理论，表明了最高决策层对中国公安工作的立场，表达了最高决策层对中国特色的社会主义公安工作的认识和诠释，是指导中国公安工作的理论基础。

所以，我们必须以中国特色社会主义理论体系和习近平新时代中国特色社会主义思想为指导，通过对已有研究成果以及党和国家关于公安工作的政策文本，党和国家主要领导人关于公安工作的重要讲话和指示、批示精神等丰富研究资料，做进一步学术梳理、理论整合，总结出中国特色社会主义公安工作理论的基本内容，分析其基本条件，勾勒出其形成轨迹，找到其理论价值和实践意义，为形成中国特色社会主义公安工作理论做出理论贡献。尤其是深刻剖析其在实践运用存在的问题，以达到认识问题、解决问题之目的，促进公安工作全面深化改革，促进社会公平正义，实现政权稳固、社会稳定、人民安宁。

研究中国特色社会主义公安工作理论，需要翔实的研究资料。本研究的基础主要来自两个方面：一是有关政策文本及中央领导同志讲话相关内容，二是学术界的研究成果。

第一，有关政策文本及中央领导同志讲话相关内容。最原始的往往是最确切的。有关公安工作的政策文本和中央领导同志的有关讲话，是该课题研究的第一手资料。

关于改革开放以来党和国家出台的一系列有关公安工作的政策文本，主要包括三个方面。其一，改革开放以来党的历次全国代表大会报告中的相关表述。以党的十一届三中全会为标志，改革开放以来，共召开9次党的全国代表大会，每次报告中，对公安工作及其相关内容都有重要论述。这些报告中的相关内容，为准确把握中国共产党人在一个时期关于公安工作的重心和方向提供了直接的研究资料。其二，中共中央有关公安政法工作的决定。其中概括为四类内容：第一类是专门对加强公安工作作出的决定。如《中共中央关于加强公安工作的决定》（1991 年 10 月）、《中共中央关于进一步加强和改进公安工作的决定》（2003 年 11 月）、《中共中央关于加强新时代公安工作的意见》（2019 年 5 月）、《中共中央关于全面深化公安改革若干重大问题的框架意见》（2015 年）等。第二类是对政法工作作出的决定。如《中共中央关于加强政法工作的指示》（1982 年 1 月）、《中共中央关于维护社会稳定加强政法工作的通知》（1990 年 4 月）、《中共中央关于加强政法工作，更好地为改革开放和经济建设服务的意见》（1992 年 7 月）、《中共中央关于加强政法干部队伍建设的决定》（1999 年 4 月）、《中国共产党政法工作条例》（2019 年 1 月）等。第三类是对社会治安综合治理作出的决定。如《中共中央、国务院关于加强社会治安综合治理的决定》（1991 年 2 月）、《中共中央、国务院关于进一步加强社会治安综合治理的意见》（2001 年 9 月）、《中共中央、国务院关于加强社会治安防控体系建设的意见》（2015 年 4 月）等。第四类是对专项打击犯罪活动作出的要求。如《中共中央、国务院关于打击经济领域严重犯罪活动的决定》（1982 年 4 月）、《中共中央关于严厉打击刑事犯罪活动的决定》（1983 年 8 月）、《中共中央关于进一步加强青少年教育预防青少年违法犯罪的通知》（1985 年 10 月）、《中共中央、国务院关于开展扫黑除恶专项斗争的通知》（2017 年 12 月）等。这些《决定》和《意见》为在研究过程中准确把握中国共产党关于公安工作的态度，对一个时期工作的重点和重心、公安工作的方针策略等提供了第一手研究资料。其三，中共中央的其他方面的重大决定中所涉及的相关内容。改革开放以来，中共中央作出了诸多事关党和国家前途命运、事关我国经济、政治、文化、社会、生态发展等方面的重大决定，这些决定中有许多涉及公安工作的论述。如《中共中央关于构建社会主义和谐社会若干重大问题的决定》（2006 年 10 月）、《中共中央关于全面深化改革若干重大问题的决定》（2013 年 11 月）、《中共中央关于全面推进依法治国若干重大问题的决定》（2014 年 10 月）、《中共中央关于坚持和完善中国特色社会主义制度、推进国家治理体系和治理能力现代化若干重大问题的决定》等，与之类似的决定，数量繁多，不一而足。这些决定，都涉及党对公安工作的领导问题、公安工作的改革问题、公安机关的执法规范化建设问题、社会治安防控体系建设问题、公安队伍建设等，反映了公安工作与其他各项工作之间的关系，体现了中国共产党领导公安工作的思维和观念。

　　关于中央领导人和中央政法委、公安部领导的相关讲话和文章，主要包括三个方面：其一，改革开放以来党的主要领导人在全国公安工作会议、全国政法工作会议或专门会议上的讲话精神。一是在全国公安会议上的讲话。改革开放以来，共召开中共中央总书记出席的全国性的公安工作会议4次，分别是1991年、1996年、2003年、2019年召开的第十八次、第十九次、第二十次全国公安会议和全国公安工作会议，江泽民、胡锦涛、习近平分别发表重要讲话。二是在全国政法工作会议上的讲话。改革开放以来，公开报道的党的总书记出席的全国政法工作会议有8次。分别是1992年、1994年、1995年、1998年召开的全国政法工作会议，江泽民与参加会议的部分代表座谈并讲话，1997年召开的全国政法工作会议，江泽民出席并作重要讲话。2007年召开的全国政法工作会议，胡锦涛同会议代表和全国大法官、大检察官进行座谈。党的十八大以来，全国政法工作会议更名为中央政法工作会议，习近平分别于2014年1月和2019年1月各出席1次，并作重要讲话。除此以外，每年中央政法会议召开前夕，习近平都会就政法工作作出重要指示。三是在全国社会治安综合治理会议上的讲话。四是在会见全国公安系统英雄模范立功集体表彰大会、全国社会治安综合治理先进集体先进工作者表彰大会代表时发表的讲话等。另外还有其他场合的重要讲话，作出的指示、批示，不再一一列举。其二，分管公安政法工作的中央领导在全国公安政法工作会议上的讲话。改革开放以来，分管政法工作的中央领导和公安部部长在任期间对公安工作有过许多讲话、写过许多文章。比如，彭真的著作《彭真文选（1941—1990）》《论新时期的社会主义民主与法制建设》等，对人民民主专政，公安机关的性质，公安工作坚持党的领导、坚持党的群众路线等有过诸多论述。乔石的著作《乔石谈民主与法制》（上下册）对推进民主法制建设、打击犯罪、加强社会治安综合治理、保障社会安定等方面有过诸多论述。比如，他认为政法工作必须同党的中心任务紧密结合，必须更加自觉更加主动服从和服务于改革开放和经济建设大局，更好肩负起保卫和促进社会主义现代化建设的历史重任；提出社会治安综合治理的方针；强调要用中国特色社会主义理论来指导政法各部门的工作；司法工作、执法工作必须严格执行法律制度规定，做到公开、透明、公正等。这些讲话和文章，有的是工作部署，有的是对党的最高领导人的讲话的学习体会，对研究本课题具有重要的参考价值，既是研究中国特色社会主义公安工作理论的直接资料，也是间接资料，对正确理解和把握党的公安工作思想提供了很大的帮助。其三，历次全国公安工作会议经验总结。新中国成立以来，共召开全国公安工作会议21次，其中改革开放以来召开了4次。这些会议，每次都会对过去几年公安工作取得的经验进行总结。比如，第十八次全国公安会议总结了自第十七次全国公安会议召开以来 14 年的公安工作取得的 7 条基本经验；第十九次全国公安会议总结了自第十八次全国公安会议召开以来 5 年的公安工作取得的 9 条基本经验；第二十次全国公安会议总结了自第十九次全国公安会议召开以来 7 年的公安工作取得的 9 条基本经验；新时代全国公安工作会议于 2019 年 5 月 7 日—8 日召开，会议总结了自党的十八大以来的公安工作取得的基本经验，共有 8 条。这些基本经验，是对各个不同时期公安工作贯彻执行党的基本路线的深刻总结和高度概括，也反映了中国共产党人对公安工作的规律性的深刻认识，对于研究本课题具有重大的指导意义。

　　第二，学术界的研究成果。如罗小龙的论文《中国共产党主要领导人的治警思想研究现状综述》（载《知识经济》2013 年第 4 期），吉敏丽的论文《中国共产党政法工作指导思想的历史变迁》（载《社科纵横》2014 年第 5 期），王飏的博士学位论文《新民主主义时期中国共产党安全保卫工作的理论与实践》，孟繁利的硕士学位论文《建国初期中国共产党的公安工作理论与实践研究》，张振贵的论文《毛泽东的公安工作思想及其在新时期的指导意义》（载《大庆社会科学》1993 年第 10 期），袁小红的论文《毛泽东的公安工作思想浅谈》（载《湖南公安高等专科学校学报》2000 年第 2 期），黎津平的论文《论毛泽东公安思想》（载《毛泽东思想研究》2007 年第 4 期）和《论毛泽东公安队伍建设思想》（载《毛泽东思想研究》2006 年第 1 期），刘万勇的论文《毛泽东论公安队伍建设》（载《北京人民警察学院学报》2006 年第 5 期），公安部编辑组编写的著作《罗瑞卿论人民公安工作》（群众出版社 1994 年出版），公安部政治部编的著作《毛泽东公安工作理论》（群众出版社 1993 年出版），隋从容的专著《毛泽东公安工作思想研究》（中央文献研究室审定，吉林人民出版社 2009 年出版），黄生鹏的论文《邓小平公安工作思想述论》（载《江苏公安专科学校学报》1994 年第 4 期）和《论邓小平公安工作思想》（载《江苏警官学院学报》2008 年第 6 期），何瑞林的论文《试论邓小平的公安策略》（载《甘肃政法学院学报 1991 年第 3 期》），姚志峰的论文《论邓小平公安思想》（载《毛泽东思想研究》2005 年第 1 期），隋从容的论文《邓小平对公安工作的理论贡献》（载《山东警察学院学报》2011 年第 6 期），公安部《论邓小平人民民主专政思想》编辑部所编的 2 个版本的论著《论邓小平人民民主专政思想》（分别于 1994 年、2004 年出版，2004 年版为修订版），柳卫民的论文《江泽民的公安教育思想探析》（载《考试周刊》2012 年第 45 期），罗小龙的论文《试论江泽民的治警思想》（载《四川警察学院学报》2013 年第 5 期），周长明的论文《胡锦涛同志治警思想论析》（载《毛泽东思想研究》2012年第4期），罗小龙的2篇论文《试论胡锦涛的治警思想》（载《法制与社会》2013年第8期）和《论胡锦涛的治警思想的形成》（载《湖北警官学院学报》2013年第6期），董纯朴的论文《胡锦涛社会治安思想与实践研究》（载《广州市公安管理干部学院学报》2011年第3期），张磊的论文《习近平公安工作论述的思想要义》（载《人民论坛》2016年3月），张昊天、赵文扬的论文《习近平总书记公安工作新观点新思路新举措探究》（载《山西警察学院学报》2017年第4期），陆俊青的论文《习近平新时代建警治警思想的若干维度》（载《上海公安高等专科学校学报》2018年第5期），马中全的论文《论习近平新时代治警思想》（载《贵州警官职业学院学报》2018年第4期），韩锋的论文《习近平公安队伍建设思想的丰富内涵和内在逻辑》（载《山东警察学院学报》2018年第4期），鞠丽华的论文《习近平总体国家安全观探析》（载《山东社会科学》2018年第9期），隋从容的论文《论习近平的"严格执法、公正司法"思想》（载《东岳论丛》2016年第2期）和《做好新时代公安工作的几个着力点——学习习近平关于公安工作的重要论述》（载《党的文献》2019年第3期），以及收录于中国博士学位论文全文数据库中的相关博士学位论文，如陆永的论文《当代中国警政与现代国家成长》（2012年1月）、陈根强的论文《江泽民法治思想研究》（2008年5月）、谢璐妍的论文《胡锦涛构建和谐社会思想研究》（2011年6月）、王凌云的论文《胡锦涛社会稳定思想研究》（2012年6月）等，不一一列举。上述研究成果对于构建中国特色社会主义公安工作的理论框架和内容具有积极的参考作用。

　　研究中国特色社会主义公安工作理论，需要在国际与国内、历史与现实、理论与实践的相互观照和双向互动中剖析和探讨。为此，必须坚持用马克思主义的世界观和方法论作为分析问题解决问题的理论基础，综合运用文献分析法，逻辑与历史相统一、理论与实践相结合、比较研究与归纳总结提炼相融合的方法，对改革开放以来中国共产党人的公安工作思想进行全面、系统、深入研究。

　　本文在对中国特色社会主义公安工作理论的研究内容的顺序安排上，是按照人们认识事物的一般规律进行的。总体来讲，遵循这样的逻辑顺序：从中国特色社会主义公安工作理论的形成条件开始，到其历史进程，再后到其基本内容研究，再到其总体特征研究，再到其价值研究，最后到其实践研究（即在新的实践中坚持与发展的研究）。也就是说，在总体上遵循"发生—历史—理论—价值—实践"的研究思路，从发生逻辑到历史逻辑，再到理论逻辑，再到价值逻辑，最后落脚于实践逻辑。具体来讲，从以下六个方面依次展开。

一是发生逻辑的研究。马克思主义认为，条件是考虑一切问题的基本前提。任何理论和思想的产生与发展都有其诞生、发展的内部因素，也离不开其赖以支撑的外部条件，都是在特定的历史环境下，以科学的理论为指导，对实践提炼和总结而完成的。全球化与社会转型等国际国内因素对公安工作带来的机遇与挑战是其形成和发展的时代背景；新中国成立以来特别是改革开放以来中国共产党人对公安工作的艰辛探索是其形成与发展的最直接、最重要的实践基础；马克思主义的世界观和方法论、马克思主义的国家学说和无产阶级专政理论、毛泽东的公安工作思想是其形成和发展的理论来源。在第一章，按照"一果多因"的观点，以主观与客观、理论与实践、历史与现实、国内与国外相结合的方式，全方位地考察和探索中国特色社会主义公安工作理论的发生逻辑。

二是历史逻辑的研究。马克思主义认为，任何事物都有发生、形成和发展的过程。中国特色社会主义公安工作理论也不是突发的，也有一个形成与发展的过程。要想把握事物的现在和未来，就必须把它的历史过程搞清楚，这是其他研究的前提和基础。其历史过程，可以分为四个阶段。第一阶段，1978—1992年，以邓小平为主要代表的中国共产党人在拨乱反正和改革开放起步的历史转折时期，果断结束了以阶级斗争为纲，在继承毛泽东公安工作思想的基础上，提出并坚持四项基本原则，以民主法制思想为统领，依法从重从快严厉打击刑事犯罪，形成了以"稳定压倒一切"为总要求的公安工作思想体系，开创了公安工作思想发展的新局面。第二阶段，1992—2002年，以江泽民为主要代表的中国共产党人在确立和推进社会主义市场经济体制建设的历史时期，以依法治国思想为统领，着力加强公安工作法治化建设，形成了以"讲政治、讲法制、讲服务"为总要求的公安工作思想体系，将中国特色社会主义公安工作理论推向一个新高度。第三阶段，2002—2012年，以胡锦涛为主要代表的中国共产党人在全面建设小康社会、构建社会主义和谐社会的历史时期，以社会主义法治理念为统领，着力加强公安工作的正规化建设，形成了以"立警为公，执法为民，严格、公正、文明执法"为总要求的公安工作思想体系，全面推进公安工作思想的蓬勃发展。第四阶段，2012年党的十八大以来，以习近平同志为主要代表的中国共产党人科学判断我国所处的历史方位，准确把握我国社会的主要矛盾，以全面推进依法治国、建设社会主义法治中国，坚持总体国家安全观、建设更高水平的平安中国思想为统领，以不断满足人民群众对民主、法治、公平、正义、安全等的更高需求为目标，着重从执法规范化建设，促进社会公平正义等层面全面深化公安改革，形成了以"对党忠诚、服务人民、执法公正、纪律严明"为总要求的公安工作思想体系，推进公安工作思想的创新发展。在

第二章，按照由前往后的时间顺序，以党的主要领导人主政时间为阶段，对改革开放以来各个不同的重要阶段党的公安工作理论的形成过程进行研究，分析其阶段性特征，总结概括各阶段的理论成果。

三是基本内容的研究。马克思主义认为，任何事物都有其内容。与其他理论一样，中国特色社会主义公安工作理论也是由众多理论元素按照一定的结构和次序组合而成的具有自身内在的逻辑结构的有机整体。其基本内容是：围绕"什么是公安工作"的问题，说明公安工作的性质地位使命任务；围绕"为什么要做公安工作"的问题，说明公安工作的价值取向；围绕"怎样做公安工作"的问题，说明公安工作的根本原则、方针策略和举措；围绕"谁来做公安工作"的问题，说明公安工作的主体建设。关于公安工作是我国人民民主专政政权工作的重要组成部分，肩负着维护国家政治安全、确保社会大局稳定、促进社会公平正义、保障人民安居乐业的使命任务，回答了公安工作"是什么"的问题。关于群众路线是公安工作的生命线，维护社会治安要充分发动和依靠人民群众，人民满意是公安工作的根本标准，坚持总体国家安全观、努力建设更高水平的平安中国，回答了公安工作"为什么"的问题。坚持党对公安工作的绝对领导；坚持正确处理两类不同性质的矛盾；坚持专项治理和系统治理、综合治理、依法治理、源头治理相结合，切实抓好社会治安综合治理；坚持严格规范公正文明执法；坚持改革强警、科技兴警战略。这些理论回答了公安工作"怎么做"的问题。政治建警，全面加强公安队伍思想政治建设；从严治警，依法加强公安队伍纪律规矩意识和正规化建设；素质强警，切实提高公安队伍的战斗力。这些理论回答了公安工作"谁来做"的问题。上述内容的组成部分，相互联系，相互依赖，形成了一个完整的理论体系。在第三章至第七章，按照"一块整钢"的观点，将出处零散、背景各异、时间跨度长、涉及人员多的中共四代主要领导人的有关讲话、指示、批示、谈话以及中共中央文献和历次公安会议精神等内容，从公安工作的性质任务、公安工作应坚持的根本原则、公安工作的价值取向、公安工作的实现路径、公安工作的主体建设五个方面进行总结、归纳、概括、提炼，着重回答了"什么是公安工作""为什么要做公安工作""怎样做公安工作""谁来做公安工作"的问题，形成一个内容相对丰富、结构相对严谨的理论体系。这一部分是本课题研究的重点所在。

四是总体特征的研究。马克思主义认为，任何事物都各有其特点。从特征论的角度探讨中国特色社会主义公安工作理论，有助于深化本课题研究。在第八章，对这个思想体系的总体性特征进行了分析概括，认为：该思想从生成方式和过程来看，具有强烈的时代性、继承性、实践性特征；从内容构成上来看，具有鲜明的科学性、政治性、法治性特征；从本质属性和价值取向上来看，具有突出的人民性特征。

五是价值意义的研究。马克思主义认为，认识事物既要从本体论上进行了解和把握，也要从价值论上了解和把握，而且，往往是解决了事物的本体论的问题之后，才真正解决其价值论的问题。研究中国特色社会主义公安工作理论，既是为了总结过去，更是为了面向未来。在第九章，从两个方面展开研究：其一，分析中国特色社会主义公安工作理论的理论价值，评价其理论地位；其二，研究中国特色社会主义公安工作理论的实践意义，着力阐述其在公安实践中的指导价值。

六是坚持与发展的研究。马克思主义之所以看重理论，是因为它能指导行动。马克思主义认为，理论产生于实践，还需回到实践，在指导新的实践中得到进一步的检验、丰富和发展。在第十章，对如何坚持运用和发展中国特色社会主义公安工作理论从三个方面进行探讨：其一，在总结经验中坚持和发展中国特色社会主义公安工作理论。着力概括改革开放以来中国共产党领导公安工作取得的基本经验，在总结经验中坚持和发展。其二，在理论与实际的紧密结合中坚持和发展中国特色社会主义公安工作理论。着力分析实践过程中暴露出的实际与理论相脱节的问题，阐述如何根据公安工作的特殊性和思想贯彻方面与其他领域、行业的差异性，坚持理论创新与理论武装创新相结合、相促进，在回答现实问题和时代之问中坚持和发展。其三，在正确认识坚持和发展的关系中坚持和发展中国特色社会主义公安工作理论。着力分析如何正确认识坚持和发展的关系，坚持其基本原理和科学精神；更为重要的是，坚持好运用好发展好习近平关于公安工作的重要思想。

第一章

中国特色社会主义公安工作理论的发生逻辑

发生学告诉我们，任何理论和思想的产生与发展都离不开特定的历史条件，都有其必然的发生基础，也必然是社会实践的产物。中国特色社会主义公安工作理论的形成与发展，既离不开中国共产党人的主观因素，更离不开支撑它的客观条件，它是多种因素相互影响、综合发力的结果。

第一节　几个概念

明晰概念是进行科学研究的逻辑前提。研究中国特色社会主义公安工作理论，首先有必要弄清楚与研究对象相关的几个概念——"公安""公共安全""警察""公安工作"等，以期更好地把握研究对象，更好地说明将要研究的问题和范围。

一、公安、公共安全、警察

关于公安、警察的概念以及它们之间的关系，学术界多有论述，专门就其概念从不同的视角进行辨析的论文就有 10 余篇。如马顺成的《警察概念的逻辑分析》，载《济南大学学报（社会科学版）》2019 年第 5 期；陈鹏的《公法上警察概念的变迁》，载《法学研究》2017 年第 2 期；师维的《属性、功能与结构：警察含义之于警察立法的意义》，载《中国人民公安大学学报（社会科学版）》2017 年第 5 期；沈惠章的《论警察、警务和公安的概念及其关系》，载《甘肃警察职业学院学报》2014 年第 1 期；刘琳璘的《警察含义的宪法分析》，载《中国人民公安大学学报（社会科学版）》2012 年第 6 期；王虹铈的《公安称谓由来延续辨析》，载《江苏警官学院学报》2004 年第 1 期；康大民的《"公安"词论——兼论"公安"与"公共安全"不完全同义》，载《辽宁警专学报》2004 年第 6 期；李宁的《警察概念论析》，载《北京人民警察学院学报》2003 年第 4 期；郑津珠、赵学刚的《警察概念的逻辑辨析》，载《山西警官高等专科学校学报》2002 年第 2 期；张兆端的《"警察"、"公安"与"治安"概念辨析》，载《政法学刊》2001 年第 4 期；衣家奇、姚华的《对警察与公安含义的再认识》，载《公安大学学报》1997 年第 6 期；李坤生的《论警察的概念》，载《公安大学学报》1995 年第 3 期；尹春生的《"警察"概念之科学透视》，载《公安大学学报》1989 年第 5 期；何册辉的《"警察"、"警务"与"公安"的概念及其关系》，载《辽宁警专学报》2014 年第 6 期；等等。在教材《警察学原理》或《公安学基础理论》或者与之相关的论著中都绕不过对警察、公安概念的阐释，为本文概念的界定提供了充足的资料和学理支持。

（一）公安、公共安全

关于公安的概念理解。公安，既可以按照《现代汉语词典》的解释"社会整体（包括社会秩序、公共财产、公民权利等）的治安；公安局，公安人员"①来理解，也可以认为是"公共安全""公共安宁"的缩略语。但是，中国共产党自革命战争年代起，特别是自新中国成立以来，统一以"公安"命名警察机关和治安保卫工作，因此，在社会上和警察机关内部又赋予了以"公安"指代"警察"或"治安"的惯用含义。

据王虹钸和康大民考证，公安一词并不是我国最先使用的，在西方的政治史中，曾多次使用公安来指代革命的专政机构，也指代治安机关。如美国独立战争期间，反对英国殖民主义的领导机构"大陆会议"成立的公安委员会；法国资产阶级大革命期间，雅格宾专政政权中设立的公安委员会；巴黎公社设立的公安委员会；等等。这些都是为加强革命的专政机构，保卫新政权和维护社会秩序而设的，都用到了公安一词。

作为警察或治安意义上的公安，在我国的使用历史比较短。余秀豪在他的《警察学大纲》一书中表述道："我国自八国联军入京时所设立之安民公所，举办警察已三十余年矣。在此三十余年内，无日不在东摹西仿中，以求警察行政之进步，即就名称而言，业已数易，由巡捕而巡警，由巡警而警察，由警察而公安，至民国二十六年正月又将公安局改为警察局。"②"安民公所"是指攻占北京后的八国联军，为了维持统治秩序，在各自的占领区内通过扶植少数中国官绅而成立的临时治安组织。③ 早在 1905 年清末警政建设中，就有零星的地方将警察机关命名为公安局，此后，公安也几易其名，1937 年，公安局改为警察局，其后，国民政府一直沿用警察局的称呼。

---

① 中国社会科学院语言研究所词典编辑室. 现代汉语词典 [M]. 北京：商务印书馆，1983：383.
② 余秀豪. 警察学大纲 [M]. 北京：商务印书馆，1946：39.
③ 滕德永. 安民公所与北京近代环卫事业的起步 [J]. 北京社会科学，2012 (2)：88-93.

　　据有关专家考证，中国共产党直接使用公安一词起于抗日战争时期。为了维护边区的安宁和保证边区的各项建设，1937 年 10 月，延安首先成立了延安市公安局，并成立了"陕甘宁边区延安警察队"，简称"边警"。边警身着专门的警服，肩负边区的清除汉奸、打击特务、消灭盗匪为主要内容的治安保卫任务，是中国共产党公安史上第一支较为正规的人民警察队伍。为加强公安工作，1939 年 2 月 18 日，中央书记处作出了《关于成立社会部的决定》，指出在人民政权中设立保卫机构或公安局，在党的高级组织内成立社会部，是为了保障和巩固党的组织。随后，晋绥抗日根据地、晋冀鲁豫抗日根据地、山东抗日根据地、华中抗日根据地先后成立了公安局。为了加强公安组织建设，相继制定颁布《公安局暂行条例》或《公安局组织纲要》。至此，公安的称谓沿用至今。1940 年下半年，中共中央社会部制定了《公安局组织纲要》，该纲要对设立公安局的目的，公安局的性质、职能、领导方式等都做了明确规定。新中国成立后，在 1949 年 10 月 15 日召开的第一次全国公安会议上确定了使用公安的名称，中国共产党所领导的所有治安机构被统称为公安机关。由此，在我国，公安一词表示机构名称时，是指公安机关，它是国家行政的一个专用名词，是政府的重要组成部分，是国家的行政机关；同时它又担负着刑事案件的侦查任务，因而它又是国家的重要司法力量。《公安机关组织管理条例》（中华人民共和国国务院令第 479 号）对此做了专门规定，指出："公安机关是人民民主专政的重要工具，人民警察是武装性质的国家治安行政力量和刑事司法力量，承担依法预防、制止和惩治违法犯罪活动，保护人民，服务经济社会发展，维护国家安全，维护社会治安秩序的职责。"也就是说，在本书中，公安专指公安机关以及公安机关的人民警察和其治安行为与过程。

　　关于公共安全的概念理解。公共安全是一个复合词，由"公共"和"安全"两个词语构成。在《现代汉语词典》中，"公共"指"属于社会的；公有公用的"①，如公共卫生、公共财产、公共场所等。它是相对于纯粹只关注公民私人领域的安全问题即个人安全（personal safety）或者私人安全（private security）而言。"安全"指"没有危险；不受威胁；不出事故"②。关于"安全"的概念解释，谢雪屏在她的论文《国家安全及若干相关概念的学术梳理》中认为，国内外学者在定义安全的概念时主要有四种观点。一是从主客观相结合的角度

① 中国社会科学院语言研究所词典编辑室. 现代汉语词典［M］. 北京：商务印书馆，1983：384.
② 中国社会科学院语言研究所词典编辑室. 现代汉语词典［M］. 北京：商务印书馆，1983：6.

进行解释：从主观上来讲，安全是指不存在担心外来攻击的恐惧感，是一种心理反应；从客观上讲，是指不存在外来攻击的状态或现实。二是单从客观的角度解释，安全主要是客观安全问题，与心理的关系不大。三是认为安全是一种消除威胁的能力。四是认为安全是一个模糊的概念，并没有确切含义。而她本人认为安全概念是可以界定的，"安全指的是其客观状态，即事物生存不存在外部攻击的现实或潜在的威胁的状态"①。

笔者认为，安全具有双重含义。从客观上来讲，它是一种状态，比如某一事物、某一场所、某个环境没有危险、威胁、侵害等；从主观来讲，它是一种心理感受，感到害怕、恐惧等就是不安全的，反之则相反。可以认为，安全是一种免于客观上的威胁和主观上的恐惧的状态和心理感受。

公共安全的定义通常有广义和狭义之分。广义上的公共安全是一个系统又复杂的工程，是指不特定的多数人的各个方面的安全，如社会稳定、消防安全、社会治安、公共场所安全、公共卫生安全、交通安全、生产安全、食品药品安全、环境安全、免于自然灾害等。狭义的公共安全主要指政府向不特定的社会公众所提供的维护社会治安、维持交通秩序、消防等公共产品或服务。无论广义的还是狭义的，公共安全的主体是不特定的多数人，客体是生命、健康、财产、生存环境等。

从党的报告和国家领导人讲话中提出的建立公共安全体系的角度解释公共安全。可以认为，公共安全是由政府提供的人们在社会生活中所需要的免于生存性和发展性威胁的一种基础性公共产品。如党的十八届三中全会围绕健全公共安全体系提出了食品药品安全、安全生产、防灾减灾救灾、社会治安防控等方面体制机制改革任务；2015 年 5 月 29 日，习近平在主持中共中央政治局就健全公共安全体系进行第二十三次集体学习发表讲话时，重点提到了切实抓好社会治安综合治理、切实提高农产品质量安全水平、切实增强抵御和应对自然灾害能力、切实抓好安全生产、切实加强食品药品安全问题；2020 年 2 月 14 日召开的中央全面深化改革委员会第十二次会议上，习近平针对 2019 年年底发生的至今还在全球蔓延的新冠疫情对人民生命安全和健康带来的威胁和风险挑战，提出把生物安全作为国家总体安全的重要组成部分，加强疫病防控和公共卫生科研攻关体系和能力建设；等等。

从"危害公共安全罪"的角度解释公共安全。根据我国学者通常的解释，

---

① 谢雪屏. 国家安全及若干相关概念的学术梳理 [J]. 福建师范大学学报（哲学社会科学版），2007 (5)：1-60.

危害公共安全，就是指"危害不特定多数人的生命、健康、重大公私财产安全"①。这里的不特定是相对特定而言的，包含两层意思：一是行为人对其侵害的对象事前往往无法预料和估计，二是对可能造成的危害后果也是无法预料和控制。

从维护公共安全力量的角度来探究公共安全。维护公共安全的力量不仅有公安机关，还有占主要地位的专业力量，如食品药品安全、生产安全、环境安全等领域的安全问题是由生产企业、工商监管等其他专业部门管理，当安全问题触碰到法律的底线构成犯罪时则由公安机关以危害公共安全罪论处。

公安与公共安全是两个不同的概念。公安和公共安全的英文翻译都为 public security，但是，在中文含义中，公安不等同于公共安全。公共安全一词的概念在内涵和外延上与公安有着明显不同。关于公安与公共安全之间的区别与联系，康大民从五个方面做了辨析，他认为：第一，从安全角度上讲，公共安全广于公安，公共安全领域既包含公安工作中维护安全的任务，又包含国防、卫生、生产安全、环境保护、预防自然灾害以及紧急援救等任务；第二，公安的安不限于安全，还有安定、安宁、治安、平安之意，它广于公共安全的安全；第三，公安具有法定性，公安一旦赋予法定意义，就不再是抽象讲的平安、安全、安定、安宁、安乐等，而是根据法定的警察职责行使公共权力以此维护治安秩序、保障国家与人民平安；第四，公安是根据公安法规确定的一项事业，这项事业承载着维护国家安全、社会安定、人民安宁的重要使命，与公共安全不属于同一层次的概念，彼此不能取代；第五，公安是国家行政的一个专用名词，而公共安全不是，不能用公共安全来代替公安。② 笔者认同他的分析。还需要指出的是：公安在与其他词语组合形成一个复合词时，此处的公安是指法定意义上的公安，而不是公共安全的缩写，如公安事业、公安队伍、公安机关、公安民警、公安教育、公安工作等。

法定意义上的公安与公共安全的关系可用下图表示：

---

① 林亚刚，赵晓雯. 议危害公共安全罪的概念 [J]. 甘肃政法学院学报，2000（2）//赵秉志，吴振兴. 刑法学通论 [M]. 北京：高等教育出版社，1993：528.
② 康大民. "公安"词论：兼论"公安"与"公共安全"不完全同义 [J]. 辽宁警专学报，2004（6）：1-4.

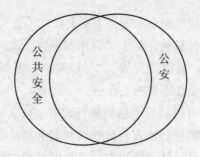

（二）警察

警察，《现代汉语词典》和《中国警察词典》对其都有解释，其基本意思是维护国家安全和社会秩序的具有武装性质的国家治安行政力量和参加这种武装力量的成员。据有关专家考证，警、察二字最早出现于我国先秦典籍中，《说文解字》解释为：警，戒也，从言从敬；察，覆也，从宀（mián）从祭。谓以手持肉，祭天求示，得神意而明白。也就是说，预先戒之以言，谓之警；事后查明原委，谓之察。即通常所说的"警之于先，察之于后"。

在中国大陆正式以警察命名治安机关，是近代中外治安文化交流碰撞的结果。英语表述为 police。作名词时意为"警察，警方；治安"，作动词时意为"监督；管辖；维持治安；为……配备警察"，作形容词时意为"警察的；有关警察的"。据张兆端主编的《警察学原理》一书，警察一词，按其最广义的概念，可解释为英文的 the process of policing，即维持社会治安的过程，指政府对于公民行为的控制、约束及规范的过程。① 1829 年，英国内政大臣罗伯特·皮尔创建了伦敦大都市警察，police 一词作为指代警察的概念最终被确立下来。警察常常是指专门性、职业化的行使国家权力、维护社会秩序的组织和人员。日本人将 police 译为警察，继而传入中国。1907 年，日本人松井茂在中国的《警察学总论》讲稿给 police 下的定义是："依国家命令在内务行政之范围内直接限制个人之自由而防御天然及人为危害并以维持公共之安宁及臣民之幸福为其目的之行政行为也"②。辛亥革命胜利后，于 1912 年 1 月 3 日成立的中华民国临时政府，在内务部设立了"警察局"，专门管理警察事宜。袁世凯控制北洋政府时期，正是仿效国外警察制度设立了"京师警察厅"、"省会警察厅"及各区"警察署"等。南京国民政府统治时期，先后在中央设"内政部"，在首都设"警察厅"，在省、市、区（县）设"公安局"或"警察局"等。1949 年中华人民

① 张兆端．警察学原理 [M]．北京：中国人民公安大学出版社，2007：14.
② 康大民．"公安"词论：兼论"公安"与"公共安全"不完全同义 [J]．辽宁警专学报，2004 (6)：1-4.

共和国成立后，中央人民政府在全国自上而下设立了公安部、公安厅、公安处、公安局等统一的治安工作机构。为了"以示和蒋介石政权不同"①，"警察"统一称之为"人民警察"，简称"民警"。可以看出，警察具有"时空性特征"，对警察概念的研究可能是长期性的工作。②

关于警察的含义，可以从三个层面进行理解：从机构和人员层面，是指国家或政府依法设立的负责社会治安行政管理和刑事司法的专门职能部门以及组成这些部门的队伍、人员；从制度层面，是指国家制定的用于维护社会治安秩序和组建规范治安力量的专门法律制度；从行为层面，是指警察部门、警察队伍依法实施社会治安行政管理和刑事司法职务活动的行为过程。③

在我国，警察包括了公安机关在内的多个部门的警察，《中华人民共和国人民警察法》第二条对人民警察的范围做了界定，所属部门有公安机关、国家安全机关、监狱、劳动教养管理机关、人民法院、人民检察院等。所以说，警察在我国并非独指公安机关的人民警察。

在我国，公安与警察是两个既相近又有所不同的概念。与公安的概念相比较，从严格意义上来讲，公安和警察是两个不同的概念。一是词性不同，公安有一个词性是状态名词，表示公共安全或公共安宁，而警察既可以作名词使用，也可以作动词和形容词使用。二是公安当作专有名词专指警察时，它的外延和警察的外延不同。警察的外延大于公安，不仅包括公安机关的人民警察，还包括监狱警察、司法警察、国家安全机关的人民警察等。也就是说，人民警察的内涵和外延在表示警察个体时都比公安大，公安不能简单地和人民警察画等号。三是使用范围不同。警察是古今中外多个历史时代和多数国家普遍使用的概念。尽管美国、法国历史上曾经设立过公安委员会以行使专政机构和治安机关职能，但目前来讲，"公安（人员、队伍、机关、工作、委员会）"仅限于以中国、日本、越南等为代表的少数国家使用。在习惯上，公安机关的人民警察常被直接称呼为"公安"。这主要是因为公安和警察具有共同之处，即我国在警察意义上惯用的公安（人员、队伍、机关、工作）一词与警察一样，均指代国家管理和维护社会治安的专门机构、人员力量及其行动实践等。如毛泽东在《论人民民主专政》一文中就曾将警察与公安机关通用。他说："军队、警察、法庭等项

---

① 中共中央文献研究室.毛泽东文集：第5卷［M］.北京：人民出版社，1996：135.
② 马顺成.警察概念的逻辑分析［J］.济南大学学报（社会科学版），2019（5）：133-142，160.
③ 张兆端.警察学原理［M］.北京：中国人民公安大学出版社，2007：15.

国家机器，是阶级压迫的工具。"①

当公安表示公安机关或公安机关的人民警察时，公安与警察的关系如图：

警察

公安

二、公安工作

关于公安工作的概念理解。公安工作，在公安学领域，存在着多种阐释和描述，且一直是一个各执其词、尚未达成共识的概念。如前所述，公安既可以表示为法定意义上的公安，也可以认为是公共安全。同样，公安工作也有狭义（指法定意义）和广义之分。广义的公安工作，是指所有有关公共安全的工作，这种用法非常少见。狭义的公安工作，是指我国人民民主专政政权工作的重要组成部分，是公安机关及人民警察（包括辅警）在党和政府领导下，根据法律法规和政策从事的维护国家安全、社会治安秩序及其行政管理与服务工作。如在 1985 年编写的《公安学概论》、1992 年戴文殿主编的《公安学基础理论研究》、2009 年王利斌《对"公安工作"概念的重新认识》等教材以及论文中，都对公安工作进行了定义②，其核心要义是，这是一项专门工作。这项专门工作，从性质上来说，是共产党领导下的人民民主专政政权工作的重要组成部分；从范畴上来讲，属于政法工作的范畴；从工作依据上来讲，依据的是党和国家的政策、法律和公安法规；从工作目的而言，是为了保卫国家安全与治安秩序。这些定义都是从狭义的或者是法定公安角度界定的，即从公安工作的人民民主专政属性上界定的，且这些定义大都是从打击职能的角度界定的，没有将公安机关承担着的大量的管理职能和服务职能包含进去。

---

① 毛泽东．毛泽东选集：第 4 卷 [M]．北京：人民出版社，1991：1476.
② 《公安学概论》编写组．公安学概论 [M]．北京：中国人民公安大学出版社，1985：2.
　戴文殿．公安学基础理论研究 [M]．北京：中国人民公安大学出版社，1992：198.
　王利斌．对"公安工作"概念的重新认识 [J]．中国人民公安大学学报（社会科学版），2009（4）：114-117.

还有一点需要说明，就党和国家领导人以及公安机关在讲公安工作时，也有两种不同的含义：一种是将公安工作的主体公安机关和公安队伍包括在内，一种不包含工作机关和公安队伍。之所以分开来讲，主要还是为了突出公安工作的主体。学术界也是如此。如康大民认为公安工作是一个系统，是由四个基本要素，即"公安组织要素、公安意识要素、公安实物要素和公安信息要素"①构成的。他所说的公安组织要素实际上就是公安工作的主体，主要是公安机关和人民警察；公安意识要素是公安工作系统中精神形态的内容，主要是指有关公安工作的理论、政策、法律、制度、纪律、道德、业务技术知识、任务部署、计划、方案等；公安实物要素主要是指场所、设施、武器装备、经费等保障性的物质形态的内容；公安信息要素主要是指与公安工作相关的情报、资料、信息等内容。2009年，王光主编的《公安工作评价的技术与方法》一书中也提到"公安工作是多种分工、多个层次相互联系、相互作用的有机系统"②。还有一些以公安工作为主题的论文，如黄生鹏的论文《论邓小平公安工作思想》等，都将公安工作主体包括在内。也有分开来讲，不包括公安主体在内。本人赞同公安工作包括公安工作主体在内的这种观点。参照康大民"公安工作的实质是从公安客体的情况出发建设公安主体，制定和实施公安对策，对公安客体能动地进行治安控制"③ 这一阐释，本人认为公安工作的实质是从公安客体的情况出发建设公安工作主体，制定和实施公安工作对策，根据公安工作客体的不同，对公安工作客体能动地进行治安控制和管理服务。

公安工作作为政府职能体系的重要组成部分，有其独特的工作特点和职权范围，同时公安机关又是保卫国家安全与维护社会治安秩序的机构，因此，对公安工作概念的界定，既要考虑公安机关的职权、职能，又要联系公安机关的性质和使命。所以，本文中的公安工作是指狭义上的包括打击职能、管理职能和服务职能以及支撑这些职能有关的公安内务工作在内的公安工作系统，包含公安工作的主体公安机关和人民警察（包括辅警）。

从公安工作的属性上来看，公安工作是一项具有行政性质和司法性质的工作。

第一，关于它的行政属性。首先，从组织机构上，公安工作的主体——公安机关是国家行政机关的重要组成部分，归国务院和各级人民政府领导，是行

---

① 康大民. 论构成公安工作系统的基本要素 [J]. 公安大学学报, 1988 (3): 50-52.
② 王光. 公安工作评价的技术与方法 [M]. 北京: 中国人民公安大学出版社, 2009: 37.
③ 康大民. 论加强公安客体研究 [J]. 江苏公安专科学校学报, 2000 (2): 130-137.

政部门。其次，从其权力的表现形式上，公安机关的权力是国家行政权力的重要组成部分，体现着公共行政权力，具有法定性、强制性、特许性和单向性的特点。法定性的特点，反映了公安机关的权力是由国家法律规定的，反映了国家的意志。公安工作的行政性决定了其本质实际上是一种执法行为，必须在法定权限范围内依法行事。公安行政执法权的法定范围包括：治安管理权，道路交通管理权，消防监督权，危险物品管理权，特种行业管理权，集会、游行以及示威活动的管理权，户政及国籍管理权，等等。此外，我国的各级公安机关及其警务人员还依法享有对出入境和外事、计算机信息系统监督和治安保卫指导监督等行政执法的管理职权。强制性的特点反映了公安机关是以国家暴力为后盾，可依法采取强制手段和措施。特许性的特点反映了公安机关权力的运用职能只能由法律规定的人民警察行使，其他任何组织、任何个人、任何团体都无权行使。单向性的特点决定了公安机关权力的行使具有国家意志的单向性，不以相对人同意为前提。最后，在权力的运行方式上，它是按照法律规定的权限和程序去行使国家职能。公安行政执法权的表现形式主要有：公安行政处罚、公安行政强制措施、公安行政强制执行、公安行政许可、公安检查监督等。如为维护社会秩序和公共安全，在治安行政管理中，对特定的人、事、物、场所依法进行命令、禁止与取缔、许可；对不履行治安法律、法规所确定的义务或者危害社会治安秩序、情节轻微、尚不构成刑事处罚的行为依法进行行政处罚；对应承担治安责任的组织和个人履行治安责任依法进行监督；对不履行法定义务或者不服从治安管理处罚的人的人身和物品依法实施强制传唤、强行带离现场、强制拘留、强制戒毒、查封、扣押、冻结、追缴等强制行为。

第二，关于它的司法属性。《刑事诉讼法》第三条规定，"对刑事案件的侦查、拘留、执行逮捕、预审，由公安机关负责"，国务院制定的《公安机关组织条例》第二条规定的人民警察是武装性质的国家治安行政力量和刑事司法力量，都说明了公安机关具有司法属性。公安机关的刑事司法行为是指公安机关在刑事案件立案后，依照法律规定进行的专门调查工作和采取的强制措施。如：讯问犯罪嫌疑人，询问证人，勘验，检查，搜查，扣押物证、书证，鉴定，通缉，拘传，取保候审，监视居住，拘留，逮捕，等等。

从公安工作的范围来讲，公安工作的范围可以分为公安专业工作和公安内部工作。公安专业工作，即公安机关及人民警察执行公安机关职责与权力，专门从事处理案件、事件和事故，进行预防犯罪和治安管理以及进行专业基础建设的各项工作。公安内部工作，是指公安机关在其内部开展的保证公安机关正常、高速、有效运转，提高公安队伍战斗力，保障公安专业工作顺利进行，维护国家安全和社会稳定的一系列工作。

公安工作是一项多要素构成的专门工作，也是一项"时空性"很强的工作。之所以说它"时空性"强，是因为不同国家的公安工作的范围有所差别，并且随着时间的变化工作范围也会发生变化。比如，1983 年以前，我国监狱、看守所、劳动改造归公安部领导，1983 年 9 月 26 日划归司法部。

本课题的研究对象是中国特色社会主义公安工作理论，具体是指改革开放以来中国共产党在指导公安工作中形成的理论和思想，公安工作的主体是法定意义上的公安机关和公安机关的人民警察。之所以如此，有如下考虑：其一，因为邓小平、江泽民、胡锦涛、习近平等党和国家主要领导人，他们在相关讲话、批示中都是针对公安工作而言的。其二，中央下发的相关文件也都是针对公安工作而言，改革开放以来，中共中央关于法定公安方面的综合性的文件大都是以加强公安工作为题。如分别于 1991 年、2003 年、2019 年作出的《中共中央关于加强公安工作的决定》、《中共中央关于进一步加强和改进公安工作的决定》、《中共中央关于加强新时代公安工作的意见》等。其三，学术界在研究该领域时大多是以公安工作冠名，以公安工作思想、公安工作理论为研究对象，如黄生鹏的论文《邓小平公安工作思想述论》和《论邓小平公安工作思想》，张磊的论文《习近平公安工作论述的思想要义》，张昊天、赵文扬的论文《习近平总书记公安工作新观点新思路新举措探究》，公安部政治部编著的《毛泽东公安工作理论》《罗瑞卿论人民公安工作》著作等，研究的基础材料比较丰富，也不容易产生歧义。

第二节　中国特色社会主义公安工作理论生成的时代背景

改革开放 40 多年，我国公安工作的全方位运行，是在全球化的国际背景与社会转型的国内背景之下展开的。国际全球化进程的加快带来的跨国犯罪和国际警务改革对公安工作带来的新挑战和影响，以及国内改革开放的日益深化所带来的社会转型对公安工作提出的新要求，推动了中国特色社会主义公安工作理论的形成与发展。

一、国际背景：全球化和国际警务改革对公安工作带来新影响

全球化，并不是单纯的经济行为，而是一个对社会各方面产生影响的综合行为。随着经济全球化的加速推进，政治、文化、科技、社会全球化的痕迹也

越来越明显。在全球化浪潮的推动下，当代中国社会也开始了政治、经济、文化、社会等领域的全面转型。全球化推动了中国人民思想观念的进一步解放，推动了中国的进一步改革开放，推动了中国依法治国的进程，推动了中国司法深层次的改革，推动了中国行政体制改革的深入发展，推动了中国公安改革的步伐。然而，我们必须清醒地看到，"全球化并不以公平的方式发展，它所带来的结果也不全是良性的"①，全球化在为我国的发展创造着极大的物质财富的同时，也为我国的意识形态、价值观念、社会道德、生活方式、社会秩序和生态环境带来了许多破坏性的后果，社会稳定形势日益呈现境内因素与境外因素相互交织的特点，引起并加深了各种更为复杂的矛盾和危机，尤其是全球化引起的跨国犯罪对我国的公安工作产生了极大的影响。

（一）跨国犯罪对公安工作带来新挑战

跨国犯罪（transnational crime），顾名思义就是跨越国境实施的犯罪。根据联合国有关文件规定，当犯罪行为、犯罪交易违反一个以上国家的法律时就称为跨国犯罪②。在人类社会中，自从有了国家和法律就有了犯罪行为。相应地，自从有了国与国之间政治、经济、文化交流的全球化，也就有了跨国犯罪。以贸易、金融自由化为核心的经济全球化浪潮迅猛发展，把整个世界日益融合为一个有机整体，也为跨国犯罪提供了便利和肥沃的土壤。具体表现为：一是国际经济发展不平衡造成的国与国之间的贫富不均、矛盾催化了跨国犯罪的高发态势，使有组织犯罪、恐怖、洗钱、毒品走私、武器贩运等犯罪活动都呈现出跨国化、全球化的新特点。二是交通、运输、电子科技的快速发展，人、财、物的跨国流动日益频繁，为混迹其中的国际职业罪犯的滋生和生存提供了肥沃土壤，使诸如组织偷渡、金融诈骗、拐卖人口等有组织跨国犯罪不断蔓延。三是国际法律制度的差异多样，资源匮乏、缺位以及司法主权范围的有限和司法控制环节的薄弱，使得跨国犯罪分子有机可乘，致使犯罪活动进一步猖獗。四是全球化进程的加快，使科技创新速度跃升，犯罪活动与新科技结合也日趋紧

---

① 安东尼·吉登斯. 失控的世界：全球化如何重塑我们的生活 [M]. 周红云，译. 南昌：江西人民出版社，2001：10.

② 第 55 届联大于 2000 年 11 月 15 日通过的《联合国打击跨国有组织犯罪公约》（U. N. Convention Against Transnational Organized Crime）将跨国犯罪分为 17 个大类，并规定有下列情形之一的犯罪属跨国犯罪："（一）在一个以上国家实施的犯罪；（二）虽在一国实施，但其准备、筹划、指挥或控制的实质性部分发生在另一国的犯罪；（三）犯罪在一国实施，但涉及在一个以上国家从事犯罪活动的有组织犯罪集团；或（四）犯罪在一国实施，但对于另一国有重大影响"。参见联合国打击跨国有组织犯罪公约 [DB/OL]. 中国人大网站，2003-11-7.

密与活跃，致使新型犯罪手段层出不穷。犯罪技术的国际化、现代化使警察机关防范、侦破跨国犯罪变得愈加困难。五是西方资本主义发达国家充分利用在全球化发展过程中所占的主导地位和经济优势，输出自己的政治制度、价值观念和文化模式，千方百计地谋取全面霸权的行径和不公正地掠夺发展中国家的政治、经济资源的行为，致使南北贫富差距进一步拉大，文明冲突进一步加深，意识形态对抗进一步深化。

所有这些，给世界传统安全和非传统安全问题①带来严峻挑战，给人类社会安全带来的危害和造成的损失不可估量。恐怖活动犯罪猖獗，严重威胁着国际社会安全和国家的安全与稳定；跨国洗钱犯罪四处扩散，洗钱手段变化多样，对国际经济稳定造成极大影响；毒品走私犯罪急剧上升，作案方式狡诈隐蔽，对人民身心健康造成严重危害；贩卖武器犯罪非法暴利，致使地区冲突不断，对国家安全构成直接威胁；跨国网络犯罪发展迅猛，作案手段隐蔽复杂，极大损害了国家安全和经济利益；偷渡、贩卖人口、国际卖淫等有组织犯罪更是践踏了各国人民的生存权、发展权等基本人权。正如联合国前任秘书长科菲·安南在第 61 届联合国大会秘书长报告中所指出的那样，全球化并非始终是一种美好的憧憬，全球化造成的犯罪全球化将对人类社会造成前所未有的损害。

随着我国改革开放的不断延伸，对外交往的不断增多，我国在国际舞台的分量不断加大，在国家安全和社会稳定上不可能独善其身。应对冲击和挑战，需要中国特色社会主义公安工作理论作指导。

（二）国际警务改革经验和教训对中国特色社会主义公安工作理论的形成有着重要影响

列宁曾经说过："革命理论并不是谁臆想出来的东西，它是从世界各国的革命经验和革命思想的总和中产生的。"② 西方警察史上著名的从职业化、专业化、现代化到社区警务四次警务改革的经验和教训，为中国共产党公安工作理论的形成提供了参考。在建设中国特色社会主义道路上，中国用几十年时间走完了西方国家一二百年才走完的工业化发展历程。同样如此，短短几十年时间的中国特色社会主义公安工作，也经历了西方国家这一二百年警务工作所遇到的矛盾和问题。我们既要看到他们的长处，也要了解他们走过的弯路。"我们最

---

① 传统安全问题一般指国家与国家间军事行为有关的冲突，涉及国家领土主权安全等问题。非传统安全问题是指除军事、政治和外交冲突以外的对主权国家构成威胁的因素，一般包括经济安全、金融安全、生态环境安全、恐怖主义、海盗等。

② 中共中央马克思恩格斯列宁斯大林著作编译局. 列宁专题文集：论马克思主义 [M]. 北京：人民出版社，2009：298.

大的经验就是不要脱离世界"①，"无论是革命还是建设，都要注意学习和借鉴外国经验"②，这是邓小平结合实际深刻洞察人类历史发展大势作出的科学论断。中国的发展离不开世界，中国的经济置身于经济全球化的浪潮之中，摸爬滚打，取得了举世瞩目的骄人成绩。中国的公安工作也要置身于世界警务改革的大潮中，追踪、研究、总结西方的警务改革，积极学习西方警务改革的先进理论，认真研究他们的缺点和不足、失败和教训，立足国情，为我所用。

二、国内现实：社会转型对公安工作提出新要求

社会转型的历程，也是公安工作转型的历程。社会转型既是新旧社会规范结构更替的过程，也是新旧两种社会结构并存的过程。处在这一时期的公安机关，一方面，要最大限度地解决好因为新旧社会结构更替带来的社会失序状况，维护好社会的现实秩序，防止动乱，制止混乱；另一方面，要以改革者的身份尽力推动社会转型。这种内外交困的情形，无疑给公安工作带来新的挑战。

第一，转型中旧体制的强大惯性使得公安机关难以适应发展变化的新形势。计划经济体制向社会主义市场经济体制的转型不可能一蹴而就，而是一个漫长的过程。在这个漫长的过程中，一方面，在新旧体制的交替中，旧体制虽然已无法发挥主导作用，但由于已在人们头脑里打下深深的烙印，它的强大惯性会不由自主地左右着人们的行为方式；另一方面，新体制建立的过程，没有现成理论可依，没有现成经验可搬，是一个"摸着石头过河"的过程，难免会出现这样或那样的问题。这种新旧体制共存的过程，必然是一个矛盾和问题叠加的过程。在这个转型过程中，要加快经济建设进程，政治秩序、社会秩序的稳定就显得格外重要，公安工作理应紧跟经济形势和社会发展的变化。但是，由于制度建设的速度滞后于社会变化的速度，所以，在新旧体制的转换过程中，公安工作的"制度缺失"或"制度真空"状态时有存在。尽管旧体制已经不适应变化了的新形势，但是其强大的惯性依然左右着公安各项工作，如"孙志刚事件"的发生，就显示出公安机关从传统的警务惯性向新的管理理念转型相对缓慢，从思想到行动存在着同民主法治进程不相适应的问题。

第二，社会转型中公安机关驾驭违法犯罪的手段和能力受到挑战。如前所述，市场经济条件下影响社会治安秩序稳定的因素与计划经济体制下相比发生

① 中共中央文献研究室. 邓小平年谱（1975—1997）[M]. 北京：中央文献出版社，2004：1270.

② 邓小平. 邓小平文选：第3卷 [M]. 北京：人民出版社，1993：2.

了巨大变化，犯罪因素和人民内部矛盾急剧增多，犯罪特征也趋向多样化、复杂化、动态化、信息化、智能化。由此，公安机关驾驭犯罪的手段和能力面临严峻挑战。比如，社会治安防控方面，在计划经济体制下，公安机关凭借严密的户籍制度就可以准确地掌握各类人口的信息，通过户口管理可以管控人，可以发现和控制违法犯罪。但是，随着市场经济体制的建立和城镇化速度的加快，这一功能大大削弱。再比如，经济犯罪侦查方面，在计划经济体制下，高度集权的计划经济体制阻止和抑制了各种类型的经济犯罪，侦查人员侦破案件并不需要具备多么高深的金融财会专业知识。但是，随着新旧体制的转轨和经济结构的调整，以及互联网、物联网、大数据技术的出现，侦查人员仅凭普通的刑事法律知识和手段难以侦破诸如金融犯罪、公司犯罪、侵犯知识产权犯罪、破产犯罪等案件，除了要掌握刑事法律知识以外，还必须掌握大量的经济法知识和经济犯罪侦察手段以及高新技术才能得以胜任。凡此种种，不一而足。

第三，公安体制和公安工作运行机制方面受到严峻的挑战。公安工作作为上层建筑的一部分，服从和服务于经济建设这个大局，为经济建设创造良好的社会治安环境是其本分，必须自觉地将市场经济的基本规律运用到公安工作的科学管理中，建立与社会主义市场经济相适应的体制和机制。改革开放以前，以计划经济体制为依托的公安工作机制的运行方式主要是"全能型公安""管制型公安""专政型公安"。改革开放尤其是加入世贸组织以后，在依法治国、建设社会主义法治国家的背景下，需要转换为适应市场经济发展的"有限型公安""服务型公安""法治型公安"，这对公安机关来说，无疑是巨大的挑战。比如，市场经济体制下公安机关的职能定位问题，公安内部的运行机制问题，公安机关的现代化勤务保障问题，公安法律法规政策与现代法治原则的统一性问题，警察权的设置问题，服务意识、管理方式、工作方式和运行机制与国际惯例接轨的问题，如此等等。一系列的问题给公安工作体制和运行机制带来严峻的考验。中国特色社会主义公安工作理论正是在应对这些挑战的实践中形成和发展的。

第三节　中国特色社会主义公安工作理论生成的实践基础

理论源于实践并随实践的发展而发展，这是理论产生和发展的内在规律。中国特色社会主义公安工作理论绝不是个别天才人物的凭空臆想，而是中国共产党人吸收前人的经验和教训，在40多年的公安实践过程中，对公安工作的艰辛探索和实践经验的提炼总结。

一、新中国成立以来公安工作的历史实践

中国的今天是中国的昨天和前天的发展。马克思主义认识论认为，任何理论都是具体的历史思维，其产生都是既有对前人认识的继承，又有在总结新的实践经验基础上的发展。邓小平指出："过去的成功是我们的财富，过去的错误也是我们的财富。"① 新中国成立以来，共召开过 21 次全国公安（公安工作）会议，每一次都对前期工作进行认真分析，总结经验，查找不足。中国特色社会主义公安工作理论正是在实践、认识，再实践、再认识中不断升华的。

1949 年新中国成立，结束了昔日兵荒马乱、一盘散沙的局面，但如何保持社会稳定、确保社会主义改造和社会主义建设的顺利进行，成为摆在中国共产党人面前的又一个新问题。新中国成立以后，中国革命从新民主主义革命向社会主义革命转变，还存在着各种敌视新政权的反动势力。以毛泽东为主要代表的中国共产党人，十分关心和重视公安工作，在理论上，明确了公安机关的性质和职能：公安机关是人民民主专政的重要工具，是武装性质的国家治安行政力量，国家安危公安系于一半；基本职能是对敌人和严重破坏社会秩序的坏分子实行专政、保障人民民主。确立了公安工作必须坚持的根本原则和路线：坚持党对公安工作的绝对领导和走专门机关与广大群众相结合的群众路线。制定了公安工作的方针政策：调查研究，实事求是；严禁肉刑、反对逼供；有反必肃，有错必纠；打击犯罪一定要严肃与谨慎相结合，坚持稳、准、狠的方针；对罪犯实行革命的人道主义、劳动改造罪犯；惩办与宽大相结合，制定政策要重视预防犯罪；等等。提出了公安队伍建设要求：公安部队数量不宜太大，但质量必须精干；公安机关要掌握在可靠人员手里；公安局局长要具备起码的常识，公安干部要懂政策；队伍要整顿，还要锻炼、要教育；等等。在实践上，直接领导和指挥了对巩固新生的人民政权有极端重要意义的镇压反革命运动和"三反""五反"斗争，清理了旧中国遗留下来的社会丑恶现象，使我国社会治安状况到达历史上最好的时期，娼妓、赌博基本灭绝，刑事案件发生率持续降低，每年的发案数基本稳定在 20 万~30 万起，1956 年只有 18 万起，国内许多地方"路不拾遗，夜不闭户"。世界上没有任何一个国家能够禁绝、中国历朝历代也无力控制的毒害了中华民族 200 多年的烟毒，在我国仅用 3 年的时间就基本根除，为国内外所惊叹。良好的社会风气和稳定的治安秩序，至今也为生活

---

① 邓小平. 邓小平文选：第 3 卷 [M]. 北京：人民出版社，1993：272.

在那个年代的人们所啧啧称赞和怀念不已，为改革开放以后中国共产党人领导公安工作提供了宝贵财富。

毛泽东指出："善于总结经验，就是领导者的任务"，"失败的教训同样值得研究，它可以使人少走弯路"①。众所周知，1966 年开始的"文化大革命"运动，给公安工作带来严重冲击，从反面为改革开放以后中国共产党人领导公安工作提供了宝贵财富。继承和批判构成了十一届三中全会之后党的公安工作理论创新和发展的实践基础和逻辑起点。

二、改革开放以来公安工作的现实实践

大变革、大发展的时代，是一个需要理论、需要思想并且能够产生理论、产生思想的时代。"人的正确思想，只能从社会实践中来"②，新的时代条件下的新实践，需要并将促成思想的变革和理论的创新。

（一）强烈的问题意识是形成中国特色社会主义公安工作理论的动力源

所谓问题，也就是在实践过程中表现出的矛盾。每个时代总有属于自己时代面临的问题和需要解决的矛盾。"只有立足于时代去解决特定的时代问题，才能推动这个时代的社会进步；只有立足于时代去倾听这些特定的时代声音，才能吹响促进社会和谐的时代号角。"③ 中国特色社会主义公安工作理论，正是在不同的社会时空中解决时代性问题的实践中形成和发展的。

改革开放初期，基于以下种种原因，社会上包括公安机关内部对公安机关的地位和作用尤其是专政职能产生了模糊认识。首先，"文化大革命"期间，社会主义法制被践踏，公、检、法被砸烂，公安机关专政职能被严重削弱。其次，在以阶级斗争为纲转移到以经济建设为中心的新时期，剥削阶级作为一个阶级已经被消灭，阶级斗争已不再是我国社会的主要矛盾，许多人对专政对象是否存在、国家机器的专政职能还有无必要认识不清楚。最后，20 世纪 80 年代后期，面对苏联解体和东欧剧变、一些无产阶级专政国家相继改变面貌的现实，还要不要坚持人民民主专政、如何坚持和加强人民民主专政，成为困扰我国的最严峻的问题之一。一句话，就是对改革开放、以经济建设为中心的新形势下公安机关的定位问题产生了疑问。所有这些，反映在公安机关内部，表现为发挥专政职能方面底气不足，甚至对敌对势力、严重犯罪分子也优柔寡断、心慈

① 中共中央文献研究室．毛泽东文集：第 7 卷［M］．北京：人民出版社，1999：64.
② 中共中央文献研究室．毛泽东文集：第 8 卷［M］．北京：人民出版社，1999：320.
③ 习近平．之江新语［M］．杭州：浙江人民出版社，2007：235.

手软，乃至放纵不管。反映在社会层面，各种刑事犯罪分子活动猖獗，严重影响社会稳定。由此，在以阶级斗争为纲向以经济建设为中心转变的过程中，澄清模糊认识、准确界定公安机关的性质和职能，成为这一时期以邓小平为主要代表的中国共产党人需要着力解决的问题。

经过十一届三中全会后十多年的渐进改革，以公有制为主体的多种经济成分共同发展的格局逐步展开，中共中央于 1992 年召开的党的十四大上明确提出了在我国建立和完善社会主义市场经济体制的经济体制改革目标。建立社会主义市场经济体制，必然要有与之相适应的政治体制。以江泽民为主要代表的中国共产党人在继承邓小平民主法制思想的基础上，郑重地提出了"依法治国，建设社会主义法治国家"的治国方略，把依法治国作为发展人民民主、促进经济发展、维护社会稳定、保障国家长治久安的必由之路。在建设社会主义法治国家的实践进程中，公安工作如何适应经济基础的变革，公安工作的运行机制和管理体制以及公安民警的思想水平和业务能力如何适应社会主义市场经济条件下日趋开放、活跃的社会生活，更好地为社会主义市场经济建设保驾护航，成为这一时期以江泽民为主要代表的中国共产党人需要着力思考的问题。

进入 21 世纪，尤其是党的十六大召开以后至十八大召开以前这十年间，我国的经济总量世界排名从第七位上升到第二位，从区域性经济大国变成了全球性经济大国，人均国民生产总值从 1800 美元到了 5400 美元。但是，这个时期也是人民内部矛盾凸显、刑事犯罪高发、对敌斗争复杂的时期。前期粗放式发展的后遗症，在这一时期相继集中爆发：人民内部矛盾引发的大量的群体性事件不断涌现，社会管理、经济管理等领域滋生和诱发的各种违法犯罪因素大量存在，敌对势力对我国颠覆渗透的策略发生新变化，腐败现象蔓延使得公安机关也不能独善其身。与此同时，"随着人民群众民主法治意识的不断提高，通过司法程序维护自身合法权益的需求日益增强，对政法机关公正执法的能力和水平提出了新的更高要求"[①]。公安机关如何驾驭复杂的治安局势，如何严格执法、公正执法、文明执法，不断加强公安工作的正规化建设，成为这一时期以胡锦涛为主要代表的中国共产党人着重考虑的问题。

从 1978 年党的十一届三中全会开启了中国改革开放的历史进程，至党的十八大的召开，时间已近 35 年。中国翻天覆地的巨变，已经证明了这一决策的科学性与合理性。然而，35 年后的现在，中国面临的发展环境，无论是内部还是

---

① 中共中央文献研究室．十六大以来重要文献选编：下［M］．北京：中央文献出版社，2011：397.

外部，都已经发生很大变化。在充分肯定中国改革成就的同时，我们也看到了改革的不均衡问题导致在资源环境、民生、收入分配差距、城乡二元结构等方面还存在较为突出的矛盾和问题：社会利益格局发生严重扭曲，经济、政治、社会等问题相互交织使得社会情绪持续上升，政府公信力下降，愈来愈成为社会矛盾的中心和聚焦点。尽管党的十八大做出了全面深化改革的战略部署，十八届三中全会通过了《中共中央关于全面深化改革的若干重大问题的决定》，但是改革已是举步维艰。"经过三十五年不断改革，很多容易改的问题已经得到有效解决，留下来的大都是比较难啃的硬骨头，甚至是牵动全局的敏感问题和重大问题。"① 同过去相比，中国改革的广度和深度都大大拓展，同时，这场改革，注定不再是人人皆可得利的普惠制改革，而是一场触动既得利益的深层变革。"触动利益往往比触及灵魂还难"②，在这场改革的实践中，公安工作自身如何改革、如何为这场改革保驾护航，成为新的历史时期以习近平同志为主要代表的中国共产党人需要重点考虑的问题。中国特色社会主义公安工作理论正是在解决这些问题的实践中形成和发展的。

（二）公安干警和人民群众在实践中涌现出的聪明才智激发了中国特色社会主义公安工作理论的形成和发展

马克思主义者从不否认领袖人物在历史发展中的重要作用，也公开承认党提出的重大战略思想都是党和人民实践经验的总结和集体智慧的结晶。列宁曾经指出："千百万创造者的智慧却会创造出一种比最伟大的天才预见还要高明得多的东西。"③ 中国特色社会主义公安工作理论是中国共产党人与广大人民群众和公安干警在公安实践的互动中形成的。如"枫桥经验"：20 世纪 60 年代初，浙江省诸暨市枫桥镇干部群众创造了"发动和依靠群众，坚持矛盾不上交，就地解决。实现捕人少，治安好"的"枫桥经验"。为此，毛泽东在 1963 年就曾亲笔批示"要各地仿效，经过试点，推广去做"。"枫桥经验"由此成为全国政法战线一个脍炙人口的典型。之后，"枫桥经验"得到不断发展，形成了具有鲜明时代特色的"党政动手，依靠群众，预防纠纷，化解矛盾，维护稳定，促进发展"的枫桥新经验，成为新时期专门工作与群众路线相结合的典范。在纪念

① 中共中央文献研究室. 习近平关于全面深化改革论述摘编 [M]. 北京：中央文献出版社，2014：141.
② 中共中央文献研究室. 李克强总理等会见采访两会的中外记者并回答提问 [EB/OL]. 中央政府门户网站，2013-03-17.
③ 中共中央马克思恩格斯列宁斯大林著作编译局. 列宁全集：第 33 卷 [M]. 北京：人民出版社，1985：281.

"枫桥经验"50周年之际，习近平就坚持和发展"枫桥经验"提出新的思想和观点。再比如，"平安建设"也是自下而上由地方发起并得到中央认可、而后进一步推行的一种新的历史时期进一步深化社会治安综合治理的重要举措，从基层平安建设的创建到更高水平的平安中国建设思想，也是基层实践的结果。凡此等等，不一而足。正是改革开放以来，中国共产党人积极支持公安干警和人民群众的创造，积极参与到公安干警与人民群众实践活动的过程中去，虚心向他们学习，及时发现、总结、概括公安干警和人民群众创造出来的新鲜经验，使之上升为理论和政策，形成了中国特色社会主义公安工作理论。

第四节　中国特色社会主义公安工作理论生成的理论来源

中国特色社会主义公安工作理论不是天才头脑的首创，而是在实践中站在前人的肩膀上所做的批判与反思、继承与创新。中国特色社会主义公安工作理论的发展创新有着渊源深厚的思想基础。无论是马克思、恩格斯、列宁还是毛泽东，他们在形成、发展和完善自身理论的过程中对公安工作都有直接或间接的阐释。中国特色社会主义公安工作理论正是运用马克思主义的立场观点和方法，在继承和汲取马克思主义国家学说和毛泽东公安工作思想的基础上形成的。

一、马克思主义的立场观点和方法

中国共产党是在马克思主义指导下创立发展、取得政权、巩固政权的。坚持马克思主义的指导地位，是立党立国之本。马克思主义中最本质、最鲜活、最精髓的东西，是它的基本立场、基本观点和基本方法。对此，马克思恩格斯曾经有过许多论述。恩格斯曾经说过："马克思的整个世界观不是教义，而是方法。它提供的不是现成的教条，而是进一步研究的出发点和供这种研究使用的方法。"[①] 他还说，"每个国家运用马克思主义，都必须穿起本民族的服装"。马克思恩格斯在《共产党宣言》序言中明确指出，对《宣言》中阐述的原理的实际应用，"随时随地都要以当时的历史条件为转移"[②]。那种"认为人们可以到

---

① 中共中央马克思恩格斯列宁斯大林著作编译局. 马克思恩格斯选集：第4卷 [M]. 北京：人民出版社，1995：742-743.
② 中共中央马克思恩格斯列宁斯大林著作编译局. 马克思恩格斯选集：第1卷 [M]. 北京：人民出版社，1995：248.

马克思的著作中去找一些不变的、现成的、永远适用的定义"的想法是一种
"误解"。① 列宁指出，马克思主义的生命力、"活的灵魂"，就在于同时代的一
定实际任务相联系，它反映了社会生活条件的异常剧烈的变化。"我们决不把马
克思的理论看作某种一成不变的和神圣不可侵犯的东西"，"马克思主义者从马
克思的理论中，无疑地只是借用了宝贵的方法"②。他甚至说："只有不可救药
的书呆子，才会单单引证马克思关于另一历史时代的某一论述来解决当前发生
的独特而复杂的问题。"③ 马克思主义的立场观点和方法是中国共产党创立发
展、取得政权、巩固政权的制胜法宝，中国共产党人正是以马克思主义的立场、
观点和方法为武器，解决了中国在各个不同的历史时期的具体问题。早在1929
年，为了纠正党内主观主义的错误思想，毛泽东在为红军第四军第九次党的代
表大会写的决议中，明确提出要教育党员"用马克思列宁主义的方法去作政治
形势的分析和阶级势力的估量"④。1938年，他在《中国共产党在民族战争中的
地位》就学习马克思列宁主义的态度问题时强调指出："不应当把他们的理论当
作教条看待，而一定看作行动的指南。不应当只是学习马克思列宁主义的词句，
而应当把它当成革命的科学来学习。不但应当了解马克思、恩格斯、列宁、斯
大林他们研究广泛的真实生活和革命经验所得出的关于一般规律的结论，而且
应当学习观察问题和解决问题的立场和方法。"⑤ 1941年，他在《改造我们的学
习》中对"只会片面地引用马克思、恩格斯、列宁、斯大林的个别词句，而不
会运用他们的立场、观点和方法，来具体地研究中国的现状和中国的历史，具
体地分析中国革命问题和解决中国革命问题"⑥ 的学习方法进行了尖锐的批评，
要求用科学的态度对待马克思列宁主义，有目的地去研究马克思列宁主义的理
论，使马克思列宁主义的理论和中国革命的实际运动结合起来，从中找立场、
找观点、找方法来解决中国革命的理论问题和策略问题。⑦ 对此，中央作出决
定，"号召我们的同志学习应用马克思列宁主义的立场、观点和方法，认真地研

---

① 中共中央马克思恩格斯列宁斯大林著作编译局. 马克思恩格斯文集：第7卷 [M]. 北
　京：人民出版社，2009：17.
② 中共中央马克思恩格斯列宁斯大林著作编译局. 列宁选集：第1卷 [M]. 北京：人民
　出版社，1995：60.
③ 中共中央马克思恩格斯列宁斯大林著作编译局. 列宁全集：第3卷 [M]. 北京：人民
　出版社，1995：13.
④ 毛泽东. 毛泽东选集：第1卷 [M]. 北京：人民出版社，1991：92.
⑤ 毛泽东. 毛泽东选集：第2卷 [M]. 北京：人民出版社，1991：533.
⑥ 毛泽东. 毛泽东选集：第3卷 [M]. 北京：人民出版社，1991：797.
⑦ 毛泽东. 毛泽东选集：第3卷 [M]. 北京：人民出版社，1991：801.

究中国的历史，研究中国的经济、政治、军事和文化，对每一问题要根据详细的材料加以具体的分析，然后引出理论性的结论来"①。

改革开放以来，以邓小平、江泽民、胡锦涛、习近平为主要代表的中国共产党人坚持把马克思主义基本原理同中国具体实际和时代特征相结合，运用马克思主义立场观点和方法来研究和解决中国的实际问题这一传家宝，创立了邓小平理论、"三个代表"重要思想、科学发展观和习近平新时代中国特色社会主义思想。邓小平指出："真正的马克思列宁主义者必须根据现在的情况，认识、继承和发展马克思列宁主义"，"不以新的思想、观点去继承、发展马克思主义，不是真正的马克思主义者"②，我们"主要的是要用马克思主义的立场、观点、方法来分析问题，解决问题"。江泽民也指出："我们学习理论，关键是要学会运用马克思主义的立场、观点、方法来观察和解决问题，提高辩证思维的能力，防止形而上学和片面性。"③ 2003 年 12 月 26 日，胡锦涛《在纪念毛泽东同志诞辰一百一十周年座谈会上的讲话》中指出："高举毛泽东思想、邓小平理论、'三个代表'重要思想的旗帜，不断开创中国特色社会主义事业新局面，不断开创马克思主义在中国发展的新境界，最重要的是始终坚持贯穿这个科学思想体系的活的灵魂，始终坚持马克思主义立场、观点和方法，其基本方面就是坚持解放思想、实事求是、与时俱进，坚持党的群众路线，坚持独立自主地走自己的路。"④ 正如习近平所说，正因为我们党采取这种科学态度，坚持把马克思主义基本原理同中国具体实际和时代特征相结合，自觉运用马克思主义立场观点方法研究和解决中国革命、建设、改革的实际问题，不断推进马克思主义中国化，才先后创立了毛泽东思想、邓小平理论、"三个代表"重要思想以及科学发展观等重大战略思想，指引中国革命、建设、改革不断取得伟大胜利。⑤ 以习近平同志为主要代表的中国共产党人坚持把马克思主义基本原理同中国具体实际相结合、同中华优秀传统文化相结合，用马克思主义观察时代、把握时代、引领时代，形成了习近平新时代中国特色社会主义思想，成为新时代建设中国特色社会主义事业的根本遵循。中国特色社会主义公安工作理论的形成与发展正

---

① 毛泽东. 毛泽东选集：第 3 卷 [M]. 北京：人民出版社，1991：814-815.
② 邓小平. 邓小平文选：第 3 卷 [M]. 北京：人民出版社，1993：291-292.
③ 江泽民. 江泽民文选：第 2 卷 [M]. 北京：人民出版社，2006：286.
④ 中共中央文献研究室. 十六大以来重要文献选编：上 [M]. 北京：中央文献出版社，2005：645.
⑤ 习近平. 深入学习中国特色社会主义理论体系努力掌握马克思主义立场观点方法 [J]. 求是，2010（7）：17-24.

是党创造性地运用马克思主义世界观方法论指导公安实践的结果。

二、马克思主义经典作家关于公安工作的相关理论

马克思主义的国家学说和无产阶级专政理论是中国特色社会主义公安工作理论的深厚理论本源。关于国家、无产阶级专政、警察，马克思恩格斯在许多文章和著作中有过诸多论述，如《论犹太人问题》《黑格尔法哲学批判》《法兰西内战》《哥达纲领批判》《文明和国家起源笔记》《哲学的贫困》《马克思致约瑟夫·魏德迈（1852年3月5日）》《德意志意识形态》《共产党宣言》《家庭、私有制和国家的起源》《反杜林论》等，列宁在《国家与革命》中对马克思恩格斯的国家学说和无产阶级专政理论进行了深刻阐释。马克思主义经典作家对中国共产党人准确界定人民警察的性质与职能、依法治警有着重要影响的论述和阐释，概而言之主要有以下四个方面。

（一）国家的起源与消亡

认识国家的起源与消亡有利于正确认识国家的本质和职能。马克思主义经典作家认为，国家是内生于社会而居社会之上并且日益同社会相异化的力量。关于国家的起源和消亡，马克思恩格斯有过经典的论述，列宁有过深刻的阐释，概言之，有五层意思：其一，从国家的源头来说，国家不是从来就有的，它是经济社会发展到一定阶段使社会分裂为阶级之时的产物。① 其二，从国家的产生方式来说，国家是内生于社会而又自居于社会之上的一种力量。② 其三，从国家的历史作用来说，国家是统治阶级手中的工具，是阶级矛盾不可调和的产物，是建立一种"秩序"来抑制阶级冲突、保持社会稳定，维护社会稳定是国家的

---

① 中共中央马克思恩格斯列宁斯大林著作编译局. 马克思恩格斯文集：第3卷［M］. 北京：人民出版社，2009：151.
中共中央马克思恩格斯列宁斯大林著作编译局. 马克思恩格斯文集：第4卷［M］. 北京：人民出版社，2009：189，193.
中共中央马克思恩格斯列宁斯大林著作编译局. 列宁专题文集：论马克思主义［M］. 北京：人民出版社，2009：180.
② 中共中央马克思恩格斯列宁斯大林著作编译局. 马克思恩格斯文集：第4卷［M］. 北京：人民出版社，2009：189，191.
中共中央马克思恩格斯列宁斯大林著作编译局. 列宁专题文集：论马克思主义［M］. 北京：人民出版社，2009：182.

基本职能。① 其四，从国家与社会的关系来说，国家是一种组织形式，与社会有着天然的联系，它内生于社会，又凌驾于社会之上，且日益同社会相异化。② 其五，从国家的归宿来说，国家与阶级相生相伴，必将由于人类社会进入共产主义社会而自行消亡。但是，不是任何阶级的国家都会"自行消亡"，而是无产阶级的国家或半国家。这种消亡必须经历一个由政治国家到非政治国家的漫长的过渡时期，时间的长短取决于共产主义高级阶段的发展速度。国家和社会的完全统一或国家回归社会是人类社会的美好愿景。③

（二）国家的本质与职能

明晰国家的本质与职能有利于正确认识和行使国家的权力。马克思主义经典作家认为，国家的本质是阶级性与社会性的统一，以履行其政治职能和社会职能体现其存在的基础和价值。在马克思主义经典作家看来，国家的本质是阶级性与社会性的统一，具有政治统治（包括保卫防御）职能、社会管理职能。国家职能的性质决定于国家的本质，而国家的本质又在其职能中得到集中而充分的表现。关于马克思恩格斯在国家的本质与职能方面的经典论述以及列宁对其的深刻阐释，概言之，有三层意思。其一，国家是镇压某一个阶级的暴力组织，具有阶级性，在没有阶级矛盾的社会里，国家是不需要的，也是不可能存在的，国家的存在证明了阶级矛盾的不可调和性。国家为对立阶级中居于统治地位者所掌控，是阶级斗争的工具。国家的本质特征是阶级专政，无产阶级专政对介于资本主义和共产主义之间的整个历史时期都是必要的。国家行使政治

---

① 中共中央马克思恩格斯列宁斯大林著作编译局. 马克思恩格斯文集：第3卷 [M]. 北京：人民出版社，2009：152.
中共中央马克思恩格斯列宁斯大林著作编译局. 马克思恩格斯文集：第1卷 [M]. 北京：人民出版社，2009：584.
中共中央马克思恩格斯列宁斯大林著作编译局. 列宁专题文集：论马克思主义 [M]. 北京：人民出版社，2009：180.
② 中共中央马克思恩格斯列宁斯大林著作编译局. 马克思恩格斯文集：第1卷 [M]. 北京：人民出版社，2009：584.
中共中央马克思恩格斯列宁斯大林著作编译局. 马克思恩格斯文集：第10卷 [M]. 北京：人民出版社，2009：43.
中共中央马克思恩格斯列宁斯大林著作编译局. 马克思恩格斯文集：第4卷 [M]. 北京：人民出版社，2009：189.
③ 中共中央马克思恩格斯列宁斯大林著作编译局. 马克思恩格斯文集：第4卷 [M]. 北京：人民出版社，2009：193.
中共中央马克思恩格斯列宁斯大林著作编译局. 列宁专题文集：论马克思主义 [M]. 北京：人民出版社，2009：19，188，267.

统治职能体现其存在的基础。① 其二，国家具有社会性，具有社会管理职能，通过行使"公共权力"即管理社会全体成员的共同事务的权力对社会全体成员的公共事务加以管理或者处理，以体现其存在的价值，从而使得国家的政治权力得以维系。② 其三，国家是阶级性和社会性的统一，国家的任何一项法律法规和社会制度都是阶级性和社会性的双重体现。具体表现在：一是国家的阶级性和社会性既是分立的，又是相互联系不可分割的。社会性是阶级性的基础或前提，社会公共职能是阶级统治的前提，阶级职能必须在完成社会管理职能时才能持续下去。二是国家的阶级性和社会性的重心在不同的时期、不同的阶段有所偏重，随着社会生产力的发展以及社会基本矛盾的变化而发展变化，随着社会形态的更替而处于变化的历史演进之中，最后，国家消亡，国家权力从与人民大众相分离，"回归"全体人民大众，"回归"社会本身。③

（三）警察与国家的关系

马克思主义经典作家对国家学说的贡献不仅在于无产阶级专政理论，更在于他们的警察观。马克思主义经典作家认为，警察随着国家的产生而产生，随

① 中共中央马克思恩格斯列宁斯大林著作编译局．马克思恩格斯文集：第9卷［M］．北京：人民出版社，2009：297，365．
中共中央马克思恩格斯列宁斯大林著作编译局．马克思恩格斯文集：第4卷［M］．北京：人民出版社，2009：195，191．
中共中央马克思恩格斯列宁斯大林著作编译局．马克思恩格斯文集：第2卷［M］．北京：人民出版社，2009：52．
中共中央马克思恩格斯列宁斯大林著作编译局．列宁专题文集：论马克思主义［M］．北京：人民出版社，2009：183，207．
② 中共中央马克思恩格斯列宁斯大林著作编译局．马克思恩格斯文集：第4卷［M］．北京：人民出版社，2009：135．
中共中央马克思恩格斯列宁斯大林著作编译局．马克思恩格斯文集：第9卷［M］．北京：人民出版社，2009：190，187．
中共中央马克思恩格斯列宁斯大林著作编译局．马克思恩格斯文集：第1卷［M］．北京：人民出版社，2009：14．
③ 中共中央马克思恩格斯列宁斯大林著作编译局．马克思恩格斯文集：第9卷［M］．北京：人民出版社，2009：190．
中共中央马克思恩格斯列宁斯大林著作编译局．马克思恩格斯文集：第2卷［M］．北京：人民出版社，2009：54．
中共中央马克思恩格斯列宁斯大林著作编译局．马克思恩格斯文集：第3卷［M］．北京：人民出版社，2009：197．
中共中央马克思恩格斯列宁斯大林著作编译局．马克思恩格斯文集：第4卷［M］．北京：人民出版社，2009：190．
中共中央马克思恩格斯列宁斯大林著作编译局．马克思恩格斯文集：第9卷［M］．北京：人民出版社，2009：190．

着国家的消亡而消亡，是国家机器的重要组成部分，其性质、职能受国家性质、职能的制约，警察的权威是由法律赋予的。具体来讲，主要集中在以下五个方面：其一，警察和国家一样古老，国家是不能没有警察的。为了维护国家统治、维护政治秩序和公共秩序必然要有警察。① 其二，警察是国家机器的重要组成部分，是"中央集权政府进行压迫所凭借的力量"，是国家统治的暴力工具之一，是武装力量。② 其三，警察的性质受到国家性质的制约，警察的阶级专政性和服务管理的公共性互为基础、相互补充。国家性质职能的演进决定着警察性质职能的变化，警察的性质与职能是随着国家的本质属性及其职能的发展而发展的。警察的政治职能将逐步被社会职能完全取代，警察将同国家一起进入历史的博物馆。即警察的政治职能将逐渐消失而警察的社会职能将成为主要的职能，并且最终警察作为一个专门的职能部门会被撤销或同国家一起消失。③ 其四，安全是"警察的概念"。警察的主要职责就是保障人们的生命财产安全，警察工作的最高目标就是保障人们的生命财产不受侵犯。④ 其五，警察的权威是由国家法律赋予的，"必须用特别的法律来取得尊敬"。⑤

（四）无产阶级政党要牢牢掌握国家机器

政权问题是革命和建设的根本问题。尽管马克思提出了国家最终是要消亡的，但是，马克思恩格斯在指导无产阶级革命斗争的实践中深刻认识到，工人

---

① 中共中央马克思恩格斯列宁斯大林著作编译局．马克思恩格斯文集：第1卷［M］．北京：人民出版社，2009：556.
中共中央马克思恩格斯列宁斯大林著作编译局．马克思恩格斯文集：第4卷［M］．北京：人民出版社，2009：135-136.
② 中共中央马克思恩格斯列宁斯大林著作编译局．马克思恩格斯文集：第3卷［M］．北京：人民出版社，2009：109，219.
中共中央马克思恩格斯列宁斯大林著作编译局．列宁专题文集：论马克思主义［M］．北京：人民出版社，2009：182.
③ 中共中央马克思恩格斯列宁斯大林著作编译局．马克思恩格斯文集：第9卷［M］．北京：人民出版社，2009：297.
中共中央马克思恩格斯列宁斯大林著作编译局．马克思恩格斯文集：第3卷［M］．北京：人民出版社，2009：154.
中共中央马克思恩格斯列宁斯大林著作编译局．马克思恩格斯文集：第2卷［M］．北京：人民出版社，2009：53.
④ 中共中央马克思恩格斯列宁斯大林著作编译局．马克思恩格斯文集：第1卷［M］．北京：人民出版社，2009：42.
中共中央马克思恩格斯列宁斯大林著作编译局．马克思恩格斯文集：第4卷［M］．北京：人民出版社，2009：541.
⑤ 中共中央马克思恩格斯列宁斯大林著作编译局．马克思恩格斯文集：第4卷［M］．北京：人民出版社，2009：135-136，191.

阶级要摆脱资产阶级压迫，赢得自由，就必须建立真正属于自己的国家政权来取代资产阶级的国家机器。如马克思在论及国家机器对政党的作用时指出："那些相继争夺统治权的政党，都把这个庞大国家建筑物的夺得视为胜利者的主要战利品"①，"获得胜利的政党如果不愿意失去自己努力争得的成果，就必须凭借它以武器对反动派造成的恐惧，来维持自己的统治"②，"在资本主义社会和共产主义社会之间，有一个从前者变为后者的革命转变时期。同这个时期相适应的也有一个政治上的过渡时期，这个时期的国家只能是无产阶级的革命专政"③。列宁指出："国家政权的一切政治经济工作都由工人阶级先锋队共产党领导"④，"只有懂得一个阶级的专政不仅对一般阶级社会是必要的，不仅对推翻了资产阶级的无产阶级是必要的，而且对介于资本主义和'无阶级社会'即共产主义之间的整整一个历史时期都是必要的——只有懂得这一点的人，才算掌握了马克思国家学说的实质"⑤。

马克思主义的国家学说和马克思主义的警察观，直接表明了警察与国家之间的关系以及警察在国家中所处的重要地位。这就是，警察和国家谁也离不开谁，警察是国家机器的重要组成部分，其性质受到国家性质的制约，是国家意志的直接体现者，必须对国家忠诚。哪个阶级掌握它，它就要为哪个阶级服务，这是各国共同的特点。中国特色社会主义公安工作理论的形成与发展正是中国共产党人创造性地运用马克思主义国家学说和马克思主义的警察观指导公安工作实践的结果。

三、毛泽东关于公安工作的重要思想

毛泽东公安工作思想是中国特色社会主义公安工作理论形成的直接思想渊源。毛泽东公安工作思想，是毛泽东及其老一辈无产阶级革命家将马克思列宁主义的普遍原理运用于中国公安保卫实际过程的思想结晶，是长期指导中国公

---

① 中共中央马克思恩格斯列宁斯大林著作编译局．马克思恩格斯文集：第 2 卷［M］．北京：人民出版社，2009：565．
② 中共中央马克思恩格斯列宁斯大林著作编译局．马克思恩格斯文集：第 3 卷［M］．北京：人民出版社，2009：338．
③ 中共中央马克思恩格斯列宁斯大林著作编译局．马克思恩格斯文集：第 3 卷［M］．北京：人民出版社，2009：445．
④ 中共中央马克思恩格斯列宁斯大林著作编译局．列宁专题文集：论无产阶级政党［M］．北京：人民出版社，2009：353．
⑤ 中共中央马克思恩格斯列宁斯大林著作编译局．列宁专题文集：论马克思主义［M］．北京：人民出版社，2009：207．

安保卫工作的伟大实践的经验总结，是对中国公安保卫工作的路线、方针、政策等重大问题的完备而系统化的论述。

（一）人民民主专政理论和正确区分与处理两类不同性质的矛盾学说是公安工作的理论基础

1949 年 6 月 30 日，在庆祝中国共产党成立 28 周年之际，毛泽东发表了《论人民民主专政》一文，深刻阐释了人民民主专政的基本原理，指出了人民公安机关作为国家专政工具在社会政治生活中的重要地位和担负的重大责任，为新中国公安保卫工作的建立和发展指明了方向。毛泽东认为：第一，人民民主专政的国家政权，对于胜利了的人民，这是须臾都不可以离开的护身法宝。国外的帝国主义和国内的阶级不被彻底地干净地消灭完，这个法宝是万万不可以弃置不用的。① 人民民主专政是中国人民在几十年的革命实践中积累的经验，是对人民内部的民主和对反动派专政的结合。第二，"军队、警察、法庭等项国家机器，是阶级压迫的工具，它是暴力，并不是什么'仁慈'的东西"②，为了实现由农业国达到工业国、由新民主主义社会进到社会主义和共产主义社会消灭阶级实现大同的最终目的，在新民主主义革命取得胜利、新政权即将建立之时，共产党的任务就是要强化诸如军队、警察和法庭等人民的国家机器，以此维护人民民主专政政权、巩固国防、保护人民的利益。第三，胜利了的人民既要对整个反动阶级进行专政，又要运用国家机器的力量惩治那些盗窃犯、诈骗犯、杀人放火犯、流氓集团和各种严重破坏社会秩序的坏分子，制裁少数不顾公共利益、行凶犯法的人，以保护人民利益，维护社会秩序。第四，巩固政权需要加强人民民主专政，搞好现代化建设同样需要加强人民民主专政。加强人民民主专政的目的，是"为了保卫全体人民进行和平劳动，将我国建设成为一个具有现代工业、现代农业和现代科学文化的社会主义国家"③。所有这些，也就从中规定了公安机关及其人民警察的两大职能：对敌人实行专政，对人民实行民主。为了完成这两大任务，就必须正确区分敌我矛盾和人民内部矛盾这两类不同性质的矛盾。

如何正确区分和处理两类不同性质的矛盾？与《论人民民主专政》一脉相承，毛泽东在 1957 年 6 月发表的《关于正确处理人民内部矛盾的问题》中，对如何界定两类不同性质的矛盾、如何处理两类不同性质的矛盾、如何对待和处

① 毛泽东. 毛泽东选集：第 4 卷［M］. 北京：人民出版社，1991：1502-1503.
② 毛泽东. 毛泽东选集：第 4 卷［M］. 北京：人民出版社，1991：1476.
③ 中共中央文献研究室. 毛泽东文集：第 7 卷［M］. 北京：人民出版社，1999：207.

理少数人闹事等问题做了具体的回答。他用阶级的、历史的、具体的观点明确界定了各个不同历史时期人民和敌人的范围，阐明了专政的重要作用，提出了正确处理人民内部矛盾尤其是少数人闹事的方法，为公安机关打击谁、保护谁，如何打击、如何保护指明了方向，提供了办法。《论人民民主专政》《关于正确处理人民内部矛盾的问题》成为指导公安工作的纲领性文献，为做好公安工作提供了思想武器。

（二）明确了公安机关的性质和职能，提出了加强公安保卫工作的思想

毛泽东从马克思主义基本原理出发，结合中国的具体实际，对公安工作的性质、地位和作用等作了重要论述，鲜明地提出公安机关是人民民主专政的重要工具，是对人民实行民主，对敌人实行专政的重要武器，打击敌人、保护人民是公安机关的根本职能和任务，公安工作只能加强，不能削弱这一重要思想。毛泽东认为，军队、警察、法庭等项国家机器，是阶级压迫的工具，这对剥削阶级是这样，对无产阶级同样如此。历史上所有的剥削阶级无一不是通过其军队、警察、法庭等暴力工具，对劳动人民实行镇压和剥削。无产阶级在推翻资产阶级统治，建立国家政权后，必须建立强有力的国家机器，通过自己的军队、警察和法庭等革命暴力工具，对敌人实行专政，镇压敌对阶级的一切反抗，这是根本的原则。我国是工人阶级领导的、以工农联盟为基础的人民民主专政的社会主义国家，这就决定了我国的公安机关是人民民主专政的工具，是国家意志的忠实执行者。工人阶级领导下的人民大众的意志，上升为国家意志形成的政策和法律，是公安机关全部工作的出发点。这是公安机关性质的核心内容和本质特征。毛泽东对专政的作用、专政的目的、专政的主客体、专政的手段做了明确的界定，为公安机关正确实施专政职能提供了理论武器。

（三）确立了公安工作必须坚持的根本原则和根本路线

坚持党对公安工作的绝对领导、走专门机关与广大群众相结合的群众路线是毛泽东确立的公安工作必须坚持的根本原则和根本路线。毛泽东认为公安机关是无产阶级手里的一把刀子，掌握得好，就能打击敌人，保卫人民；掌握得不好，就容易伤害自己。这把刀子要是被坏人抓走了，那就更危险。所以他提出了"保卫工作必须特别强调党的领导作用并在实际上（着重号是毛泽东自己加的）接受党委直接领导"① 的思想，要求公安工作必须置于党的绝对领导之下。他从三个方面提出了公安工作要走群众路线与专门工作相结合的方针政策：

---

① 中共中央文献研究室. 建国以来毛泽东文稿：第 1 册 [M]. 北京：中央文献出版社，1987：535.

第一，广大人民群众是人民民主专政的基础力量，这一基础力量必须充分发挥出来，人民民主专政才不至于成为一句空话。他要求"一切工作都要走群众路线，公安工作也要走群众路线"①。第二，"警力有限，民力无穷"，人民群众是公安工作的力量源泉，公安工作坚持走群众路线可以提高战斗力，少犯错误。第三，公安工作坚持群众路线可以预防和减少犯罪。毛泽东提出公安机关在处理人民内部矛盾时，要多做群众工作，防止激化矛盾和转化矛盾；要向群众宣传党的政策，教育群众懂法、守法，预防犯罪；要做好犯罪分子家属工作，对犯罪人员家属不歧视，重表现，讲政策，不株连，化消极因素为积极因素，以真正承担起既打击犯罪，又宣传和教育群众，预防犯罪、挽救失足者的职能和义务。

（四）提出了公安工作的政策和策略

重证据、重调查研究，严禁逼供信；坚持严肃与谨慎相结合，惩办与宽大相结合，稳、准、狠地打击敌人；有反必肃，有错必纠；等等。这些是毛泽东在领导公安工作的实践中，提出的具体方针和政策。重证据、重调查研究，严禁逼供信，是毛泽东实事求是的思想路线在公安工作中的集中体现。他把"逼供信"的做法称之为完全主观主义的方针和方法，要求公安干警要重证据、重调查研究，把工作做实。公安机关同犯罪行为的斗争是尖锐的、对抗性的，不严肃、不坚决，不足以制服犯罪。犯罪分子多采用隐蔽的手法，情节又往往曲折复杂，任何简单草率的做法都可能造成错误。毛泽东提出了坚持严肃与谨慎相结合的刑事政策，要求不枉不纵，不错不漏，稳、准、狠地打击刑事犯罪。为了做到谨慎，他还提出了一系列的办法和措施，如提出了监督、审批制度，对不同案件的审批权做了具体的规定，提出了缓刑的政策，提出了捕人、杀人一定要谨慎从事的要求，提出了"有反必肃、有错必纠"等原则。

（五）提出了公安队伍建设要求

公安队伍是国家权力的象征，又是打击各种犯罪的主体，他们的素质如何，直接关系国家的安宁和社会的稳定。毛泽东十分重视公安队伍建设工作，对公安队伍的政治思想、组织纪律、作风、学风建设等问题做了许多重要指示，如"对基层干部，要训练，要教育"②，"公安队伍数量不宜太大，但质量必须精干"③，"公安系统要把政治工作做好，思想工作抓活"，"队伍要整顿，还要锻

①　公安部政治部．毛泽东公安工作理论［M］．北京：群众出版社，1993：52.
②　公安部政治部．毛泽东公安工作理论［M］．北京：群众出版社，1993：128.
③　公安部政治部．毛泽东公安工作理论［M］．北京：群众出版社，1993：124.

炼，要教育"①，"公安局长要具备起码常识"，"对于党政军的某些最重要的部门，特别是公安部门，则须及时清理，将可疑分子预做处置，使这些机关掌握在可靠人员手里"②，等等，有力地促进了公安队伍的纯洁性和正规化建设。

　　毛泽东的公安工作思想，是毛泽东思想的重要组成部分，是一代伟人留给我们的宝贵财富。其中关于公安机关是国家机器的重要组成部分，是人民民主专政的重要工具，是党和人民的刀把子，要坚持党对公安工作的绝对领导，要坚持专门机关与群众路线相结合，正确处理人民内部矛盾，建设一支忠于党、忠于人民的公安队伍等一系列重要思想，具有重要的现实指导意义。改革开放以来的中国共产党人，正是在继承毛泽东公安工作思想的基础上，形成了中国特色社会主义公安工作理论。

---

　　①　公安部政治部. 毛泽东公安工作理论 ［M］. 北京：群众出版社，1993：125.
　　②　中共中央文献研究室. 毛泽东文集：第6卷 ［M］. 北京：人民出版社，1999：119.

第二章

中国特色社会主义公安工作理论的历史逻辑

马克思主义认为："历史从哪里开始，思想进程也应当从哪里开始。"① 中国特色社会主义公安工作理论的历史发展在不同的历史时期具有不同的背景与特点，从理论发展史角度分阶段考察中国特色社会主义公安工作理论的演进历程、梳理其发展轨迹、准确揭示其阶段性特征，是我们准确理解和把握中国特色社会主义公安工作理论的逻辑体系、基本内容和总体特征的首要之选。

任何事物都有发生、形成、发展的过程。与任何思想理论体系的形成、发展一样，中国特色社会主义公安工作理论的形成与发展也不是一蹴而就的，而是经历了一个探索、形成、完善和深化的历史过程。具体来讲，经历了四个发展阶段：以邓小平同志为主要代表的中国共产党人，在改革开放起步与全面展开阶段，对中国特色社会主义公安工作理论的初步探索；以江泽民为主要代表的中国共产党人，在社会主义市场经济建立时期，对中国特色社会主义公安工作理论的丰富和发展；以胡锦涛为主要代表的中国共产党人，在全面建设小康社会、构建社会主义和谐社会时期，对中国特色社会主义公安工作理论的完善和发展；以习近平同志为主要代表的中国共产党人，在新时代全面建成小康社会的关键时期，对中国特色社会主义公安工作理论的拓展和深化。需要说明的是，在这里，有关阶段的划分，并不是都存在一个清晰的理论发展的明确标志，主要是以政治上最高领导层的交替为标志。正如马克思所指出的那样，"因为社会史上的各个时代，正如地球史上的各个时代一样，是不能划出抽象的严格的界限的"②。

---

① 中共中央马克思恩格斯列宁斯大林著作编译局．马克思恩格斯文集：第 2 卷 [M]．北京：人民出版社，1995：603．

② 中共中央马克思恩格斯列宁斯大林著作编译局．马克思恩格斯文集：第 5 卷 [M]．北京：人民出版社，1995：427-428．

第一节　中国特色社会主义公安工作理论初步形成

改革开放起步与全面展开时期（1978—1992 年），是中国特色社会主义公安工作理论初步形成期。1978 年 12 月召开的党的十一届三中全会，是我国改革开放和社会主义现代化建设新时期的开端，是新中国成立以来党的历史上具有深远意义的伟大转折。以此为起点，邓小平已成为新的历史时期党的政治决策和理论创造的核心。以邓小平为主要代表的中国共产党人，准确判断国际形势，准确把握我国社会的主要矛盾，果断结束了以阶级斗争为纲，把党和国家的工作重心转移到以经济建设为中心，建设社会主义现代化国家上来。围绕着公安工作要服从和服务于党和国家中心工作大局这一公安工作的立足点，对公安工作进行了全方位的拨乱反正，继承和发展了毛泽东公安工作思想，形成了以健全社会主义法制思想为统领，以"稳定压倒一切"为总要求的中国特色社会主义公安工作理论。以时间为轴，以邓小平为主要代表的中国共产党人在推进中国特色社会主义公安工作理论的形成和发展方面主要经历了三个过程：拨乱反正时期的初步形成，全面开创社会主义现代化建设的新局面时期的走向成熟，党的十三大以后至邓小平南方谈话这一期间的进一步发展。

一、形成过程及阶段性特征

（一）在拨乱反正中初步形成

从党的十一届三中全会至党的十二大召开这一时期，以邓小平为主要代表的中国共产党人对公安工作进行了全方位的拨乱反正，中国特色社会主义公安工作理论初步形成。

如前所述，新中国成立以后，以毛泽东为主要代表的中国共产党人，在领导公安工作的实践中向后人呈现了双份遗产。一份是毛泽东公安工作思想，为中国的公安工作提供了强大的思想武器。在实践中，形成了一套与计划经济相适应的、运转高效的公安工作管理体制和运行机制，初步形成了一套以《中华人民共和国人民警察条例》《公安派出所组织条例》为代表的人民警察法律制度，彻底废除了遗患中国几百年的娼妓制度，彻底结束了有着二百多年泛滥成灾、屡禁不止、毒害人民的鸦片烟毒历史，社会治安一度出现"路不拾遗、夜不闭户"的良好秩序。另一份是由于十年动乱，毛泽东公安工作思想被歪曲，公安工作受到严重冲击，社会治安秩序混乱不堪。

党的十一届三中全会以后，以邓小平为主要代表的中国共产党人，在公安领域开展全方位的拨乱反正，在"恢复毛泽东同志那些正确的东西""把毛泽东同志已经提出、但是没有做的事情做起来，把他反对错了的改正过来，把他没有做好的事情做好"① 中，提出了一些新思想和新观点。如坚持四项基本原则和特殊形式的阶级斗争新概念，加强社会主义法制、保障人民民主，加强和改善党对公安工作的领导，恢复和扩大公安队伍，提高公安队伍的政治素质、业务素质、法律素质，坚持"两手抓、两手都要硬"的巩固和加强人民民主专政的基本方针，等等。

党的十一届六中全会通过的《关于建国以来党的若干历史问题的决议》，标志着党在指导思想上的拨乱反正胜利完成。《决议》指出："三中全会以来，我们党已经逐步确立了一条适合我国情况的社会主义现代化建设的正确道路"②，这条道路就是邓小平在党的十二大开幕词中首次提出的"中国特色社会主义"这一崭新命题。他指出，"把马克思主义的普遍真理同我国的具体实际结合起来，走自己的道路，建设有中国特色的社会主义"③，提出了"今后一个长时期至少是到本世纪末的近二十年内"对于"我们坚持社会主义道路，集中力量进行现代化建设"起着"最重要的保证作用"的要抓紧的"四件工作"，其中之一就是"打击经济领域和其他领域内破坏社会主义的犯罪活动"④。所以，以党的十二大召开为标志，中国特色社会主义公安工作理论初步形成。

这些观点和思想主要体现在《邓小平文选》第 2 卷中的《解放思想，实事求是，团结一致向前看》（1978 年 12 月 13 日）、《坚持四项基本原则》（1979 年 3 月 30 日）、《民主和法制两手都不能削弱》（1979 年 6 月 28 日）、《目前的形势和任务》（1980 年 1 月 16 日）、《精简军队，提高战斗力》（1980 年 3 月 12 日）、《党和国家领导制度的改革》（1980 年 8 月 18 日）、《贯彻调整方针，保证安定团结》（1980 年 12 月 25 日）等文章中，和《中国共产党第十一届中央委员会第三次全体会议公报》（1978 年 12 月 22 日）、《中国共产党中央委员会关于建

① 邓小平.邓小平文选：第 2 卷［M］.北京：人民出版社，1994：300.
② 中共中央文献研究室.三中全会以来重要文献选编：下［M］.北京：中央文献出版社，2011：168.
③ 邓小平.邓小平文选：第 3 卷［M］.北京：人民出版社，1993：3.
④ "四件工作"：进行机构改革和经济体制改革，实现干部队伍的革命化、年轻化、知识化、专业化；建设社会主义精神文明；打击经济领域和其他领域内破坏社会主义的犯罪活动；在认真学习新党章的基础上整顿党的作风和组织。
邓小平.邓小平文选：第 3 卷［M］.北京：人民出版社，1993：3.

国以来党的若干历史问题的决议》（1981年6月27日）、《中共中央关于加强政法工作的指示》（1982年1月13日）、中共十二大政治报告《全面开创社会主义现代化建设的新局面》（1982年9月1日）等中央文件之中。

这一时期，以邓小平为主要代表的中国共产党人主要是以继承毛泽东的公安工作思想为主。正如邓小平曾经深刻阐明的党的十一届三中全会以来我们党所从事的事业与毛泽东的关系所指出的，三中全会以后，"我们就是恢复毛泽东同志的那些正确的东西嘛，就是准确地、完整地学习和运用毛泽东思想嘛。基本点还是那些"①。尽管"基本点还是那些"，但是，这是在提出建设有中国特色的社会主义的时代背景下的继承与创新，标志着中国特色社会主义公安工作理论初步形成。

（二）在全面开创社会主义现代化建设的新局面中走向成熟

党的十二大提出了全面开创社会主义现代化建设的新局面，邓小平在党的十二大开幕词中提出的"建设有中国特色社会主义"这一崭新命题，成为我们党和国家全部理论和实践的主题。党的十二大的召开成为以邓小平为主要代表的中国共产党人推进中国特色社会主义公安工作理论走向成熟的逻辑起点。可以说拨乱反正"就是恢复毛泽东同志的那些正确的东西"②，并且之后相当长的时期还是做这些事情，但是毕竟在建设中国特色社会主义这一新的历史时期，有许多的新情况和新问题需要这一代中国共产党人去回答、去解决。在解决新情况和新问题的过程中，形成新的思想理论体系顺理成章。另外，鉴于党的十三大把公安工作的理论基础——邓小平的人民民主专政思想和特殊形式的阶级斗争的新概念作为党在社会主义初级阶段基本路线和行动纲领的一部分肯定下来，把四项基本原则作为党的基本路线的核心内容之一写入党章，且将人民民主专政与法制结合起来，写入党的十三大报告之中，尤其是基于"民主与专政的各个环节都要做到有法可依，有法必依，执法必严，违法必究"首次出现在党的代表大会报告之中这一考虑，所以选择党的十三大作为以邓小平为主要代表的中国共产党人推进中国特色社会主义公安工作理论走向成熟的标志。这一时期提出的主要观点有：依法专政，将民主与专政纳入法治化轨道；建设强有力的国家机器；公安队伍建设要坚持从严治警的方针；对如何加强和改善党对公安工作的领导有了具体的思路和措施，对公安工作群众路线进行了丰富和发展。

---

① 邓小平.邓小平文选：第2卷［M］.北京：人民出版社，1994：300.
② 邓小平.邓小平文选：第2卷［M］.北京：人民出版社，1994：300.

这个时期的思想和观点主要体现在《邓小平文选》第 3 卷中的《严厉打击严重刑事犯罪活动》（1983 年 7 月 19 日）、《在中央顾问委员会第三次全体会议上的讲话》（1984 年 10 月 22 日）、《改革是中国发展生产力的必由之路》（1985 年 8 月 28 日）、《在中国共产党全国代表会议上的讲话》（1985 年 9 月 23 日）、《在中央政治局常委会上的讲话》（1986 年 1 月 17 日）、《拿事实来说话》（1986 年 3 月 28 日）、《在全体人民中树立法制观念》（1986 年 6 月 28 日）、《关于政治体制改革》（1986 年 9 月 3 日）、《旗帜鲜明地反对资产阶级自由化》（1986 年 12 月 30 日）、《排除干扰，继续前进》（1987 年 1 月 13 日）、《要有领导有秩序地进行社会主义建设》（1987 年 3 月 8 日）、《吸取历史经验教训，防止错误倾向》（1987 年 4 月 30 日）、《没有安定的政治环境什么事都干不成》（1987 年 6 月 29 日）、《一切从社会主义初级阶段的实际出发》（1987 年 8 月 29 日）等文章中，和《彭真在政法工作会议上的讲话》（1985 年 1 月 28 日）以及《中共中央关于严厉打击刑事犯罪活动的决定》（1983 年 8 月 25 日）、《中共中央关于进一步加强青少年教育预防青少年违法犯罪的通知》（1985 年 10 月 4 日）、《中共中央关于全党必须维护社会主义法制的通知》（1986 年 7 月 10 日）、《中共中央关于当前反对资产阶级自由化若干问题的通知》（1987 年 1 月 28 日）等中央文件中。总之，从拨乱反正期间以邓小平为主要代表的中国共产党人的公安工作思想的初步形成至此，这一思想实际上已经对"什么是公安工作，如何做公安工作，加强公安队伍建设"有了一个完整的轮廓，并且得到了实践的印证，可以认为这一理论此时已经走向成熟。

（三）党的十三大以后至邓小平南方谈话时期进一步发展

党的十三大以后，国际国内形势都发生了巨大变化。国内，随着改革开放步伐的加快，西方腐朽文化思想和资产阶级自由化思潮对政治稳定和社会治安造成严重冲击，直至发生了 1989 年政治风波。国际上，苏联解体、东欧剧变，世界社会主义事业遭到重创。中国向何处去，人民民主专政还要不要坚持，成为国内外关注的焦点。在这种复杂的形势面前，邓小平果断提出了"努力排除'左'和右的干扰，继续前进"的主张，将党的公安工作思想推向了新的阶段。这个时期提出的观点主要体现在公安工作的指导思想和方针策略上，具体表现在四个方面：一是明确了稳定的重要性和坚持人民民主专政在四项基本原则中的重要地位，形成了稳定压倒一切，要理直气壮地坚持人民民主专政的思想；二是提出了始终要把国家主权、国家的安全放在第一位的思想；三是形成了公安工作要服从和服务于经济发展大局的思想；四是产生了社会治安综合治理思想。

这个时期的思想主要体现在《邓小平文选》第 3 卷中的《压倒一切的是稳定》（1989 年 2 月 26 日）、《中国不允许乱》（1989 年 3 月 4 日）、《在接见首都戒严部队军以上干部时的讲话》（1989 年 6 月 9 日）、《第三代领导集体的当务之急》（1989 年 6 月 16 日）、《结束严峻的中美关系要由美国采取主动》（1989 年 10 月 31 日）、《国家主权和安全要始终放在第一位》（1989 年 12 月 1 日）、《善于利用时机解决发展问题》（1990 年 12 月 24 日）、《在武昌、深圳、珠海、上海等地谈话要点》（1992 年 1 月 18 日—2 月 21 日）和《中共中央关于加强社会治安综合治理的决定》（1991 年 2 月 19 日）、《中共中央关于加强公安工作的决定》（1991 年 10 月 31 日）、《乔石在全国政法工作会议上的讲话》（1992 年 1 月 20 日），以及《中共中央关于加强政法工作，更好地为改革开放和经济建设服务的意见》（1992 年 7 月 22 日）和党的十四大报告《加快改革开放和社会主义现代化建设步伐，夺取有中国特色社会主义事业的更大胜利》等中央文件中。这一时期的突出特点就是进一步强调专政手段的重要性和必要性，要求专政的手段不仅要讲，必要的时候要用，公安机关要紧紧围绕服从和服务于经济建设这个中心，理直气壮地坚持人民民主专政，坚持"严打"方针，维护国家安全和社会稳定。

以邓小平为主要代表的中国共产党人的公安工作思想自身有一个形成与成熟发展的过程，如果把它放在改革开放以来这个历史长河中，这一时期的公安工作思想属于中国特色社会主义公安工作理论的初步形成期。这与建设有中国特色社会主义理论的形成相一致。1992 年 10 月 12 日，在党的十四大上，江泽民对建设有中国特色社会主义理论作出了比较系统的阐述和科学概括，向全党宣告了建设有中国特色社会主义理论的主要内容，分别是在社会主义发展道路问题上、在社会主义发展阶段问题上、在社会主义的根本任务问题上、在社会主义发展动力问题上、在社会主义建设的外部条件问题上、在社会主义建设的政治保证问题上、在社会主义建设的战略步骤问题上、在社会主义的领导力量和依靠力量问题上、在祖国统一的问题上作出的理论回答，并且指出：建设有中国特色社会主义理论还有其他许多内容，还要在研究新情况、解决新问题的过程中，在实践检验中继续丰富、完善和发展。这标志着建设有中国特色社会主义理论的最终形成。

二、主要理论成果

以邓小平为主要代表的中国共产党人在指导我国的公安工作实践中，以马克思主义基本原理为指导，继承和发展了毛泽东公安工作思想，创立了以健全社会主义法制思想为统领，以"稳定压倒一切"为总要求的中国特色社会主义公安工作理论，其主要理论成果体现在以下六个方面。

（一）特殊形式的阶级斗争依然需要加强人民民主专政的国家机器

马克思主义认为，国家和警察都是阶级斗争的产物，是阶级统治的工具，是暴力，不是什么仁慈的东西。根据国家的阶级本质和基本政治制度建立起来的警察机关，从诞生之日起，就注定了它是为阶级服务的。毛泽东认为，在整个社会主义阶段都存在着阶级和阶级斗争，并且这种阶级斗争是长期的、复杂的，有时甚至是很激烈的，所以，他指出，"我们的专政工具不能削弱，还应当加强"①。1978 年 12 月 18 日—22 日，党的十一届三中全会胜利召开。会议确立了解放思想、实事求是的思想路线，果断废弃了"以阶级斗争为纲""无产阶级专政下继续革命"的口号，确定了"全党工作的重心转移到实现四个现代化上来"的根本指导方针。在改革开放建设有中国特色的社会主义新的历史时期，在如邓小平所说的"不认为在社会主义制度下，在确已消灭了剥削阶级和剥削条件之后还会产生一个资产阶级或其他剥削阶级"②的情况下，剥削阶级作为一个阶级已经消灭，人民民主专政的国家政权已经得到巩固，阶级斗争已经不是社会主要矛盾，作为公安机关阶级性的存在基础——阶级斗争是否存在，进而公安机关的阶级性是否存在，这既是一个理论问题，也是一个需要廓清人们思想认识的现实问题。比如，1979 年 1 月 3 日，时为中央委员的胡乔木曾经在中央宣传部的一次会议上做了题为"关于社会主义时期阶级斗争的一些提法的问题"的讲话，专门提出了诸如"无产阶级专政下继续革命"口号的问题，对于社会主义时期阶级斗争的形式和作用的认识问题，在社会主义社会，阶级斗争在什么范围、什么条件下存在的问题，对于"以阶级斗争为纲"应当怎样理解的问题，等等，要求进行理论探讨和研究，弄清楚它们的客观意义和科学含义。能否科学地认识我国现阶段的阶级关系和阶级斗争状况，是公安机关是否具有阶级性的客观依据。这个问题，需要中国共产党人作出理论上的解释；而这个问题，马克思主义没有现成的答案，我国过去也没有解决好。

以邓小平为主要代表的中国共产党人根据中国的实际对这个问题作出了有力的回答，提出了特殊形式的阶级斗争的论断，概言之，主要包括四层意思：其一，改革开放以来，虽然剥削阶级作为压迫阶级的一个阶级已经消灭，但是，

---

① 中共中央文献编辑委员会. 毛泽东著作选读：下册 [M]. 北京：人民出版社，1986：823.

② 邓小平. 邓小平文选：第 2 卷 [M]. 北京：人民出版社，1994：168.

国外境外的敌对势力一天也没有间断对我国实施西化、分化战略,一天也没有停止对中国共产党的领导和我国社会主义制度进行颠覆、渗透、破坏活动,并且有越来越烈之势。其二,境内剥削阶级作为压迫阶级,虽然已经消灭,但剥削阶级残余分子和各种反党、反社会主义分子,还在与国际敌对势力相勾结,伺机进行破坏和捣乱。其三,作为阶级斗争的一种特殊形态的刑事犯罪活动,虽然在不同时期的表现形式、严重程度有所不同,但受阶级斗争规律和其他相关因素的制约,也始终呈现着与阶级斗争长期并存的态势,直接影响社会的安定,给经济建设和人民生活造成危害。其四,这种特殊形式的阶级斗争与历史上的阶级斗争相比较具有明显的特点。从斗争的阶级成分上,它不是一个阶级对一个阶级的斗争,而是工人阶级和其他劳动人民同反党反社会主义分子、敌对分子的斗争。从范围上,特殊形式的阶级斗争不具有普遍性,而只是在"一定范围"内的阶级斗争。比如,政治领域主要表现为和平演变与反和平演变、渗透与反渗透、颠覆与反颠覆的斗争;经济领域主要表现为蜕变与反蜕变、腐败与反腐败的斗争;社会生活领域主要是维护社会安定还是搅乱社会秩序、破坏社会安定;等等。从斗争的方式上,严格限制在法律范围内进行,而不是采取大规模的暴风骤雨式的群众运动。

所以,邓小平明确告诫全党,"我们必须看到,在社会主义社会,仍然有反革命分子,有敌特分子,有各种破坏社会主义秩序的刑事犯罪分子和其他坏分子,有贪污盗窃、投机倒把的新剥削分子,并且这种现象在长时期内不可能完全消灭,同他们的斗争不同于过去历史上的阶级对阶级的斗争","但仍然是一种特殊形式的阶级斗争,或者说是历史上的阶级斗争在社会主义条件下的特殊形式的遗留"①,"斗争的焦点是要不要中国共产党的领导,要不要坚持社会主义道路,归根到底是政权问题"②。并且将上述思想上升成国家意志,于宪法中予以体现。

用马克思主义的观点,阶级斗争必然要导致无产阶级专政,所以,邓小平指出:"我们必须坚持无产阶级专政"③,"这种专政是国内斗争,有些同时也是国际斗争,两者实际上是不可分的"④,"没有无产阶级专政,我们就不可能保

① 邓小平.邓小平文选:第 2 卷 [M].北京:人民出版社,1994:169.
② 中共中央文献研究室.十三大以来重要文献选编:中 [M].北京:中央文献出版社,2011:335.
③ 邓小平.邓小平文选:第 2 卷 [M].北京:人民出版社,1994:168.
④ 邓小平.邓小平文选:第 2 卷 [M].北京:人民出版社,1994:169.

卫从而也不可能建设社会主义"①。并指出，"无产阶级专政对于人民来说就是社会主义民主，是工人、农民、知识分子和其他劳动者所共同享受的民主，是历史上最广泛的民主……没有民主就没有社会主义，就没有社会主义的现代化"②。这也就为他所讲的"在阶级斗争存在的条件下，在帝国主义、霸权主义存在的条件下，不可能设想国家的专政职能的消亡，不可能设想常备军、公安机关、法庭、监狱等等的消亡"提供了理论基础。他反复强调，坚持人民民主专政是四项基本原则之一，并指出，"坚持社会主义就必须坚持无产阶级专政，我们叫人民民主专政。在四个坚持中，坚持人民民主专政这一条不低于其他三条。理论上讲清楚这个道理是必要的"③。邓小平提出的必须坚持社会主义道路，坚持无产阶级专政即人民民主专政，坚持共产党的领导，坚持马克思列宁主义、毛泽东思想的四项基本原则进一步明确了公安工作的指导思想，成为公安工作必须遵循的基本准则。

（二）民主与专政的各个环节都要做到有法可依，有法必依，执法必严，违法必究

将民主与专政纳入法治化轨道，这是以邓小平为主要代表的中国共产党人对公安工作的又一重要理论贡献。毛泽东在《论人民民主专政》一文中指出："总结我们的经验，集中到一点，就是工人阶级（经过共产党）领导的以工农联盟为基础的人民民主专政。"④毛泽东的人民民主专政理论中关于人民民主专政的概念有两层含义，一是指人民民主专政的社会主义国家政权，二是指人民民主专政国家政权的镇压职能或统治手段。邓小平讲人民民主专政，既有泛指整个国家政权的意思，也有特指国家政权镇压职能和统治手段的含义。但在特定时期、特定情况下，他更侧重于强调后者。比如，1983 年 7 月 19 日，邓小平同公安部负责同志的谈话《严厉打击刑事犯罪活动》中强调："解决刑事犯罪问题，是长期的斗争，需要从各方面做工作。现在是非常状态，必须依法从重从快集中打击，严才能治住。搞得不疼不痒，不得人心。我们说加强人民民主专政，这就是人民民主专政。"⑤再如，1986 年 1 月 17 日，邓小平《在中央政治局常委会上的讲话》中指出："坚持四项基本原则中为什么要有一条坚持人民民主专政？只有人民内部的民主，而没有对破坏分子的专政，社会就不可能保持

---

①　邓小平. 邓小平文选：第 2 卷 [M]. 北京：人民出版社，1994：169.
②　邓小平. 邓小平文选：第 2 卷 [M]. 北京：人民出版社，1994：168.
③　邓小平. 邓小平文选：第 3 卷 [M]. 北京：人民出版社，1993：365.
④　毛泽东. 毛泽东选集：第 4 卷 [M]. 北京：人民出版社，1991：1480.
⑤　邓小平. 邓小平文选：第 3 卷 [M]. 北京：人民出版社，1993：34.

安定团结的政治局面，就不可能把现代化建设搞成功。"① 他旗帜鲜明地反复强调，人民民主专政必须讲，人民民主专政不能丢，专政手段必须用。就如何实行人民民主专政，他总结以往的经验和教训，结合我国改革开放和社会主义现代化建设的实际，提出了民主法制的思想，强调镇压职能和统治手段的法制化运用。

以邓小平为主要代表的中国共产党人提出了加强社会主义法制保障人民民主的思想，要靠完备的法制来完善执法司法工作，做到有法可依，有法必依，执法必严，违法必究；提出了依法专政的思想，将民主与专政纳入法治化轨道。以党的十一届三中全会为起点，这种思想贯穿整个过程始终。邓小平在题为《解放思想，实事求是，团结一致向前看》的报告中提出了"为了保障人民民主，必须加强法制"的总要求，他指出："为了保障人民民主，必须加强法制。必须使民主制度化、法律化，使这种制度和法律不因领导人的改变而改变，不因领导人的看法和注意力的改变而改变"②。党的十一届三中全会对民主和法制问题进行了认真的讨论，主要体现在两个方面：一是认为社会主义现代化建设需要集中统一的领导，需要严格执行各种规章制度和劳动纪律，宪法规定的公民权利，必须坚决保障，任何人不得侵犯。二是为了保障人民民主，必须加强社会主义法制。会议公报指出："为了保障人民民主，必须加强社会主义法制，使民主制度化、法律化，使这种制度和法律具有稳定性、连续性和极大的权威，做到有法可依，有法必依，执法必严，违法必究"③，"要保证人民在自己的法律面前人人平等，不允许任何人有超于法律之上的特权"④。从 20 世纪 70 年代末到 90 年代初，以邓小平为主要代表的中国共产党人反复强调民主和法制这两个方面都应该加强，要依法专政。如 1980 年 8 月，邓小平在回答意大利记者奥琳埃娜·法拉奇提出的"怎样才能避免或防止再发生诸如'文化大革命'这样可怕的事情"这一问题时，明确指出："这要从制度方面解决问题……要认真建立社会主义的民主制度和社会主义法制。只有这样，才能解决问题。"⑤ 1980 年 8 月，他在著名的《党和国家领导制度的改革》中指出："不管谁犯了法，都要

---

① 邓小平．邓小平文选：第 3 卷［M］．北京：人民出版社，1993：154.
② 中共中央文献研究室．三中全会以来重要文献选编：上［M］．北京：中央文献出版社，2011：23.
③ 中共中央文献研究室．三中全会以来重要文献选编：上［M］．北京：中央文献出版社，2011：9.
④ 中共中央文献研究室．三中全会以来重要文献选编：上［M］．北京：中央文献出版社，2011：9.
⑤ 邓小平．邓小平文选：第 2 卷［M］．北京：人民出版社，1994：348.

由公安机关依法侦查，司法机关依法办理，任何人都不许干扰法律的实施，任何犯了法的人都不能逍遥法外。"① 1980 年 12 月，他在中央工作会议上强调，"要继续发展社会主义民主，健全社会主义法制。这是三中全会以来中央坚定不移的基本方针，今后也决不允许有任何动摇"②，"我们的民主制度还有不完善的地方，要制定一系列的法律、法令和条例，使民主制度化、法律化"③。党的十三大报告明确指出："社会主义民主和社会主义法制不可分割"，"国家的政治生活、经济生活和社会生活的各个方面，民主和专政的各个环节，都应做到有法可依，有法必依，执法必严，违法必究。"④ 1990 年 2 月 28 日，时任中央政法委员会书记乔石在全国政法工作会议上进一步强调："加强对敌对势力的专政，必须也只能在宪法和法律的范围内进行，而决不能超出法律范围，任意动用专政手段去处理不属于专政范围的社会问题，混淆两类不同性质的矛盾。"⑤他们之所以提出民主制度化、法律化，依法专政，根本原因是"搞法制靠得住些"⑥，它"具有稳定性、连续性和极大的权威"，"不因领导人的改变而改变，不因领导人的看法和注意力的改变而改变"⑦。将民主和专政纳入法治化轨道，这既是马克思主义无产阶级专政理论本意的回归，也是新时期完善治国方式、巩固人民民主专政的现实需要。这些思想丰富和发展了毛泽东的人民民主专政理论。

（三）国家机器的社会主义性质决定了公安工作在任何时候都不能偏离和干扰经济建设这个中心

党的十一届三中全会以来，以邓小平为主要代表的中国共产党人确立了"一个中心、两个基本点"，即以经济建设为中心和坚持四项基本原则、坚持改革开放这一适合我国国情和顺应世界潮流的实现国家富强、民族振兴、人民幸福的基本路线。经济建设为中心，充分体现了社会主义本质的要求，是解决我国"人民日益增长的物质文化需要同落后的社会生产之间的矛盾"的根本途径。

---

① 邓小平. 邓小平文选：第 2 卷［M］. 北京：人民出版社，1994：332.
② 邓小平. 邓小平文选：第 2 卷［M］. 北京：人民出版社，1994：359.
③ 邓小平. 邓小平文选：第 2 卷［M］. 北京：人民出版社，1994：360.
④ 中共中央文献研究室. 十三大以来重要文献选编：上［M］. 北京：中央文献出版社，2011：40-41.
⑤ 中共中央文献研究室. 十三大以来重要文献选编：中［M］. 北京：中央文献出版社，2011：337.
⑥ 邓小平. 邓小平文选：第 3 卷［M］. 北京：人民出版社，1993：379.
⑦ 邓小平. 邓小平文选：第 2 卷［M］. 北京：人民出版社，1994：146.

邓小平曾经说过，"贫穷不是社会主义，更不是共产主义"①，"社会主义要消灭贫穷"②。并反复强调，"不坚持社会主义，不改革开放，不发展经济，不改善人民生活，只能是死路一条"③，"抓住时机，发展自己，关键是发展经济"④，社会主义的经济是以公有制为基础的，生产是为了最大限度地满足人民的物质文化需要，而不是为了剥削。⑤ 邓小平认为，社会主义的本质，是解放生产力，发展生产力，消灭剥削，消除两极分化，最终达到共同富裕。所以，他提出："各项工作都要有助于建设中国特色的社会主义，都要以是否有助于人民的富裕幸福，是否有助于国家的兴旺发达，作为衡量做得对或不对的标准"。⑥

发展经济，必须要有良好的政治环境和社会治安环境。以邓小平为主要代表的中国共产党人对国家机器的社会主义性质充满自信，认为强有力的国家机器能够保证坚持社会主义方向，能够为经济建设保驾护航。1985年8月21日，邓小平在同外宾的谈话中指出，在改革中坚持社会主义方向，这是一个很重要的问题。"从政治上讲，我们的国家机器是社会主义性质的，它有能力保障社会主义制度"，"我们社会主义的国家机器是强有力的。一旦发现偏离社会主义方向的情况，国家机器就会出面干预，把它纠正过来。开放政策是有风险的，会带来一些资本主义的腐朽东西。但是，我们的社会主义政策和国家机器有力量去克服这些东西。所以事情并不可怕"⑦。以邓小平为主要代表的中国共产党人提出了公安机关"必须了解经济和经济工作，必须了解党的工作部署和进行情况等"⑧，要牢固树立"稳定压倒一切"的思想，努力创造稳定的社会政治环境。要坚持两手抓，两手硬，一手抓改革开放，一手抓打击各种犯罪活动，并强调"打击各种犯罪活动，扫除各种丑恶现象，手软不得"⑨。中共中央专门下发文件强调"政法工作要紧紧围绕、服从和服务于经济建设，任何时候都不能偏离和干扰这个中心"⑩。对公安机关如何为经济建设服务作出了极为全面和具

---

① 邓小平. 邓小平文选：第3卷 [M]. 北京：人民出版社，1993：64.
② 邓小平. 邓小平文选：第3卷 [M]. 北京：人民出版社，1993：63-64.
③ 邓小平. 邓小平文选：第3卷 [M]. 北京：人民出版社，1993：370.
④ 邓小平. 邓小平文选：第3卷 [M]. 北京：人民出版社，1993：375.
⑤ 邓小平. 邓小平文选：第2卷 [M]. 北京：人民出版社，1993：167.
⑥ 邓小平. 邓小平文选：第3卷 [M]. 北京：人民出版社，1993：23.
⑦ 邓小平. 邓小平文选：第3卷 [M]. 北京：人民出版社，1993：135，139.
⑧ 彭真. 彭真文选：(1941—1990) [M]. 北京：人民出版社，1991：512.
⑨ 邓小平. 邓小平文选：第3卷 [M]. 北京：人民出版社，1993：378.
⑩ 中共中央文献研究室. 十三大以来重要文献选编：下 [M]. 北京：中央文献出版社，2011：591.

体的要求。如《中共中央关于加强政法工作，更好地为改革开放和经济建设服务的意见》，对强化包括公安工作在内的政法工作的指导思想、工作思路、坚持的原则、强化的内容和形式等做出明确的安排。在政法工作的指导思想上，要求包括公安机关在内的政法机关坚定不移地贯彻党的"一个中心、两个基本点"的基本路线，坚持"两手抓、两手硬"，强化人民民主专政职能，狠抓社会治安综合治理，努力搞好法律服务，切实维护社会稳定，保障与促进改革开放和经济建设的顺利进行。在检验工作的标准上，提出政法机关要把是否有利于解放和发展生产力、把经济建设搞得更快更好，是否有利于加快改革开放和坚持四项基本原则，是否有利于维护政治安定和社会稳定，作为政法工作的出发点、最终目的和检验一切工作的根本标准。在如何加强政法工作上，从两个方面提出要求：一是充分发挥政法部门在调节经济关系、改善改革开放的法制环境、保护投资者和敢于改革试验的人的合法权益等方面的职能作用，运用法律手段和行政手段，大力促进经济建设和改革开放；二是强化专政手段，保卫国家安全，严厉打击各种犯罪活动，惩治腐败，扫除丑恶现象，推动社会治安综合治理和廉政建设，维护社会持续稳定。并且指出，不仅现在，将来也要保证我国的社会秩序、社会风气好于资本主义国家和地区，为经济建设和改革开放创造良好的社会环境。在思想认识上，特别强调了"五个防止"：防止偏离经济建设这个中心，一遇风吹草动就自觉不自觉地搞"以阶级斗争为纲"；防止混淆两类不同性质的矛盾，用对敌专政的方法处理人民内部矛盾，用强制手段解决群众的思想认识问题；防止用过去搞政治运动，甚至"群众专政"的方法解决社会治安问题；防止不依法办事，滥用强制措施，侵犯人民群众和当事人的合法权益；防止消极求稳，用陈旧过时的观念看待改革开放中出现的新事物；防止把正当的改革开放、搞活经济的措施当成违法犯罪处理。以邓小平为主要代表的中国共产党人深刻认识到不讲"四个坚持"，不讲专政，不去对付那些破坏建设的人和事，就会反过来影响整个经济变质，发展下去就会形成贪污、盗窃、贿赂横行的世界，所以专门强调，政法工作服从和服务经济建设这个中心，不能理解为政法工作不重要，更不能理解为政法部门可以去做违反法律规定、超越职权和削弱专政职能的事情。要求政法干警要学习经济知识，了解经济领域的新情况、新问题，熟悉深化改革、扩大开放的新政策、新措施，主动服务，超前服务，提高服务水平。① 这标志着公安工作要服从和服务经济建设这一理论的

① 中共中央文献研究室. 十三大以来重要文献选编：下 [M]. 北京：中央文献出版社，2011：590-591.

形成。

（四）要加强和改善党对公安工作的领导

党的十二大提出，要把党建设成为领导社会主义现代化事业的坚强核心。邓小平反复强调中国只能由中国共产党领导，如"中国由共产党领导，中国的社会主义现代化建设事业由共产党领导，这个原则是不能动摇的；动摇了中国就要倒退到分裂和混乱，就不可能实现现代化"①，"共产党的领导，这个丢不得，一丢就是动乱局面，或者是不稳定状态。一旦不稳定甚至动乱，什么建设也搞不成"②，等等。打铁必须自身硬，把党建设成为领导社会主义现代化事业的坚强核心，党还必须能领导、会领导、善领导。所以，邓小平指出，"党的领导是不能动摇的，但党要善于领导"③。加强和改善党的领导，是邓小平提出的一个非常大的理论命题，如何实现这个命题也是在不断地探索之中。1980年1月，邓小平曾明确提出："为了坚持党的领导，必须努力改善党的领导"④，"怎样改善党的领导，这个重大问题摆在我们的面前。不好好研究这个问题，不解决这个问题，坚持不了党的领导，提高不了党的威信"⑤。此后，他又反复论及这个问题。同样如此，对于如何改善党对公安工作的领导也是一直处于探索之中，直到党的十三大报告对如何改善党的领导提出了具体措施和思路，形成了一套完整的思想体系，对如何改善党对公安工作的领导也有了具体的政策。如1986年6月28日，邓小平在中央政治局常委会上所作的《在全体人民中树立法制观念》的重要讲话中专门对政法工作党的领导问题作了指示，他指出："纠正不正之风、打击犯罪活动中属于法律范围的问题，要用法制来解决，由党直接管不合适。党要管党内纪律的问题，法律范围的问题应该由国家和政府管。党干预太多，不利于在全体人民中树立法制观念。这是一个党和政府的关系问题，是一个政治体制的问题。"⑥ 中共中央于1986年7月10日下发的《关于全党必须维护社会主义法制的通知》指出："党对司法工作的领导，主要是保证司法机关严格按照宪法和法律，依法独立行使职权"⑦，"司法机关党组提请党委讨论研究的重大、疑难案件，党委可以依照法律和政策充分发表意见。司法机关应

① 邓小平.邓小平文选：第2卷［M］.北京：人民出版社，1994：267-268.
② 邓小平.邓小平文选：第3卷［M］.北京：人民出版社，1993：252.
③ 邓小平.邓小平文选：第3卷［M］.北京：人民出版社，1993：177.
④ 邓小平.邓小平文选：第2卷［M］.北京：人民出版社，1994：268.
⑤ 邓小平.邓小平文选：第2卷［M］.北京：人民出版社，1994：271.
⑥ 邓小平.邓小平文选：第3卷［M］.北京：人民出版社，1993：163.
⑦ 中共中央文献研究室.十二大以来重要文献选编：下［M］.北京：中央文献出版社，2011：25.

该认真听取和严肃对待党委的意见。但是，这种党内讨论，绝不意味着党委可以代替司法机关的职能，直接审批案件"①。各级公安机关的党组织和广大党员"既要自觉地把自己的工作置于党的领导之下，又要敢于抵制各种违宪违法行为，敢于抵制各种不正之风，保证宪法和法律的正确实施，决不能执法犯法、徇私枉法"②。《中共中央关于加强政法工作的指示》明确指出："各级党委对政法工作的领导，主要是管方针、政策，管干部，管思想政治工作，监督所属政法机关模范地依照国家的宪法、法律和法令办事"③，形成了如何加强和改善党对公安工作的领导方面的具体思路和措施。

（五）依法从重从快严厉打击严重刑事犯罪活动

搞好社会治安，是关系广大群众切身利益、保证社会稳定和经济发展的大事。1984年10月22日，邓小平在中央顾问委员会第三次全体会议上说过这样一句话："去年我只做了一件事：打击刑事犯罪分子。"④ 这简短的一句话，意味深长，既可以理解当时刑事犯罪问题的严重程度，也可以理解为邓小平对公安工作的重视，还可以理解为邓小平的严打思路已经形成。20世纪80年代初，我国社会治安形势一度比较严峻，严重刑事犯罪十分猖獗，用彭真的话说，"那个时候，犯罪分子在光天化日之下杀人、强奸，闹得乌烟瘴气，人心不安，女同志上下班都要有人接送，社会秩序乱得很啊"⑤。邓小平认真分析了我国进入新的社会历史发展阶段后的实际状况，根据马克思主义无产阶级专政学说和毛泽东人民民主专政的思想，从建设中国特色社会主义与人民民主专政的关系出发，深入研究了我国刑事犯罪问题，明确提出把严重刑事犯罪分子作为专政的对象，果断提出了通过严打维护社会稳定的战略决策，并提出了一套完整的关于如何搞好严打的论断。其一，严打是一项得人心的事情，受到群众的拥护。邓小平指出："刑事案件、恶性案件大幅度增加，这种情况很不得人心"，"最近，在全国范围内对严重刑事犯罪分子依法实行从重从快的集中打击，受到广大群众的热烈拥护，非常得人心"。⑥ 其二，严打要依靠广大人民群众。邓小平

---

① 中共中央文献研究室.十二大以来重要文献选编：下［M］.北京：中央文献出版社，2011：25.

② 中共中央文献研究室.十二大以来重要文献选编：下［M］.北京：中央文献出版社，2011：26.

③ 中共中央文献研究室.三中全会以来重要文献选编：下［M］.北京：中央文献出版社，2011：400.

④ 邓小平.邓小平文选：第3卷［M］.北京：人民出版社，1993：84.

⑤ 彭真.彭真文选：（1941—1990）［M］.北京：人民出版社，1991：509.

⑥ 邓小平.邓小平文选：第3卷［M］.北京：人民出版社，1993：33，38.

指出："我们说过不搞运动，但集中打击严重刑事犯罪活动还必须发动群众"①，"发动了解情况的群众如实揭发检举有严重犯罪行为的人员"，"并使群众得到教育"②，"对贪污、行贿、盗窃以及其他乌七八糟的东西，人民是非常反感的，我们依靠人民的力量，一定能够逐步加以克服"③。他认为，这样既可以发挥群众的优势，也可以挽救和教育群众。以邓小平为主要代表的中国共产党人拨乱反正，纠正了"文革"时期"群众专政"的错误，多次通过文件和讲话的形式要求恢复和发扬毛泽东的公安工作也要走群众路线的思想，如1982年1月13日下发的《中共中央关于加强政法工作的指示》、1982年4月13日下发的《中共中央、国务院关于打击经济领域严重犯罪活动的决定》、1990年4月2日下发的《中共中央关于维护社会稳定加强政法工作的通知》等中央文件多次强调要恢复和发扬政法干警与群众之间的鱼水关系。上述两点，体现了公安工作的群众路线，体现了公安工作要依靠群众、组织群众、宣传群众，充分体现群众的意愿、重视群众的感受，一切从维护和保障群众的利益出发等思想。其三，严打就是加强人民民主专政。邓小平认为，对待严重刑事犯罪分子，光靠说服教育是解决不了问题的，还要运用专政的手段依法严惩，才有可能迫使他们认罪伏法，才能刹住刑事犯罪分子的嚣张气焰，维护法律尊严，显示人民民主专政的威力。所以，他指出，在犯罪行为猖獗之非常状态，"必须依法从重从快集中打击，严才能治住"，"我们说加强人民民主专政，这就是人民民主专政"④。其四，严打的实质是法治建设，要依法进行。处理好严打与坚持法律原则的关系问题，是一个带有普遍意义的根本性问题。邓小平反复强调要依法从重从快严厉打击各种违法犯罪行为，这里所指的"从重"，"是在法律规定的量刑幅度以内的从重，不是加重；加重是在法律规定的量刑幅度以外加重判刑"⑤。同样，"从快"不是说可以离开必要的法律程序和规定拘留、逮捕、起诉、审判、惩处犯罪分子，它也要求严格履行一切必要法律手续，必须在《刑事诉讼法》规定的时限内"从快"，而不是随意地、潦草地结案。这既强调了政法机关的专政职能，又强调了要严格依法办案。针对我国严重刑事犯罪活动十分猖獗，社会治安一度出现不正常的严重局面，邓小平亲自指挥了自1983年8月开始的为期三年零五个

---

① 邓小平.邓小平文选：第3卷［M］.北京：人民出版社，1993：33.

② 中共中央文献研究室.三中全会以来重要文献选编：下［M］.北京：中央文献出版社，2011：527.

③ 邓小平.邓小平文选：第3卷［M］.北京：人民出版社，1993：156.

④ 邓小平.邓小平文选：第3卷［M］.北京：人民出版社，1993：34.

⑤ 彭真.彭真文选：（1941—1990）［M］.北京：人民出版社，1991：407.

月的严打斗争，使刑事犯罪上升的趋势得到了有效抑制。事实证明，通过严打，社会治安形势出现了明显好转，也形成了周密的严打理论体系。

（六）要把专政机构教育好

要"把我们的专政机构教育好"，这是邓小平在南方视察时发表的重要嘱托之一。邓小平指出，中国的事情能不能办好，社会主义和改革开放能不能坚持，经济能不能快点发展起来，国家能不能长治久安，从一定意义上来说，关键靠人。帝国主义搞和平演变，把希望寄托在我们以后的几代人身上，要把我们的军队教育好，把我们的专政机构教育好，把共产党员教育好，把人民和青年教育好。① 以邓小平为主要代表的中国共产党人，在公安工作主体建设方面，提出了要恢复和扩大公安队伍、提高公安队伍的政治素质、业务素质、法律素质等公安队伍建设思想，强调"政法机关是人民民主专政的工具，公安机关更是要害部门，组织上必须纯洁，政治上必须坚强，必须同中央保持一致"②，政法人员应该是"学过法律、懂得法律，而且执法公正、品德合格的专业干部"③，"通晓各项法律、政策、条例、程序、案例和有关的社会知识"④，要求有计划地实现队伍的革命化、年轻化、知识化、专业化。要将公安单独列为国家公安编制，恢复和扩大建设公安学院、警察学校等，大力加强干部的培训。改革人民警察体制，制订适合我国国情的新的人民警察条例等措施，以此强化人民民主专政的国家机器。并在 1984 年 6 月第五次全国公安政治会议上，首次提出了公安队伍建设要坚持从严治警的方针。将坚持从严治警看作加强队伍建设的一个重要环节，要严把入门关，比资本主义国家还要严格，并且要有专门的机构对其进行严格监督。第五次全国公安政治工作会议，界定了"从严治警"方针的内涵。

第二节　中国特色社会主义公安工作理论全面形成

社会主义市场经济建立时期（1992—2002 年），是中国特色社会主义公安工作理论全面形成时期。党的十三届四中全会以后，以江泽民为主要代表的中

---

① 邓小平.邓小平文选：第 3 卷 [M].北京：人民出版社，1993：380.
② 中共中央文献研究室.三中全会以来重要文献选编：下 [M].北京：中央文献出版社，2011：400.
③ 邓小平.邓小平文选：第 2 卷 [M].北京：人民出版社，1994：263.
④ 邓小平.邓小平文选：第 2 卷 [M].北京：人民出版社，1994：286.

国共产党人在国内外形势十分复杂，世界社会主义出现严重曲折的严峻考验面前，深刻吸取东欧剧变、苏联解体的惨痛教训，继承并发展了以邓小平为主要代表的中国共产党人形成的中国特色社会主义公安工作理论，形成了以依法治国、建设社会主义法治国家思想为统领，以"讲政治、讲法制、讲服务"为总要求的中国特色社会主义公安工作理论，将中国特色社会主义公安工作理论推向一个新的发展阶段。

江泽民在1989年6月召开的中共十三届四中全会上当选为中共中央政治局常委，中共中央委员会总书记，被确立为党的第三代中央领导集体的核心。笔者在划分研究阶段时，将党的十三届四中全会到邓小平南方谈话这段时间纳入邓小平时期的中国特色社会主义公安工作理论中进行研究。这一时期江泽民有关公安工作的论述比较少见，只是在谈及其他问题的时候来兼谈的。且即使是兼谈，也只是提及而已。涉及的相关文章寥寥几篇，公开发表的主要有江泽民的《坚持和完善人民代表大会制度》（1990年3月18日）、《当代中国人的庄严使命》（1991年7月1日）、《论民族工作》（1992年1月14日）。涉及的问题有：一是政权机关接受党的领导的问题。要求包括人大、政府、法院、检察院和军队在内的各级政权机关，都必须接受党的领导，任何削弱、淡化党的领导的想法和做法，都是错误的。二是立法、执法问题。要求抓紧制定和完善保障公民权利、维护社会稳定和人民正常生活的法律，抓紧制定和修改有关惩治犯罪和促进廉政建设方面的法律，要求行政司法机关采取有效措施切实纠正有法不依、执法不严甚至以言代法、以权压法现象。三是国内外敌对势力利用民族矛盾搞和平演变的问题。要高度重视民族问题，采取正确的方针政策，认真妥善地加以解决。以江泽民为主要代表的中国共产党人推进中国特色社会主义公安工作理论的发展过程大体可以分为两个时期，即：党的十四大召开至党的十五大的初步形成期，党的十五大至党的十六大的走向成熟期。

一、形成过程及阶段性特征

（一）党的十四大至党的十五大时期初步形成

这一时期，以江泽民为主要代表的中国共产党人在全面继承并坚决执行以邓小平为主要代表的中国共产党人形成的公安工作理论的基础上，提出了一些独到的见解和思想，主要表现如下。

第一，在公安工作的指导思想方面，发展了民主法制思想，提出了依法治国理论；发展了人民民主专政理论，强调依法专政的观点。在全面推进改革开放和社会主义现代化建设进程中，以江泽民为主要代表的中国共产党人，大力推进社会主义民主法制建设，提出了依法治国的党领导人民治理国家的基本方略，积极推进公安机关的民主和专政职能的法治化建设，使依法专政由口号变为有丰富内涵的执政思想，对人民民主专政的本质有了深刻认识，将专政对象具体化，进一步丰富和发展了邓小平的民主法制思想和邓小平人民民主专政理论。提出了"讲政治、讲法制、讲服务""严格执法，热情服务"的思想。《"九五"公安工作纲要》把"严格执法，热情服务"作为一条重要方针提出来，并置于突出位置。

第二，在公安工作主体建设方面，提出了政治建警、依法治警的公安队伍建设方针。对什么是政治，怎样讲政治，公安工作如何讲政治等方面有着全面的论述。① 1996 年 2 月召开的第十九次全国公安会议将"坚持从严治警、依法治警方针，全面推进公安队伍建设"列为"八五"期间公安工作的宝贵经验之一。1996 年 3 月 3 日，公安部印发了经中央政治局常委会原则同意、第十九次全国公安会议讨论通过的《"九五"公安工作纲要》。《纲要》明确提出，要坚持从严治警、依法治警的方针，坚持走科教强警之路，实施科教强警战略。至此，依法治警、科教强警成为指导公安工作、队伍建设和公安改革的重要方针。②

上述观点主要集中于《江泽民文选》第 1 卷、《江泽民思想年编（一九八九—二〇〇八）》相关文章和题词，以及《十三大以来重要文献选编》（下）、《十四大以来重要文献选编》（上中下）相关文献中。如《江泽民文选》第 1 卷中的《加快改革开放和社会主义现代化建设步伐，夺取有中国特色社会主义事业的更大胜利》（1992 年 10 月 12 日）、《加强反腐败斗争，推进党风廉政建设》（1993 年 8 月 21 日）、《以人民群众为本》（1994 年 1 月 1 日）、《把握改革、发展、稳定的关系》（1994 年 5 月 5 日）、《振兴民族的希望在教育》（1994 年 6 月 14 日）、《西藏工作要抓好稳定和发展两件大事》（1994 年 7 月 20 日）、《领导干部一定要讲政治》（1995 年 9 月 27 日）、《讲学习、讲政治、讲正气》（1995 年 11 月 8 日）、《坚持依法治国》（1996 年 2 月 8 日）、《关于讲政治》（1996 年 3 月 3 日）、《做好经济发展风险的防范工作》（1996 年 8 月 6 日）、《加强社会主

---

① 江泽民．江泽民文选：第 1 卷 [M]．北京：人民出版社，2006：455-458.
　　江泽民．江泽民会见公安保卫战线英模立功集体代表 [N]．人民日报，1999-09-02（1）.
　　江泽民．江泽民李鹏接见第十九次全国公安会议代表 [J]．人民公安，1996（4）：1，4.
② 鲍遂献．中国公安改革大事记 [J]．人民公安，1998（21）：4-5.

义民主法治建设》（1997年2月7日）等文章和江泽民为公安机关的一些题词中。

（二）党的十五大以后至党的十六大召开时期走向成熟

党的十五大以后至十六大召开这一时期，是以江泽民为主要代表的中国共产党人公安工作思想的成熟时期。这一时期的特点就是，"三个代表"重要思想和依法治国思想走向成熟，在建立中国特色社会主义法律体系，促进依法治国方面取得了空前的成就，为党的公安工作思想的形成提供了强大的理论后盾和良好的实践依据。对公安工作的论述不再是碎片式的分散性的论述，而是全面、系统，既有理论依据，又有问题分析，还有解决方案的论述。其标志为江泽民在2001年4月4日召开的全国治安工作会议上的讲话。

第一，在公安工作的指导思想方面，对坚持四项基本原则有了更为深刻的认识，对如何坚持四项基本原则进行了全方位的论述。与邓小平提出坚持四项基本原则所不同的是，邓小平是在党的理论工作务虚会上提出来的，江泽民是在全国社会治安工作会议上，对坚持四项基本原则的重要意义和公安机关如何坚持进行了全方位的论述。不同的场合，针对性不同，意义也不同。将坚持四项基本原则从宏观到具体，落地落实。

第二，在公安工作的性质任务方面有全面系统的论述。以江泽民为主要代表的中国共产党人，全面系统地论述了公安工作的性质、职能、任务，提出了新的历史时期公安工作的职能定位。强调加强对敌对势力的专政，必须也只能在宪法和法律的范围内进行，而决不能超出法律范围。① 1995年2月28日颁布的《中华人民共和国人民警察法》，将党的意志变为国家意志，明确规定了人民警察的职责职权、义务纪律、组织管理、警务保障等。

第三，在公安工作应坚持的根本原则方面，针对政治风波中暴露出的党的领导弱化问题，以江泽民为主要代表的中国共产党人把加强党的建设放在重中之重来抓，提出了一系列具有普遍意义和有针对性的加强和改善党的领导的举措。从普遍意义上主要是对全党的要求，例如：通过强化党的执政意识，提高党的执政本领来加强党的领导；强调加强党的领导的同时，要认真改善党的领导方式和活动方式，绝不能以党代政、以党代法，所有的党组织、党员必须在宪法和法律的范围内活动等来加强党的领导；坚持党管干部的原则；等等。与此同时，在2001年4月4日召开的全国治安工作会议上，专门重申坚持党对人

① 中共中央文献研究室. 十三大以来重要文献选编：中［M］. 北京：中央文献出版社，2011：337.

民民主专政的国家机器的绝对领导这一根本原则①。

第四，在公安工作的方针策略方面，将社会治安综合治理系统化。提出了社会治安综合治理的基本方针是"坚持打防结合，预防为主"；开展"严打"斗争是解决治安突出问题的有效手段；实行社会治安综合治理应坚持专门机关和群众路线相结合的原则；地方党政一把手是地方治安的好坏的关键；实施社会治安综合治理的治本之策是加强对青少年的思想品德和法律知识教育，防止青少年犯罪；等等。全面系统地论述了社会治安综合治理，丰富了社会治安综合治理方针的内涵。在"严打"斗争中首次提出了"打黑除恶"专项斗争。针对当时诸如有组织犯罪、黑恶势力在一些地方称王称霸、作恶多端，爆炸案件接连发生，非法制造、买卖和盗窃、抢夺、抢劫枪支、弹药、爆炸物案件突出，杀人、伤害案件频发，侵财案件猖獗等严峻治安情形，江泽民在 2001 年 4 月召开的全国治安工作会议上亲自部署了历时将近两年的全国范围内的"严打"整治斗争，其中，"有组织犯罪、带黑社会性质的团伙犯罪和流氓恶势力犯罪"是重点打击的三类犯罪情形之一，要求在开展"严打"整治斗争的同时，要全面落实社会治安综合治理的各项措施。这是继 1983 年在全国范围内开展"严打"斗争后的又一次在全国范围内开展的"严打"整治斗争，② 取得了令人瞩目的成就。

第五，全面系统地论述了公安队伍建设思想，提出了建设能够担当跨世纪重任的高素质队伍的任务目标和要求，提出了科技强警思想。随着国际国内形势的变化，包括公安干警在内的政法干警，工作任务异常艰巨，执法环境异常复杂，面临的考验异常严峻，其整体素质与新形势、新任务的要求相比，仍有许多不相适应的地方，且暴露出的问题有的还相当严重，对此，1999 年 4 月 15日，中共中央专门作出《关于加强政法干部队伍建设的决定》，对政法干部队伍建设的目标和任务，队伍的政治素质和业务素质，各级政法部门领导班子建设，政法干部队伍的正规化、法制化建设，政法干部队伍的监督管理，政法工作的保障机制，党对政法干部队伍建设工作的领导都有明确要求。提出要坚持走科技强警之路，提高运用现代化科技手段的能力。③

上述思想主要集中于《江泽民文选》第 2 卷、《江泽民文选》第 3 卷、《江

---

① 江泽民．江泽民文选：第 3 卷 [M]．北京：人民出版社，2006：223-227.

② 李健和．公安工作改革开放 30 年 [M]．北京：群众出版社，2008：260.

③ 中共中央文献研究室．十五大以来重要文献选编：中 [M]．北京：中央文献出版社，2011：1-13.

泽民思想年编（一九八九—二〇〇八）》中的有关文章和讲话，以及《十五大以来重要文献选编》（上中下）中的相关文献和有关中央文件中。如《江泽民文选》第 2 卷中的《高举邓小平理论伟大旗帜，把建设有中国特色的社会主义事业全面推向二十一世纪》（1997 年 9 月 12 日）、《坚决打击走私犯罪活动》（1998 年 7 月 13 日）、《在全国抗洪抢险总结表彰大会上的讲话》（1998 年 9 月 28 日）、《二十年来我们党的主要历史经验》（1998 年 12 月 8 日）、《论加强和改进学习》（1999 年 1 月 11 日）、《同仇敌忾，团结御侮》（1999 年 5 月 8 日、9 日、11 日）、《目前形势和经济工作》（1999 年 11 月 15 日）、《通报中央政治局常委"三讲"情况的讲话》（2000 年 1 月 20 日）等。《江泽民文选》第 3 卷中的《在中央思想政治工作会议上的讲话》（2000 年 6 月 28 日）、《切实加强社会治安工作》（2001 年 4 月 2 日）、《关于坚持四项基本原则》（2001 年 4 月 2 日）、《政治体制改革的目的是完善社会主义政治制度》（2001 年 4 月 2 日）、《在庆祝中国共产党成立八十周年大会上的讲话》（2001 年 7 月 1 日）、《推动我国信息网络快速健康发展》（2001 年 7 月 11 日）、《以稳定、安全、灵活、多元的思路筹划工作》（2001 年 11 月 27 日）、《论宗教问题》（2001 年 12 月 10 日）、《共同创造一个和平繁荣的新世纪》（2002 年 4 月 10 日）、《全面建设小康社会，开创中国特色社会主义新局面》（2002 年 11 月 8 日）等文章中。《江泽民论有中国特色社会主义（专题摘编）》中的《正确处理改革发展稳定的关系》，《十五大以来重要文献选编》（上中下）中的《在全国政法工作会议上的讲话》（1997 年 12 月 25 日），李鹏的《为加强社会主义民主法制，推进依法治国而努力工作》（1998 年 3 月 21 日）、《在全国法制宣传日座谈会上的讲话》（2001 年 12 月 3 日），朱镕基的《统一思想，加强领导，迅速而严厉地打击走私犯罪活动》（1998 年 7 月 15 日）、《认真贯彻依法治国方略，切实全面推进依法行政》（1999 年 7 月 6 日），胡锦涛的《坚决贯彻落实中央关于军队武警部队政法机关不再从事经商活动的重大决策》（1998 年 7 月 28 日）等文章之中，以及《中共中央关于进一步加强政法干部队伍建设的决定》（1999 年 4 月 15 日）、1999 年 11 月 8 日作出的《国务院关于全面推进依法行政的决定》《中共中央国务院关于进一步加强社会治安综合治理的意见》（2001 年 9 月 5 日）等中央文件之中。

这一时期党的公安工作思想与邓小平时期党的公安工作思想相比较，其突出特点是更加强调党对公安工作的绝对领导；随着依法治国方略的提出和实施，依法专政走向快车道；社会治安综合治理方针的提出和运用，将警察从维护社会公共秩序的一种外在力量逐步向成为社会秩序的内在力量转变；在队伍建设方面更加注重政治建警，依法治警。如果把它放在改革开放以来这个历史长河中，这一时期属于中国特色社会主义公安工作理论的全面形成期。

二、主要理论成果

党的十三届四中全会以后，以江泽民为主要代表的中国共产党人继承马克思主义无产阶级专政理论和毛泽东的人民民主专政理论，坚持和贯彻邓小平法制思想，在全面推进社会主义现代化建设进程的同时，不断解放思想，与时俱进，在建立社会主义市场经济体制的实践中继续将"发展社会主义民主，健全社会主义法制"作为坚定不移的基本方针之一，以"三个代表"重要思想作指导，立足于新时期的实践，对人民民主专政形成了一系列新的认识，不断丰富和发展了邓小平的民主法制思想，逐步形成了丰富而深刻的社会主义法治思想，使我们党对新时期如何巩固和加强人民民主专政的认识又达到了一个新的水平。

（一）依法治国是坚持人民民主专政的实现手段和重要保障

党的十五大明确提出了"依法治国，是党领导人民治理国家的基本方略"①这一重大理论命题。党的十五大报告明确指出："在坚持四项基本原则的前提下，继续推进政治体制改革，进一步扩大社会主义民主，健全社会主义法制，依法治国，建设社会主义法治国家。"②加强社会主义法制，依法治国，是中国特色社会主义理论体系的重要组成部分，是我们党和政府管理国家事务的重要方针。"依法治国"意味着我国治国方式的重大转变，也是执政党的执政方式和政府的国家权力运作方式的重大转变。在当代中国，无论是党的领导还是人民当家作主，都必须得到法治的保障并在法治范围内实施，严格依法办事，任何组织和个人都不允许有超越宪法和法律的特权。实行和坚持依法治国，对于推动经济持续快速、健康发展和社会全面进步，保障国家的长治久安，具有十分重要的意义。

20世纪80年代末90年代初，东欧剧变、苏联解体、世界社会主义出现严重曲折。在这个决定党和国家命运的重大历史关头，以江泽民为主要代表的中国共产党人对什么是坚持人民民主专政、为什么要坚持人民民主专政、如何坚持人民民主专政、坚持依法治国与人民民主专政的关系作了许多重要论述，形成了依法治国是加强人民民主专政的重要保障的理论。

人民民主专政是我国的国体，也是我国的根本政治制度。关于什么是坚持人民民主专政，江泽民指出："坚持人民民主专政，就是要坚持国家的一切权力

---

① 江泽民. 江泽民文选：第2卷［M］. 北京：人民出版社，2006：29.

② 江泽民. 江泽民文选：第2卷［M］. 北京：人民出版社，2006：28.

属于人民，保证人民依照宪法和法律规定，通过各种途径和形式，管理国家事务，管理经济和文化事业，管理社会事务，充分发挥人民群众的积极性、主动性、创造性，保证人民当家作主。"① 坚持人民民主专政，"这个问题的实质，就是要不断发展社会主义民主，切实保护人民的利益，维护国家的主权、安全、统一、稳定"②。关于在当前时期，是否坚持人民民主专政问题上，江泽民旗帜鲜明地指出："我们很多同志，对发展社会主义民主比较重视，但对社会主义政权的专政职能，认识就不那么清楚了，在工作中注意得不够，抓得也不够。总觉得现在还讲专政，是不是过时了？这种想法不仅是错误的，而且是十分有害的"，"对国际敌对势力的渗透、破坏活动，对敌对分子颠覆中国共产党的领导和社会主义制度的政治图谋，对民族分裂主义势力的分裂活动，对暴力恐怖活动，对严重危害人民群众生命财产安全的严重刑事犯罪，对残害生命和危害国家政权的邪教，对严重危害国家和人民利益的腐败现象等，我们必须依法坚决予以防范和打击，用人民民主专政来维护人民政权，维护人民的根本利益。在这个问题上，要理直气壮。我们社会主义政权的专政力量不但不能削弱，还要加强"③。

对于为什么要坚持人民民主专政，江泽民从三个方面进行了论述。其一，没有民主，就没有社会主义，就没有社会主义现代化。其二，在社会主义社会，资产阶级作为一个阶级已经被消灭，但是在国际国内各种因素的作用下，阶级斗争在一定范围内还存在，并且长期存在，有时还会很尖锐。全党同志绝不能掉以轻心。其三，依法行使民主职能和专政职能是社会稳定的唯一保障。江泽民指出："任何国家要保持政权巩固和社会稳定发展，都要履行专政职能。"西方国家"不但有，而且很厉害"，"西方国家的政府、法院、警察、军队，也都要运用法律、行政和先进技术手段，履行专政职能"④。他告诫全党，千万不要因为忙于经济工作，而忽视政治这个极端重要的问题，"不然，哪一天我们的政权丢了，还不知道是怎么丢的！"⑤ 关于依法治国与人民民主专政的关系，他提出了人民民主专政的本质就是人民民主的基础上依法专政的科学论断。针对有的人将人民民主专政和依法治国对立起来的想法，他严厉指出，"有的人甚至将人民民主专政和依法治国对立起来，这也是错误的"，"从本质上说，人民民主

① 江泽民．江泽民文选：第3卷 [M]．北京：人民出版社，2006：221．
② 江泽民．江泽民文选：第3卷 [M]．北京：人民出版社，2006：220-221．
③ 江泽民．江泽民文选：第3卷 [M]．北京：人民出版社，2006：222-223．
④ 江泽民．江泽民文选：第3卷 [M]．北京：人民出版社，2006：223．
⑤ 江泽民．江泽民文选：第3卷 [M]．北京：人民出版社，2006：223．

专政就是依照宪法和法律规定，在人民民主的基础上，由国家机构来行使专政的职能"①，给人民民主专政的本质赋予新的内涵。

对于如何依法治国，实现人民民主专政，江泽民从以下三个方面进行了论述。其一，健全法律体系，做到有法可依。加强立法工作、建立和完善适应社会主义市场经济的法律体系，是依法治国，实现人民民主专政的前提。上任伊始，江泽民就指出，"我们的法律还不够完备，立法任务还很繁重"。他对立法内容、立法的思想和原则、立法时间表都有专门的论述和安排，如 1990 年，他提出了立法工作的"三个抓紧"：抓紧制定和完善保障公民权利、维护社会安定和人民正常生活的法律；抓紧制定有关保证改革开放和经济宏观调控方面的法律，以及有关发展农业、交通、能源、教育、科技方面的法律；抓紧制定和修改有关惩治犯罪和促进廉政建设方面的法律。② 随着建立社会主义市场经济体制的改革目标的确立，1993 年 3 月，在八届全国人大一次会议上，他又提出把加强经济立法作为第一位的任务，尽快出台一批重要的经济法律、经济方面的行政法规和地方性法规，努力把适应社会主义市场经济的法律体系初步建立起来。1996 年，他又在中共中央举办的中央领导同志法制讲座结束时提出要"全面建立社会主义市场经济和集约型经济所必需的法律体系"③，搞出实施各种基本法律和法规所需要的具体条例来。1997 年，在党的十五大报告中，他又提出了"加强立法工作，提高立法质量，到二〇一〇年形成有中国特色社会主义法律体系"④ 的法律建设时间表。江泽民这一思想和原则突破了过去延续多年的"成熟一个制定一个""宜粗不宜细"的立法思想，具有重要的立法指导意义。他还进一步完善了刑事立法和打击各种犯罪的法律法规，完善了社会治安方面的法律法规，为依法行使专政职能提供了法律依据和保障，为稳、准、狠地打击刑事犯罪，维护社会秩序，巩固人民民主专政发挥了重要作用。其二，有法必依，执法必严，违法必究。执法是法的实施的重要组成部分和基本实现途径，是人民民主专政的实现方式。"徒法不足以自行"，法律的生命力在于实施，国家制定法律，就是要在国家权力的运作上、在社会生活中得到广泛有效的遵守和执行，否则法律就是一纸空文。他在多种场合表达了这一思想，提出了严格执法、秉公执法的要求，做到有法必依，执法必严，违法必究。一切政府机关都必须依法行政。江泽民指出，要"加强对执法活动的监督，推进依法行政，维护司

---

① 江泽民. 江泽民文选：第 3 卷 [M]. 北京：人民出版社，2006：222.
② 江泽民. 江泽民文选：第 1 卷 [M]. 北京：人民出版社，2006：114.
③ 江泽民. 江泽民文选：第 1 卷 [M]. 北京：人民出版社，2006：512.
④ 江泽民. 江泽民文选：第 2 卷 [M]. 北京：人民出版社，2006：30.

法公正，提高执法水平，确保法律的严格实施"①。1995年，他视察济南交警时为济南交警支队的题词"严格执法，热情服务"成为全国公安机关乃至其他执法部门执法工作和队伍建设的总的目标和开展执法工作都应遵循的一个重要基本原则。其三，增强法律意识、法制观念，打牢依法治国、建设社会主义法治国家的思想基础。"依法治国"对全国人民素质的全面发展提出了新的更高要求，社会成员对法律所维护的价值观持认同态度，对法律的权威和重要性有充分认识，不仅了解与自身日常生活相关的基本法律知识，而且具有遵守法律、依法积极行使权利和自觉履行义务的良好意识和习惯，这是我国能否顺利实行依法治国，建成法治国家的内在根本因素。江泽民提出，要"加强法制宣传教育，提高全民法律素质，尤其要增强公职人员的法制观念和依法办事能力，党员和干部特别是领导干部要成为遵守宪法和法律的模范"②。其四，加强社会主义道德建设，"德治"与"法治"相互促进。2001年1月，江泽民在全国宣传部长会议上提出，"我们在建设有中国特色社会主义、发展社会主义市场经济的过程中，要坚持不懈地加强社会主义法制建设，依法治国；同时也要坚持不懈地加强社会主义道德建设，以德治国"③。江泽民认为，法治与德治的关系是一个二者之间紧密联系、相辅相成、互相结合、不可偏废的关系。他指出："对一个国家的治理来说，法治和德治，从来都是相辅相成、相互促进的。二者缺一不可，也不可偏废。"④ 他更进一步分析道："法治属于政治建设、属于政治文明，德治属于思想建设、属于精神文明。二者范畴不同，但其地位和功能都是非常重要的。"⑤ 他所表达的中心思想就是：一方面，通过法律的制定和实施，体现社会主义道德所提倡的基本价值理念，推动社会主义道德的贯彻落实；另一方面，通过社会主义道德来引导社会主义法制建设的价值取向，使法律真正成为维护人民权利的重要保障，引导人们正确地执行和遵守法律。其五，坚持党的领导、人民当家作主和依法治国的有机统一。"三者有机统一"是中国特色社会主义民主政治的根本特点，是社会主义政治文明的本质特征。江泽民对什么是依法治国、依法治国与党的领导的关系做了解释，他指出："依法治国，就是广大人民群众在党的领导下，依照宪法和法律规定，通过各种途径和形式管理国家事务，管理经济文化事业，管理社会事务，保证国家各项工作都依法进

---

① 江泽民 . 江泽民文选：第3卷 [M] . 北京：人民出版社，2006：555.
② 江泽民 . 江泽民文选：第3卷 [M] . 北京：人民出版社，2006：555.
③ 江泽民 . 江泽民文选：第3卷 [M] . 北京：人民出版社，2006：200.
④ 江泽民 . 江泽民文选：第3卷 [M] . 北京：人民出版社，2006：200.
⑤ 江泽民 . 江泽民文选：第3卷 [M] . 北京：人民出版社，2006：200.

行，逐步实现社会主义民主的制度化、法律化，使这种制度和法律不因领导人的改变而改变，不因领导人看法和注意力的改变而改变"①，"党领导人民制定宪法和法律，并在宪法和法律范围内活动。依法治国把坚持党的领导、发扬人民民主和严格依法办事统一起来，从制度和法律上保证党的基本路线和基本方针的贯彻实施，保证党始终发挥总揽全局、协调各方的领导核心作用"②。江泽民从国家、人民两个层面对"实行和坚持依法治国"的内涵作了说明，他指出："实行和坚持依法治国，就是使国家各项工作逐步走上法制化的轨道，实现国家政治生活、经济生活、社会生活的法制化、规范化；就是广大人民群众在党的领导下，依照宪法和法律的规定，通过各种途径和形式，管理国家事务，管理经济和文化事业，管理社会事务；就是逐步实现社会主义民主的制度化、法律化。"③ 由此，我们不难看出，依法治国是新的历史时期坚持人民民主专政、把人民民主专政落到实处的具体措施、实现手段和根本保证，是公安机关依法行使人民民主专政职能的行动指南。

（二）严格执法，热情服务

"严格执法，热情服务"是江泽民为济南交警支队作的重要题词，是在新形势下根据公安机关和公安工作的性质和任务提出来的。在计划经济时代，由于行政管理模式是建立在"政权统治与领导行政"之上，过分强调了国家机关行政中的强制性与权力性，过分注重了政权巩固中的阶级性，忽略了管理与被管理之间的人性关系，从而形成了监管型的管理模式，使管理与服务两者相互对立。受这种管理模式的影响，在执法管理中，有些公安民警存在一些模糊认识和做法，在强调公安机关的专政职能的时候，忽视了公安机关的保护与服务职能，"为了抓住坏人，抓错了好人也不要紧""为了稳定大局，侵犯一些人的权利也难免"，以及"重打击，轻保护""重管理，轻服务""重实体，轻程序"，工作机制和管理方式已不适应新形势和要求。更有甚者，特权思想严重，以管人者自居，摆架子，耍威风，对群众的困难视而不见；有的故意刁难甚至打骂群众，不愿主动积极地为人民服务；有的有法不依，执法不严，不正确履行法定职责，参与非警务活动；有的刑讯逼供，滥用枪支，随意羁押；还有的滥用职权，贪赃枉法，欺压群众，甚至与犯罪分子同流合污。这些问题虽然只发生在极少数人身上，但严重败坏了公安队伍的形象，严重损害了党和政府的威信，

---

① 江泽民. 江泽民文选：第2卷 [M]. 北京：人民出版社，2006：28-29.
② 江泽民. 江泽民文选：第2卷 [M]. 北京：人民出版社，2006：29.
③ 江泽民. 江泽民文选：第1卷 [M]. 北京：人民出版社，2006：511.

在群众中造成了恶劣的影响。为此，江泽民提出了"严格执法，热情服务"的公安执法管理总要求。

"严格执法，热情服务"的提出，既是对济南交警的嘉勉，更是对全国公安机关和公安民警的鼓励、鞭策与希望；既阐明了公安机关的职责所在和为警之道、立警之本，又强调了公安民警执法能力和职业道德建设的基本原则，是对公安机关行使管理服务职能的高度概括，为新时期公安工作行使管理职能指明了方向。"严格执法"，是指公安机关和公安民警在履行职务的过程中，必须严格依照国家的宪法、法律、法规的程序与实体，依法行使职权，做到"有法必依、执法必严、违法必究"，保障国家法律的正确实施，捍卫法律的权威，保障人民利益。① 严格执法包括两方面的基本内容：首先，它规定了公安民警的执法行为必须以国家的法律法规为最高标准和最终依据，执法行为必须在法律法规规定的范围内依照法定程序进行，任何违反法律精神和程序的行为都要承担相应的行政和法律责任，这是警察必须承担的积极责任；其次，严格执法要求公安民警在执法过程中，正确认识、规范行使执法权，严格界定权力边界，既不得不作为和徇私枉法，又不能进行看似严格的越权执法，否则也要承担相应的责任。"热情服务"，是指公安机关和公安民警在履行自身职责的过程中，以党的战士、社会公仆、人民勤务员的姿态，以奉献、廉洁、吃苦、牺牲的精神，热忱、周到、文明、快捷地为人民群众服务，为人民群众排忧解难，从而形成警爱民、民拥警，警民鱼水相依，全社会共建安全、文明的社会风气，为党的中心工作和社会主义和谐社会的构建保驾护航。② 严格执法，热情服务，从根本上把管理就是服务的观念更好地体现在社会管理工作中，实现执法者与被执法者的相互理解，达到了执法形式与执法效果的内在统一。

（三）将社会治安综合治理理论推向深入

如前所述，以邓小平为主要代表的中国共产党人领导了为期 3 年的"严打"战役，严重刑事犯罪活动大幅度上升的势头受到有效遏制，但由于种种复杂原因，刑事犯罪活动反弹严重③。也就是说，"严打"并没有从根本上解决刑事犯罪高发问题。以江泽民为主要代表的中国共产党人在总结"严打"的经验教训

---

① 斯国良. 论严格执法与热情服务的关系 [J]. 湖北公安高等专科学校学报，1998（5）：14-16.

② 斯国良. 论严格执法与热情服务的关系 [J]. 湖北公安高等专科学校学报，1998（5）：14-16.

③ 1989 年，重大刑事案件比 1988 年上升 1 倍，1990 年又比 1989 年上升 12.4%。此后，重大刑事案件上升的势头仍然很猛。

基础上，将社会治安综合治理的方针推向了全面实施和创新阶段。研究党的领导人对某项工作的重视程度，最简捷的办法是考察他们的活动轨迹。从以江泽民为主要代表的中国共产党人在社会治安综合治理工作方面的活动轨迹（见表1）和打击犯罪的具体成效，可以看出他们对社会治安综合治理的重视程度以及全面实施的进程。自1991年中共中央、国务院和全国人大分别下发了《关于加强社会治安综合治理的决定》，1992年社会治安综合治理的思想写入《中国共产党章程》，上升为国家意志、部门规章和党纪党规以来，以江泽民为主要代表的中国共产党人在社会治安综合治理方面做了许多工作。

表1　以江泽民为主要代表的中国共产党人关于社会治安综合治理的活动轨迹

时间	内容
1993 年 7 月 1 日	江泽民主持召开中共中央政治局常委会议，听取中央综治委关于社会治安综合治理工作的汇报，对社会治安综合治理工作作出重要指示
1993 年 11 月 10 日	中央综治委、中宣部联合发出《关于当前加强社会治安综合治理宣传报道工作的意见》
1993 年 11 月 14 日	中央社会治安综合治理委员会、中共中央纪律检查委员会、中共中央组织部、人事部、监察部联合下发《关于实行社会治安综合治理领导责任制的若干规定》
1993 年 12 月 24 日	江泽民在全国政法工作会议上发表重要讲话，对严厉打击各种犯罪活动、争取治安状况的进一步好转、坚持专门机关和群众路线相结合的原则，提出了明确的要求
1994 年 5 月	江泽民、李鹏、乔石先后在中央综治委报送的《关于召开全国农村社会治安综合治理工作会议的报告》上作出重要批示，要求各级党委和政府认真贯彻落实这次会议提出的各项措施，狠抓农村社会治安综合治理
1994 年 6 月 8 日—11 日	中央综治委、中央组织部、公安部、司法部、民政部在江苏省吴江市联合召开全国农村社会治安综合治理工作会议
1995 年 9 月 19 日	中共中央办公厅、国务院办公厅转发了《中央社会治安综合治理委员会关于加强流动人口管理工作的意见》

续表

时间	内容
1995 年 9 月 25 日—28 日	党的十四届五中全会审议通过的《关于制定国民经济和社会发展"九五"计划和 2010 年远景目标的建议》，把"加强社会治安综合治理，维护社会长期稳定，保障人民群众安居乐业。积极防范和依法严厉打击各类严重刑事犯罪与经济犯罪活动，坚决扫除各种社会丑恶现象，把社会治安综合治理的各项措施落实到城乡基层单位"作为全党的奋斗目标之一
1996 年 3 月 1 日	经党中央批准，公开发布《中共中央、国务院关于加强社会治安综合治理的决定》
1996 年 3 月初	江泽民主持召开中央政治局常委会议，听取中央政法委关于社会治安工作的汇报。江泽民提出，要开展"严打"斗争，狠抓社会治安综合治理，尽快扭转一些地方社会治安不好的状况
1996 年 6 月 19 日—20 日	江泽民主持召开中央政治局常委会和政治局会议，听取中央政法委关于"严打"斗争情况和下一步工作意见的汇报。江泽民强调，在抓"严打"的同时，要认真落实社会治安综合治理的各项措施，最终解决治安问题还要靠综合治理
1996 年 6 月 28 日—7 月 2 日	经党中央批准，深入持久开展"严打"暨加强社会治安综合治理基层基础工作会议在河北省承德市召开。江泽民对开好这次会议作了重要批示，强调要狠抓社会治安综合治理措施的落实
1996 年 12 月 18 日	江泽民在全国政法工作会议上发表重要讲话，再次强调，各级领导干部始终要担负好"保一方平安"的责任，加强社会治安综合治理
1997 年 9 月 12 日	江泽民在党的十五大报告中提出，加强社会治安综合治理，要坚持"打防结合，预防为主"的指导思想
1997 年 12 月 25 日	江泽民在全国政法工作会议上强调：要继续坚持"打防结合，预防为主"，对社会治安实行综合治理
1998 年 12 月 23 日	江泽民在全国政法工作会议上要求："要坚持'打防结合，预防为主'的方针，进一步落实社会治安综合治理的各项措施，努力创造和保持一个良好的治安环境"
2000 年 2 月 1 日	江泽民发表《关于教育问题的谈话》，要求全党加强对青少年违法犯罪的综合治理，要集中治理学校内和周围社会治安不好的状况

续表

时间	内容
2000 年 4 月 9 日—11 日	中央政法委、中央综治委在浙江省诸暨市召开全国政法综治宣传工作会议，提出进一步加强和改进政法综治宣传工作的意见和要求，部署在全国推广"枫桥经验"和上海社区管理的经验
2001 年 9 月 5 日	中共中央、国务院作出《关于进一步加强社会治安综合治理的意见》

　　这些举措，标志着我国的社会治安综合治理工作进入一个新的历史阶段，也反映出我国在犯罪治理方面已经不是单纯地依靠打击犯罪，而是将预防犯罪提高到一个前所未有的高度，实现了我国犯罪对策的战略性转变。

　　社会治安综合治理理论的提出可以追溯到 1979 年 8 月 17 日《中共中央转发中央宣传部等八个单位〈关于提请全党重视解决青少年违法犯罪问题的报告〉的通知》。该文件尽管没有直接提出"社会治安综合治理"这一词汇，但是已经蕴含着其思想，因为它强调用综合的手段解决当时以青少年犯罪问题引发的严重社会治安问题。此后，自在 1981 年 5 月中央批转的《五大城市治安座谈会纪要》① 提出了"综合治理"一词后，1984 年 10 月 31 日，中央批转的中央政法委《关于严厉打击严重刑事犯罪活动第一战役总结和第二战役部署的报告》中提出了"社会治安的综合治理"这一概念，并强调，社会治安的综合治理，要抓住打击、预防、改造各个环节，通过思想的、政治的、经济的、行政的、法律的各种手段，达到控制犯罪、预防犯罪、减少犯罪，并把犯罪分子中绝大多数改造成为新人的目的。直至 1991 年 2 月 19 日，中共中央、国务院作出了《关于加强社会治安综合治理的决定》，指出："综合治理是解决我国社会治安问题的根本出路。"② 1991 年 3 月，全国人大常委会作出了《关于加强社会治安综合治理的决定》。1992 年 10 月，党的十四大把"加强社会治安综合治理，保持社会长期稳定"写入了《中国共产党章程》的总纲，实现了"社会治安综合治理"列入国家意志、政府法规和党内法规，成为解决相关问题、制定各项法规和政策的基本依据。1991 年 3 月 21 日，党中央决定成立中央社会治安综合治理

---

① 指 1981 年 5 月，中央政法委主持召开的"京、津、沪、穗、汉五大城市治安座谈会"。
② 中共中央文献研究室．十三大以来重要文献选编：下 ［M］．北京：中央文献出版社，2011：7.

委员会，其职责任务是，协助党中央、国务院领导全国的社会治安综合治理工作。这为全面推进此项工作提供了组织保证。

1997 年 9 月 12 日，江泽民在党的十五大报告中指出：搞好社会治安，是关系人民群众生命财产安全和改革、发展、稳定的大事。要加强社会治安综合治理，打防结合，预防为主，加强教育和管理，落实责任制，创造良好的社会治安环境。① 这是"打防结合，预防为主"作为社会治安综合治理的指导思想首次出现在党的代表大会的政治报告中。1997 年 12 月 15 日，江泽民在全国政法工作会议上再次指出：社会治安，关系人民群众的生命财产安全，关系改革开放和现代化建设的稳定环境，关系我国在国际上的形象，"要继续坚持打防结合，预防为主，对社会治安实行综合治理"②。2001 年 4 月 2 日，他在全国治安工作会议上指出，"社会治安，不仅是一个重大的社会问题，而且也是一个重大的政治问题"③，并就"严打"与综合治理相结合问题发表了重要讲话，提出"严打"是打击严重刑事犯罪活动的长期方针，要坚持贯彻执行。与此同时，向全社会表明了打击刑事犯罪分子的决心和信心。他指出，共产党要是没有这个本事，那就没有资格在中国执政。④ 要求在开展"严打"整治斗争的同时，全面落实社会治安综合治理的各项措施，要求政法机关要"对发生的各类案件特别是典型案件，对治安工作面临的突出问题，必须注意分析，善于举一反三，以取得规律性认识，这样才能真正实现标本兼治"⑤。为了给完成改革和发展的繁重任务提供长期和谐稳定的社会环境，2002 年他又在党的十六大报告中要求各级党委和政府"坚持打防结合、预防为主，落实社会治安综合治理的各项措施"，"依法严厉打击各种犯罪活动，防范和惩治邪教组织的犯罪活动，坚决扫除社会丑恶现象，切实保障人民群众生命财产安全"，以此"改进社会管理，保持良好的社会秩序"。⑥这是对新世纪新阶段社会治安工作提出的具体要求和希望，把预防犯罪提升到一个前所未有的高度。与之前从总体上提出的"打防结

---

① 江泽民. 江泽民文选：第 2 卷［M］. 北京：人民出版社，2006：32.
② 中共中央文献研究室. 十五大以来重要文献选编：上［M］. 北京：中央文献出版社，2011：143.
③ 中共中央文献研究室. 江泽民思想年编：一九八九—二〇〇八［M］. 北京：中央文献出版社，2010：519.
④ 中共中央文献研究室. 江泽民思想年编：一九八九—二〇〇八［M］. 北京：中央文献出版社，2010：519.
⑤ 中共中央文献研究室. 江泽民思想年编：一九八九—二〇〇八［M］. 北京：中央文献出版社，2010：520.
⑥ 江泽民. 江泽民文选：第 3 卷［M］. 北京：人民出版社，2006：558.

合，以防为主"以及1991年1月召开的全国社会治安综合治理工作会议上提出的"打防并举、标本兼治、重在治本"方针相比，把打和防并列来提，具有明显的不同。也可以说，"打防结合，预防为主"作为社会治安综合治理的方针，是以江泽民为主要代表的中国共产党人在总结前期工作的基础上得出的重要经验。它反映出我国在犯罪治理方面已经不是单纯地依靠打击犯罪单方面来进行，而是将犯罪预防提高到一个前所未有的高度，实现了我国犯罪对策的战略性转变。这在我国犯罪治理工作的历史上堪称一个跨越。

以江泽民为主要代表的中国共产党人提出的社会治安综合治理理论，其精华主要体现在以下三个方面。其一，关于社会治安综合治理的性质和定位。社会治安，不仅是一个重大的社会问题，而且是一个重大的政治问题，它关系人民群众的生命财产安全，关系改革开放和现代化建设的稳定环境，关系我国在国际上的形象。对社会治安实行综合治理，是解决我国治安问题，预防和减少违法犯罪的根本途径，是坚持四项基本原则的具体表现。其二，关于社会治安综合治理的基本方针。社会治安综合治理的基本方针是"坚持打防结合，预防为主"。实行"严打"是社会治安综合治理的重要环节，是解决治安突出问题的有效手段；坚持"严打"方针的同时，要抓紧落实综合治理的其他各项措施，做好预防违法犯罪的工作。其三，关于社会治安综合治理的基本路径。实行社会治安综合治理应实行专门机关和群众路线相结合的原则；地方治安的好坏取决于地方党政一把手，各级党委和政府必须坚持两手抓、两手都要硬；搞好社会治安，必须有一套法律法规、制度机制作保障；加强对青少年的思想品德和法律知识教育，防止青少年犯罪，是实施社会治安综合治理的治本之策；加强研究，善于从典型案件、突出问题中取得规律性认识，以真正实现标本兼治；全面建设政法队伍这一人民民主专政的专门力量；大力加强基层组织建设，增强对社会的管理和控制能力；等等。这些思想充分体现了该理论的系统性和完整性。

（四）坚持政治建警，依法治警

政治建警是我国公安工作的优良传统。从毛泽东的公安工作要把政治工作做好、思想工作抓活，到邓小平的提高公安队伍的政治素质，都非常强调公安队伍的政治建设。但是，对政治建警方针进行比较完整的表述的，还是以江泽民为主要代表的中国共产党人。他们从什么是政治、怎样讲政治、公安工作如何讲政治等方面对其进行了全面的论述。1995年9月27日，江泽民在十四届五中全会召集人会议上向全党发出了"一定要讲政治"① 的号召,并且对讲政治的内容进行了阐释:"我这里所说的讲政治,包括政治方向、政治立场、政治观点、政治纪律、政治鉴别力、政治敏锐性"②。同时,进一步要求"在政治问题上,一定要头脑清醒"③;要求"公安机关和广大干警要'讲学习、讲政治、讲正气',切实增强政治敏锐性和政治鉴别力"④,在维护社会稳定的各项斗争中,"服从命令,听从指挥"⑤,真正做到"政治上要坚定,永远做党和人民利益的忠诚卫士"⑥。为了进一步加强和做好公安工作,江泽民于 1996 年 2 月 9 日在接见第十九次全国公安会议代表时提出了公安机关着重注意抓好"三个切实"的问题:要切实增强政治敏锐性和政权意识,要切实增强全局观念和群众观念,要切实讲理想、讲信念、讲宗旨、讲正气,真正带出一支能经得起任何风浪考验的过硬的公安队伍。⑦ 这"三个切实",对公安机关讲政治的内涵提出了具体定义。从严治警是以邓小平为主要代表的中国共产党人提出的治警思想。从严治警要严之有据,以江泽民为主要代表的中国共产党人对此进行了发展,提出了依法从严治警的方针。1996 年 2 月召开的第十九次全国公安会议将"坚持从严治警、依法治警方针,全面推进公安队伍建设"列为"八五"期间公安工作的宝贵经验之一。依法治警,是依法治国这一治国理政方略在公安队伍建设中的具体体现,也是依法治国的根本需要。依法治警,必须有法可依。法律法规,是依法治警、从严治警的标准和根据。1995 年,江泽民以国家主席的名义签署了第 40 号主席令,公布实施了《中华人民共和国人民警察法》,以法律形式确定了人民警察的职权和义务,以及纪律作风、组织管理、后勤保障、执法监督、法律责任等相关方面的要求,成为加强公安队伍建设,保障公安民警依法履行职责的重要法律。

---

① 江泽民.江泽民文选:第 1 卷 [M].北京:人民出版社,2006:456.
② 江泽民.江泽民文选:第 1 卷 [M].北京:人民出版社,2006:457.
③ 江泽民.江泽民文选:第 1 卷 [M].北京:人民出版社,2006:457.
④ 江泽民.江泽民会见公安保卫战线英模立功集体代表 [N].人民日报,1999-09-02 (1).
⑤ 江泽民.江泽民会见公安保卫战线英模立功集体代表 [N].人民日报,1999-09-02 (1).
⑥ 江泽民.江泽民会见公安保卫战线英模立功集体代表 [N].人民日报,1999-09-02 (1).
⑦ 江泽民.江泽民李鹏接见第十九次全国公安会议代表 [J].人民公安,1996 (4):1,4.

第三节　中国特色社会主义公安工作理论走向成熟

全面建设小康社会时期，是中国特色社会主义公安工作理论走向成熟时期。党的十六大提出了全面建设小康社会，加快推进社会主义现代化的新要求，随着改革开放的逐步深入，经济的快速发展带来了许多社会问题、民生问题，如贫富差距过大的问题、教育不公的问题、社会保障体系不健全的问题、生存环境问题、医疗问题、精神文明建设与物质文明建设速度不匹配的问题等，导致各类不稳定因素大幅度增长，公安工作也面临着前所未有的严峻考验。西方敌对势力早已将对我国实施西化、分化的阴谋变为明目张胆的"阳谋"；境内外敌对分子"组党"结社，到处插手社会热点问题，策划和制造各种事端；"三股势力"①以及邪教组织继续进行捣乱破坏活动；恐怖势力、经济安全和网络安全等非传统安全因素多于以往任何一个时期；群体性事件频发，黑恶势力犯罪、经济犯罪、毒品犯罪呈上升趋势；刑事犯罪总量居高不下。所有这些，给社会稳定带来严重影响，给党的执政地位带来了严峻挑战。

以胡锦涛为主要代表的中国共产党人在继承党的公安工作思想的基础上，在解决面临的公安工作的新情况、新问题中逐步形成了以社会主义法治理念为统领、以"立警为公，执法为民""人民公安为人民"为总要求的中国特色社会主义公安工作理论。其发展过程可以分为两个阶段：党的十六大至党的十七大召开为形成期，党的十七大至党的十八大召开为进一步发展期。

一、形成过程及阶段性特征

（一）党的十六大至党的十七大为形成期

客观地说，以胡锦涛为主要代表的中国共产党人的公安工作思想的初步形成期是在江泽民主政时期，党的十六大以来至十七大期间是他们的公安工作思想的形成和成熟时期。原因有二：其一，自党的十四大起胡锦涛就是中央政治局常委成员，分管政法工作的中央领导也在主要岗位工作了近十年的时间，他们的公安工作思想的初步形成过程蕴含在以江泽民为主要代表的中国共产党人的公安工作思想的形成与发展过程之中；其二，也是最为关键的一点，就是这一时期，他们对公安工作有专门而系统的论述。所以，在其第一个任期内形成

---

①　指暴力恐怖势力、民族分裂势力、宗教极端势力。

比较完整的公安工作思想顺理成章。这一时期的公安工作思想形成的主要标志就是 2003 年 11 月下发的《中共中央关于进一步加强和改进公安工作的决定》和 2003 年 11 月召开的第二十次全国公安会议。以胡锦涛为主要代表的中国共产党人对新世纪公安工作的性质、地位、作用、任务、价值取向、队伍建设进行了全面而系统的论述。这一时期，主要提出以下新观点和新思想。

第一，在公安工作的指导思想方面，形成了统领政法工作的社会主义法治理念。随着依法治国方略的不断推进以及国际警务合作的不断深入，政法机关在同国外法律制度和思想的接触中，既吸收了养分，也不可避免地被一些不切合我国社会主义制度和国情的法治思想左右。以胡锦涛为主要代表的中国共产党人从社会主义现代化建设事业全局出发，坚持以马克思主义法学理论为指导，在认真总结我国法治建设实践经验、借鉴中外法治文明优秀成果的基础上，于 2006 年提出了统领政法干警思想的"依法治国、执法为民、公平正义、服务大局、党的领导"的社会主义法治理念，并于 2007 年写入党的十七大报告中，将树立社会主义法治理念推向全体执法人员。

第二，对公安机关的职责任务有了全新的认识，赋予公安工作新的目标定位。以胡锦涛为主要代表的中国共产党人审时度势，提出了构建社会主义和谐社会的重大任务和公安机关在新世纪新阶段的总任务以及三大历史使命。第一次用文字的形式把巩固共产党的执政地位确定为公安机关的职责任务，把维护国家安全和社会稳定确定为公安机关的总任务，写入中央文件中。不管是在思想观念上还是在工作方向上，这都是一次重大突破。这一思想的提出，成为公安工作重心由治安向维稳转变的重要标志。

第三，将公安工作的价值追求准确定位于"立警为公，执法为民"，也就是人民公安为人民。中国共产党作为执政党，对我国公安工作的绝对领导是我国公安实践中一个长期而有效的现实。党的十六大确立了"三个代表"重要思想的历史地位，将"三个代表"的本质"立党为公，执政为民"作为新的历史时期的执政理念。以胡锦涛为主要代表的中国共产党人确立了"立警为公，执法为民"的党领导公安工作的新理念，对"立警为公，执法为民"的内涵进行了阐述，提出了落实"立警为公，执法为民"新理念的具体措施和衡量标准。

第四，形成了社区警务战略思想。随着我国改革开放的不断深入，尤其是城镇化进程的不断加快，流动人口的数量越来越大，大量的"单位人"变为"社会人"等带来现实问题。借助我国推动社区建设这一强大动力，借鉴西方第四次警务革命提出的社区警务理念，以胡锦涛为主要代表的中国共产党人在 2003 年 11 月召开的全国第二十次公安工作会议上指出要积极实施社区警务战略。2003 年颁发的《中共中央关于进一步加强和改进公安工作的决定》、2006年作出的《中共中央关于构建社会主义和谐社会若干重大问题的决定》、2007年党的十七大报告都对社区警务有着明确的要求和规定，标志着以胡锦涛为主要代表的中国共产党人的社区警务战略思想的全面形成。

第五，首次对公安正规化建设作出了完整科学的表述，对正规化的内容进行了具体化。正规化建设自 1983 年召开的全国公安改革工作会议上第一次正式提出以来，始终没有得到很好的解决。第二十次全国公安会议第一次把正规化建设提到了事关公安队伍建设全局的位置来强调，明确提出了"积极推进公安队伍正规化建设"① 的总要求，对公安机关和公安民警提出了"四大能力"和"两个水平"② 建设要求，深刻阐述了推进公安队伍正规化建设的重要意义、主要内容和基本要求。

第六，提出了公安工作要尊重和保障人权的思想。自从党的十五大首次将尊重和保障人权写入党的正式文件开始，尊重和保障人权便被作为中国共产党执政的基本目标以及党和政府治国理政的重要原则，而被载入党章和宪法，从而不断推进政治体制改革和民主法治建设。以胡锦涛为主要代表的中国共产党人提出以人为本的科学发展观和构建社会主义和谐社会的重大战略思想，将尊重和保障人权提到了空前的高度。党的十六届三中全会、四中全会、五中全会、六中全会的决定和文件都将尊重和保障人权置于显要的位置加以强调。《中共中央关于进一步加强和改进公安工作的决定》首次以中央文件的形式对公安机关尊重和保障人权作出了规定。

上述思想主要集中于《胡锦涛文选》第 1、2 卷，胡锦涛《论构建社会主义和谐社会》和《十五大以来重要文献选编》（上中下）中的相关文献、有关讲话和中央文件中。如《胡锦涛文选》第 1 卷中的《保持安定团结的政治局面和稳定有序的社会环境》（1996 年 9 月 27 日）、《坚持社会治安综合治理的方针》（2001 年 8 月 24 日）、《坚决反对各种形式的恐怖主义》（2001 年 10 月 23 日）、《扎实做好维护企业和社会稳定工作》（2002 年 4 月 9 日），《胡锦涛文选》第 2卷中的《树立宪法意识和宪法权威》（2002 年 12 月 26 日）、《正确处理人民内部矛盾，妥善处置群体性事件》（2003 年 11 月 22 日）、《构建社会主义和谐社

---

① 中共中央文献研究室. 十六大以来重要文献选编：上 [M]. 北京：中央文献出版社，2011：499.

② 切实提高维护国家安全的能力；切实提高驾驭社会治安局势的能力；切实提高处置突发事件的能力；切实提高为经济社会发展服务的能力。公安机关要不断提高公安队伍正规化建设水平和执法水平。

会》(2005 年 2 月 19 日)、《关于构建社会主义和谐社会的几个问题》(2006 年 2 月 24 日—27 日)、《坚持社会主义法治理念》(2006 年 3 月 3 日)、《科学执政、民主执政、依法执政》(2006 年 6 月 29 日)、《社会和谐是中国特色社会主义的本质属性》(2006 年 10 月 11 日)、《牢牢掌握意识形态工作领导权和主动权》(2006 年 10 月 11 日)等,胡锦涛《论构建社会主义和谐社会》一书中的《把促进经济社会协调发展摆到更加突出的位置》(2003 年 7 月 28 日)、《维护农民经济利益,保障农民民主权利》(2003 年 12 月 15 日)、《在中共十六届四中全会上的工作报告》(2004 年 9 月 16 日)、《切实维护社会稳定》(2004 年 9 月 19 日)、《在省部级主要领导干部提高构建社会主义和谐社会能力专题研讨班上的讲话》(2005 年 2 月 19 日)、《加强调查研究和理论研究,着力提高构建社会主义和谐社会的本领》(2005 年 2 月 21 日)、《正确认识和处理五个方面的重大关系,促进社会和谐》(2006 年 7 月 10 日)、《加快推进以改善民生为重点的社会建设》(2007 年 10 月 15 日)和《胡锦涛在北京观摩全国公安民警大练兵汇报演练时的讲话》(2004 年 10 月 15 日)、《胡锦涛在第二十次全国公安会议上同与会代表座谈时的讲话》(2003 年 11 月 22 日)、《胡锦涛在同全国政法工作会议代表和全国大法官、大检察官座谈时的讲话》(2007 年 12 月 5 日)等文章和讲话,以及《中共中央关于进一步加强和改进公安工作的决定》(2003 年 11 月 18 日)、《中共中央关于构建社会主义和谐社会若干重大问题的决定》(2006 年 10 月 11 日)等中央文件。

(二)党的十七大至党的十八大召开为进一步发展期

党的十七大至党的十八大召开这一时期是以胡锦涛为主要代表的中国共产党人的公安工作思想的进一步发展时期。主要表现在以下两个方面。

第一,网络虚拟社会监管思想不断丰富和完善。随着计算机和互联网的快速发展,计算机犯罪和网络犯罪异军突起,网络安全受到严重威胁。自 1994 年 4 月接通了一条 64Kb/s 的国际线路,标志着我国正式加入 Internet 起,我国的互联网用户逐年增加。自 2002 年至 2012 年,上网用户数从 5910 万到网民 5.64

亿、手机网民4.2亿①。网络违法犯罪、网络舆论炒作日趋严重，虚拟与现实社会犯罪相互渗透、相互勾连，网络安全问题日益凸显。以胡锦涛为主要代表的中国共产党人结合这一实际，丰富了网络监管思想，在网络警察队伍建设、网络法律规范建设、网络阵地建设、网络处置能力建设等方面形成了一套完整的虚拟社会监管思想，使得公安机关对虚拟社会的管理由不适应向逐步适应转变，由被动应对向有效利用转变。

第二，在推动国际警务执法合作中形成了国际警务合作思想。随着跨国犯罪的日益严重，国际警务执法合作工作受到以胡锦涛为主要代表的中国共产党人的高度重视，他们在合作办案、对外援助、外警培训、业务交流等方面形成了比较完整的思想。

另外，还进一步完善了社会治安综合治理的方针，提出了开展平安创建活动、推进社会治安综合治理等，进一步丰富和完善了党的公安工作思想。

上述思想主要集中于《胡锦涛文选》第3卷、《胡锦涛论构建社会主义和谐社会》一书以及《十六大以来重要文献选编》（上中下）有关文献和有关讲话中。如《胡锦涛文选》第3卷中的《准确把握政法工作的性质和职责》（2007年12月25日）、《全力维护新疆社会大局稳定》（2009年7月8日—9月18日）、《探索西部大开发的新思路新办法》（2010年7月5日）、《论加强和创新社会管理》（2011年2月19日）、《社会主义民主法制建设史上的重要里程碑》（2011年3月3日）、《坚定不移沿着中国特色社会主义道路前进，为全面建成小康社会而奋斗》（2012年11月8日）等，胡锦涛《论构建社会主义和谐社会》一书中的《做好维护社会稳定工作》（2008年6月13日）、《越是困难时刻，越要高度关注民生》（2008年12月8日）、《正确处理新时期人民内部矛盾》（2010年9月29日）、《在省部级主要领导干部社会管理及其创新专题研讨班上的讲话》（2011年2月19日）、《在改善民生和创新社会管理中加强社会建设》（2012年11月8日）等文章。

与江泽民主政时期形成的公安工作理论相比较，这一时期的公安工作理论

① 数据来自中国互联网络信息中心（CNNIC）发布的历次《中国互联网络发展状况统计报告》。截至2002年的12月31日，中国共有上网计算机2083万台，上网用户数5910万。自2006年7月发布的第18次《统计报告》首次统计手机网民数量，2006年6月底有手机网民1300万。截至每年12月31日，2008年：网民2.7亿，手机网民1.176亿；2009年：网民3.84亿，手机网民2.33亿；2010年：网民4.57亿，手机网民3.03亿；2011年：网民5.13亿，手机网民3.56亿；2012年：网民5.64亿，手机网民4.2亿。截至2022年12月底，网民10.67亿，互联网普及率达75.6%。

突出特点是：在继承以往理论思想的基础上，更加强化公安机关的民主职能，提出和推进社区警务战略，加强警察与群众的联系，从打击型警务向服务型警务转变。注重公安机关在维稳中的作用，将维稳作为公安工作的总任务，特别强调公安机关在处理人民内部矛盾、构建社会主义和谐社会中的作用；突出公安机关和公安队伍的正规化建设；注重加强国际警务合作。如果把它放在改革开放这个历史长河中，这一时期属于中国特色社会主义公安工作理论的成熟期。

二、主要理论成果

（一）用社会主义法治理念引领公安工作

以胡锦涛为主要代表的中国共产党人非常重视我国人民民主专政的国家政权的巩固和发展。他在继承毛泽东、邓小平和江泽民人民民主专政思想的基础上，认真总结和吸取他们法治思想的精髓，以科学发展观为指导，认真总结我国法治建设实践经验，借鉴世界法治文明成果，从全面建设小康社会的全局出发，勇于探索、勇于实践、勇于创新，创造性地提出了"依法治国、执法为民、公平正义、服务大局、党的领导"五个方面相统一的社会主义法治理念。这标志着我们党对建设中国特色社会主义法治国家的规律、中国共产党执政规律有了更加深刻的认识和把握。"社会主义法治理念，实质上就是政法工作的指导思想，属于意识形态范畴。"[1] 社会主义法治理念，反映和坚持了人民民主专政的国体，是在新的历史时期对运用法治实施人民民主专政理论的新发展，是指导和调整社会主义立法、执法、司法、守法和法律监督的方针和原则，为我国建设社会主义法治国家进一步指明了方向，也为发展中国特色的社会主义公安工作理论奠定了坚实的思想基础。主要体现在三个方面。

第一，不能削弱和放弃人民民主专政。2003 年 2 月 26 日，胡锦涛在党的十六届二中全会上的讲话中专门论述了建设社会主义政治文明的问题，提出了建设社会主义政治文明，"必须坚持社会主义方向"，"必须坚持工人阶级领导的、以工农联盟为基础的人民民主专政，不能削弱和放弃人民民主专政"[2]。与此同时，他还提出：必须坚持党的领导。削弱党的领导、脱离党的领导、放弃党的领导，社会主义政治文明就不可能建设好。必须坚持和完善人民代表大会制度，不能搞西方那种议会制度；必须坚持和完善中国共产党领导的多党合作和政治

---

① 中共中央文献研究室．十六大以来重要文献选编：下 ［M］．北京：中央文献出版社，2011：397.

② 胡锦涛．胡锦涛文选：第 2 卷 ［M］．北京：人民出版社，2016：32-33.

协商制度，不能削弱和否定共产党的领导，不能搞西方那种多党制。这里提出的"四个必须坚持"和"四个不能"，将人民民主专政的国体、人民代表大会制度的政体和中国共产党领导的多党合作政治协商的政党制度结合在一起，全面、深刻地阐明了社会主义政治文明建设的根本要求，也鲜明地宣示了以胡锦涛为主要代表的中国共产党人坚持人民民主专政，反对削弱和放弃人民民主专政的坚强决心。削弱和放弃人民民主专政，则意味着削弱和取消对敌人的专政，也就意味着削弱和取消人民享有的民主，因此，胡锦涛反复强调四项基本原则是立国之本，是党和国家生存发展的政治基石，离开四项基本原则，经济建设就会迷失方向，须臾不可偏离、丝毫不可偏废，要毫不动摇地坚持四项基本原则。在新的形势下，胡锦涛根据全面建设小康社会的新实践，在深刻认识我国社会主义初级阶段主要矛盾和阶段性特征的基础上，主张在对敌对分子进行有效专政的同时，把主要精力集中到进一步发扬人民民主上。他在党的十七大报告中明确指出："人民民主是社会主义的生命"，"人民当家作主是社会主义民主政治的本质和核心"①，坚持人民民主专政，就要在对敌人进行必要的专政的前提下，把建设社会主义政治文明作为中心任务来抓。他还在党的十七大报告中首次提到了"公民意识"一词，指出："加强公民意识教育，树立社会主义民主法治、自由平等、公平正义理念"②。这为发展社会主义民主，提供了社会基础和思想基础。

第二，依法执政是实现人民民主专政的基本方式，社会主义法治理念是坚持和完善人民民主专政的基本保证。依法执政既是中国共产党的执政方式之一，也是实现人民民主专政的基本形式。众所周知，为了适应经济发展和对外开放的需要，我国的立法工作无论是立法领域还是立法速度都是空前的，但是也拉大了现行法律制度与原有的法律文化传统的距离。法治理念的缺失，在一定程度上造成了执法的混乱，从而危害到民众对法治建设的信心以及法治建设的健康发展。党的十六大以后，以胡锦涛为主要代表的中国共产党人，在坚持党的领导、人民当家作主和依法治国有机统一基础上，对实现人民民主专政、建设社会主义法治国家作出了新的阐释。主要体现在"依法执政"和"社会主义法治理念"两个概念的阐释上。

"依法执政"是党的十五大提出依法治国基本方略以来，党从治国方略的高度，从法治的层面上解决领导方式和执政方式问题的重大举措。2006 年 9 月，

① 胡锦涛. 胡锦涛文选：第 2 卷［M］. 北京：人民出版社，2016：634-635.

② 胡锦涛. 胡锦涛文选：第 2 卷［M］. 北京：人民出版社，2016：636.

党的十六届四中全会作出的《关于加强党的执政能力建设的决定》明确指出："依法执政是新的历史条件下党执政的一个基本方式"①，认为依法治国也好、依法行政也好，核心是要求党必须依法执政。对如何坚持依法执政、提高依法执政水平，提出了四个方面的基本要求：一是加强党对立法工作的领导，善于使党的主张通过法定程序成为国家意志，从制度上、法律上保证党的路线方针政策的贯彻实施，使这种制度和法律不因领导人的改变而改变，不因领导人看法和注意力的改变而改变。二是全党同志特别是领导干部要牢固树立法制观念，坚持在宪法和法律的范围内活动，带头维护宪法和法律的权威。这与宪法规定的"一切国家机关和武装力量、各政党和各社会团体、各企业事业组织，都必须遵守宪法和法律""任何组织或者个人都不得有超越宪法和法律的特权"并行不悖。这一切充分表明，任何削弱宪法和法律权威、损害宪法和法律尊严的行为是坚决不能容许的。三是督促、支持和保证国家机关依法行使职权，在法治轨道上推动各项工作的开展，保障公民和法人的合法权益。党坚持依法执政，就是要使国家权力机关、行政机关、审判机关、检察机关的各项工作都纳入法治轨道，提高依法办事能力，在法治轨道上推动各项工作的开展。要全面贯彻有法可依、有法必依、执法必严、违法必究的法制工作方针，行政管理机关要严格依法履行管理职责，行政执法机关要严格依法查处违法违规行为，司法机关要严格依法裁判，监督机关要严格依法监督。四是加强和改进党对政法工作的领导，支持审判机关和检察机关依法独立公正地行使审判权和检察权，提高司法队伍素质，加强对司法活动的监督。胡锦涛指出："落实党和国家的方针政策，推进改革稳定的各项工作，维护人民群众的根本利益，处理经济社会发展中出现的各种利益关系和矛盾，都要坚持依法执政、依法行政。越是工作重要，越是事情紧急，越是矛盾突出，越要坚持依法办事。"② 由此可见，依法执政理念是对依法治国方略的进一步深化，是依法治国的核心。

为了区分我国的依法治国和西方法治的不同，胡锦涛提出了社会主义法治理念的概念，将其界定为"依法治国、执法为民、公平正义、服务大局、党的领导"五大基本要素。特别要求政法机关加强社会主义法治理念教育，为国家机关带有操作性的立法、司法和公安实践确定了基本执法原则，指明了努力方向。社会主义法治理念是体现社会主义法治内在要求的一系列观念、信念、理

---

① 中共中央文献研究室．十六大以来重要文献选编：中［M］．北京：中央文献出版社，2011：281.

② 胡锦涛．论构建社会主义和谐社会［M］．北京：中央文献出版社，2013：9-10.

想和价值的集合体，是指导和调整社会主义立法、执法、司法、守法和法律监督的方针和原则。"依法治国"是社会主义法治的核心内容，是党领导人民治理国家的基本方略，其基本内涵是人民民主、法制完备、树立宪法法律权威、权力制约。"执法为民"是社会主义法治的本质要求，其基本内涵是以人为本、保障人权、文明执法。"公平正义"是社会主义法治理念的价值追求，其基本内涵包括法律面前人人平等、合法合理、程序正当、及时高效。"服务大局"是社会主义法治的重要使命，其基本内涵是把握大局、围绕大局、立足本职。"党的领导"是社会主义法治的根本保证，是治国理政的最终决定因素，主要包括政治领导、思想领导、组织领导。2007年12月26日，胡锦涛在全国政法工作会议上第一次正式提出了"三个至上"，即"党的事业至上、人民利益至上、宪法法律至上"的重要观点，从三个方面概括了社会主义法治理念的精神实质。"三个至上"的重要观点，是坚持中国特色社会主义政治发展道路，坚持党的领导、人民当家作主、依法治国有机统一的本质要求，是对社会主义民主法治建设规律的科学总结，是我国社会主义法治的根本原则，因而也是社会主义法治理念区别于资本主义法治理念的本质特征。社会主义法治理念是对社会主义民主法制、依法治国、以德治国、依法执政等一系列思想观点的系统概括，解决了建设什么样的法治国家、如何建设社会主义法治国家的重大问题，是确保政法机关及其干警严格公正文明执法、实现法律效果与社会效果有机统一的思想基础，是实现人民民主专政的基本保证。正是有社会主义法治理念做基础，胡锦涛提出的"立警为公，执法为民"思想，成为公安工作的指导方针。

第三，公平正义是正确处理人民内部矛盾的价值取向和归宿。公平正义的问题，归根结底是以人为本的问题。人类社会发展的历史，从一定意义上来讲，是人民群众不断争取公平正义的历史。公平和正义，是千百年来人类不懈追求的一种美好社会理想和愿望，是人类社会共同的向往和追求。它是我们党坚持立党为公、执政为民的必然要求，也是我国社会主义制度的本质要求，同样也是社会主义法治的价值追求，是构建社会主义和谐社会的重要历史任务。以胡锦涛为主要代表的中国共产党人，在中国发展的关键时期，适时提出了构建社会主义和谐社会的执政理念，并从中国的实际出发，把公平正义作为社会主义法治理念的重要组成部分，把促进社会的公平和正义作为社会主义和谐社会的基本特征和重要目标。胡锦涛认为，维护和实现社会公平正义，涉及最广大人民根本利益，要求切实维护和实现社会公平正义。他明确概括了公平正义的内涵，指出："公平正义就是社会各方面的利益关系得到妥善协调，人民内部矛盾和其他社会矛盾得到正确处理，社会公平正义得到切实维护和实现。"① 这一论断突出了"妥善协调利益""正确处理矛盾""切实维护和实现公平正义"三个方面的内容，实际上也可以认为通过"妥善协调利益""正确处理矛盾"两个手段，达到"维护和实现公平正义"这个目标。所以，胡锦涛指出：要把解决群众切身利益的工作纳入制度化法制化的轨道。这是正确处理人民内部矛盾的根本途径。② 关于政法工作如何实现公平正义，他从两个方面进行了阐述：一是对于立法工作，他强调立法工作要"按照法定的立法程序，扩大公民对立法的有序参与，推动解决好人民最关心、最直接、最现实的利益问题，维护人民合法权益和社会公平正义"③。二是对于执法司法工作，他强调要坚持严格执法、公正执法、文明执法，建立有权必有责、用权受监督、违法要追究的监督机制，"要落实司法为民的要求，以解决制约司法公正和人民群众反映强烈的问题为重点推进司法体制改革，充分发挥司法机关维护社会公平正义作用，促进在全社会实现公平和正义"④。

（二）立警为公，执法为民，人民公安为人民

党的十六大确立了"三个代表"重要思想的历史地位，将"三个代表"的本质"立党为公，执政为民"作为新的历史时期的执政理念，这一执政理念体现在公安工作中就是"立警为公，执法为民"。2003 年 11 月印发的《中共中央关于进一步加强和改进公安工作的决定》明确指出："贯彻'三个代表'重要思想，坚持立党为公、执政为民，具体到公安队伍，落实到公安工作，就是要坚持执法为民"，要求"各级公安机关要把执法为民思想根植于每一个警种、每一个民警，落实到每一个执法环节中"。⑤ 2003 年 11 月 22 日，胡锦涛在第二十次全国公安会议上重申了这一要求，强调：加强和改进公安工作，推动公安事业发展，必须坚持"三个代表"重要思想为指导，贯彻立党为公、执政为民的本质要求，使公安工作的每一个方面、每一个环节都真正体现人民的愿望、满足人民的需要、维护人民的利益，真正做到执法为民。这确立了"立警为公，执法为民"的党领导公安工作的新理念。胡锦涛从坚持执法为民，必须打牢思

① 胡锦涛. 胡锦涛文选：第 2 卷 [M]. 北京：人民出版社，2016：285.
② 胡锦涛. 论构建社会主义和谐社会 [M]. 北京：中央文献出版社，2013：17.
③ 胡锦涛. 胡锦涛在十七届中央政治局第一次学习会议上的讲话 [N]. 人民日报，2007-11-27.
④ 胡锦涛. 胡锦涛文选：第 2 卷 [M]. 北京：人民出版社，2016：289-290.
⑤ 中共中央文献研究室. 十六大以来重要文献选编：上 [M]. 北京：中央文献出版社，2011：497.

想基础，忠实实践全心全意为人民服务的宗旨，必须发挥公安机关的职能作用，坚决维护社会稳定，必须毫不动摇地贯彻从严治警的方针，大力加强公安队伍建设三个方面，对"立警为公，执法为民"进行了阐述。

"立警为公，执法为民"的理论内涵主要体现在两个方面，一是"为什么"的问题，二是"如何做"的问题。关于"为什么"的问题，首先，它是贯彻"三个代表"重要思想的本质要求，"三个代表"重要思想的本质是执政为民，具体到公安工作就是执法为民。其次，公安机关作为党和人民手中的刀把子，"立警为公，执法为民，人民公安为人民"是其宗旨和价值取向，执法为民是公安工作的本质要求。最后，坚持执法为民，是解决公安执法活动中突出问题的现实需要。从计划经济向市场经济的转变、从封闭半封闭向全面开放转变的过程中，强调公安机关的专政职能时，公安机关的服务职能有所忽视，有的公安民警受市场经济负面因素的影响，在执法过程中执法不公、执法不严、随意执法，甚至执法谋私、贪赃枉法、侵犯群众利益的现象并不鲜见。公安机关要很好地解决执法过程中存在的问题，必须在执法思想上与时俱进，始终坚持"立警为公，执法为民"。

关于"如何做"的问题，其一，牢固树立宗旨意识，增进同人民群众的感情，坚持对法律负责与对党负责、对人民负责的一致性，坚决维护人民群众的合法权益。其二，公安机关做到立警为公，主要体现在执法上，体现在执法公信力上，切实做到在全部公安工作和执法行为上充分体现公平和正义，这是公安工作的价值追求。要严格依法履行职责，坚持严格执法、公正执法、文明执法的一致性，打击犯罪与保护人权的一致性，追求效率与实现公正的一致性，执法形式与执法目的的一致性，做到执法活动的法律效果、政治效果和社会效果的有机统一。其三，强化能力建设，提高执法水平。2004年10月15日，胡锦涛在观摩"大练兵"汇报演练时，从提高党的执政能力的高度，要求全国公安机关面对新形势新任务，要切实加强"四个能力"建设："切实提高维护国家安全的能力""切实提高驾驭社会治安局势的能力""切实提高处置突发事件的能力""切实提高为经济社会发展服务的能力"。同时，要求全国公安机关认真贯彻从严治警的方针，严格教育、严格管理、严格训练、严格纪律，不断加强公安队伍正规化建设，始终坚持人民公安为人民。"立警为公，执法为民"成为指导公安工作的根本遵循。

（三）全面深化公安队伍正规化建设

公安队伍正规化建设是在1983年召开的全国公安改革工作会议上第一次正式提出的。会后，中央下发的《关于加强和改革公安工作的若干问题的决定》

明确指出，要在整个公安系统内部有准备有步骤地实行统一的民警体制，统一编制，统一训练，统一待遇，统一装备，使公安机关的建设逐步正规化。1989年9月召开的全国公安政治工作座谈会提出了公安队伍建设的根本目标，就是造就一支革命化、现代化、正规化、军事化的，有高度战斗力的人民警察队伍。1991年《中共中央关于加强公安工作的决定》再次强调，要本着积极、慎重、科学的原则有计划地改革公安管理体制，加强革命化、正规化建设。尽管正规化建设在20世纪90年代得到了大力推进，但是，必须看到，所做的工作大都是基础性的，取得的成效也只是初步的，离正规化建设的目标还有很大的差距。特别是随着社会主义市场经济体制的建立和发展，依法治国方略的实施，人民群众民主法制意识的不断提高，社会治安局势的日益复杂以及国际交往与合作日益增多，公安工作和公安队伍正规化建设面临新的更高的要求。而公安队伍自身无论是在法规体系上、管理体制上、机构设置上还是在编制管理上、教育训练上、执法执勤体系上都存在着不少问题和缺陷，严重制约着公安事业的发展。以胡锦涛为主要代表的中国共产党人认真分析了公安队伍建设所存在的问题和新世纪新阶段人民群众对公安工作的新期待，以全面深化公安队伍正规化建设为重点，依法从严治警，进行了大刀阔斧的公安改革，产生了许多很好的想法和做法，形成了公安队伍正规化建设理论。

第一，关于公安队伍正规化建设的科学内涵。以胡锦涛为主要代表的中国共产党人对正规化建设作出了完整科学的表述，对正规化的内容进行了具体化。正规化建设是一个提出多年但始终没有得到很好解决的问题。第二十次全国公安会议第一次把正规化建设提到了事关公安队伍建设全局的位置来强调，明确提出了"积极推进公安队伍正规化建设"①的总要求，具体阐述了推进公安队伍正规化建设的重要意义、主要内容和基本要求。2003年下发的《中共中央关于进一步加强和改进公安工作的决定》指出，"要根据公安机关的性质、任务和工作特点，依据《人民警察法》等法律法规，在公安机关的组织机构、勤务机制、管理方式、教育训练、监督制约、警务保障等方面实现标准化、程序化、法制化和科学化，使公安机关指挥畅通、内务规范、工作高效、保障有力"②。毋庸置疑，正规化建设的内容主要是公安机关的组织机构、勤务机制、管理方式、教育训练、监督制约、警务保障等方面实现标准化、程序化、法制化和科

① 中共中央文献研究室. 十六大以来重要文献选编：上［M］. 北京：中央文献出版社，2011：499.
② 中共中央文献研究室. 十六大以来重要文献选编：上［M］. 北京：中央文献出版社，2011：499-500.

学化。2003 年 11 月召开的第二十次全国公安会议围绕着这一要求对正规化进行了具体解读，形成了正规化建设的内容——"四统一五规范"的共识。"四统一"就是"统一考录制度、统一训练标准、统一纪律要求、统一外观标识"，"五规范"就是"规范机构设置、规范职务序列、规范编制管理、规范执法执勤、规范行为举止"。为了落实好中央提出的规范化建设要求，2004 年 10 月，公安部专门出台了《2004—2008 年全国公安队伍正规化建设纲要》，进一步明确了公安队伍正规化建设的指导思想、基本目标、工作原则和"组织机构正规化、教育训练正规化、执法执勤正规化、内务管理正规化、监督制约正规化"五个重要方面。

第二，关于公安队伍正规化建设应遵循的原则。在当时，正规化建设涉及全国 31 个省、自治区、直辖市的公安厅局和 180 万公安民警，是一项复杂的系统工程，也是一个长期的过程，既不能马马虎虎、草率行事，也不能热热闹闹、一阵风走过场，必须有章可循，长期坚持。为此，中央确定了四项原则：一是不同于一般行政机关的原则。要求公安队伍的正规化建设必须符合公安机关的性质、任务和工作特点，体现公安特色。二是实事求是，一切从实际出发的原则。公安队伍正规化建设不能脱离我国的国情和各地的经济发展水平，应当允许在方向、目标统一的前提下，根据各地实际确定工作进程。既要有宏观规划，又要有具体安排。要正确处理"软""硬"件建设的关系，硬件建设量力而行，把工作重点放在软件建设上。三是有利于提高队伍整体素质和战斗力的原则。这是公安队伍正规化建设的出发点和落脚点，也是检验正规化建设成效的重要标准。四是与业务工作紧密结合的原则。公安队伍正规化建设的最终目的是促进公安业务工作，确保各项公安保卫任务的圆满完成，只有把正规化建设与业务工作紧密结合起来，互相促进，才能取得事半功倍的效果。

第三，关于公安队伍加强正规化建设的具体要求。一是加强思想政治建设，确保公安队伍坚定正确的政治方向。二是加强领导班子建设，把各级领导班子建设成为政治坚定、开拓创新、团结协调、廉政勤政的领导班子。三是加强制度建设，规范公安队伍的组织人事管理。四是加强教育训练工作，建立适应实战需要的训练体系。五是加强养成教育，规范警容风纪和民警的执法行为。① 六是依法治警，从严治警，严格教育、严格管理、严格监督、严格训练、严格纪律，严把队伍的进口关，严肃查处公安队伍的违法违纪问题，严惩腐败分子，

① 中共中央文献研究室. 十六大以来重要文献选编：上 [M]. 北京：中央文献出版社，2011：500-501.

清除害群之马。七是强化能力建设，提高执法水平。如2004年10月15日，胡锦涛在北京观摩全国公安民警大练兵汇报演练时指出，公安机关应切实提高"四个能力"和"两个水平"。"四个能力"前面已经表述过，不再重复。"两个水平"是指公安机关要不断提高公安队伍正规化建设水平和执法水平。

第四，关于公安队伍正规化建设的制度保障。为严明纪律、树立公安队伍良好形象，针对当时公安机关内部管理中存在的最突出问题，公安部于2003年1月22日发布了以枪、酒、车、赌四个方面为主要内容的139个字的"五条禁令"，胡锦涛作出批示："希望言必行，行必果，贵在坚持。"①在法制规章建设上，为了解决公安队伍建设的"瓶颈"问题，2006年11月13日，国务院第479号令公布了《公安机关组织管理条例》，并于2007年1月1日起正式施行，这意味着公安队伍建设迈入了现代警察管理的序列。为了"治警先治长"有据可依，2006年9月22日，中央组织部和公安部党委联合下发了《地方公安机关领导干部任职条件》，进一步明确了新形势、新任务对公安机关领导干部的新要求，突出了公安机关不同于其他行政机关的特点。2009年3月17日，为贯彻落实党中央、国务院关于领导干部廉洁从政的有关规定，加强公安机关领导干部队伍建设，公安部党委出台了《公安机关领导干部五个严禁》。所有这些，对进一步加强党对公安工作的绝对领导，加强廉政建设，把各级公安机关领导班子建设成为讲政治、顾大局、重团结、守纪律的坚强领导集体，产生了积极和深远的影响。2010年，经国务院批准，监察部、人社部、公安部于4月21日联合公布了自6月1日起施行的《公安机关人民警察纪律条令》，这是我国第一部系统规范公安机关及其人民警察纪律并对违反纪律行为给予处罚的部门规章。《纪律条令》与公安部先后颁布实施的《公安机关人民警察训练条令》《公安机关人民警察内务条令》《公安机关人民警察奖励条令》配套衔接，这"四大条令"对促进公安机关及其人民警察严格、公正、文明执法，推进公安队伍正规化建设，发挥着重要作用。

第五，关于公安队伍正规化建设的实现目标。公安队伍正规化建设的实现目标就是执法规范化建设。公安机关的基本活动是执法活动，公安民警的基本行为是执法行为。公安队伍的主业是执法，成绩出在执法，问题往往也出在执法环节。为了促进社会公平正义，回应人民群众对公安工作的新期待，构建和谐警民关系，必须积极推进执法规范化建设，规范公安民警的执法行为。公安

---

① 公安部.公安部：各级公安机关狠抓"五条禁令"的贯彻落实［EB/OL］.中央政府门户网站，2009-02-16.

机关执法规范化，就是要求公安执法者的一切执法行为必须严格限制在法律的框架之内，按照法律、法规明确的职权和义务依法办事。执法规范化建设的首要环节是公安民警要做到严格执法。严格执法包括两个方面的基本内容：一是公安民警的执法行为必须以国家的法律法规为最高标准和最终依据，执法行为必须在法律法规规定的范围内依照法定程序进行，任何违反法律精神和程序的行为都要承担相应的行政和法律责任，这是警察必须承担的积极责任；二是公安民警在执法过程中，要正确认识、规范行使执法权，严格界定权力边界，既不能不作为或徇私枉法，又不能进行看似严格的越权执法，否则也要承担相应的责任。以胡锦涛为主要代表的中国共产党人，深刻认识到加强执法规范化建设的重要性、紧迫性，提出"严格、公正、文明执法是公安工作的总要求"①，要求公安机关统一规范、完善制度，从最基本的行为准则抓起；要求公安干警举止端正、行为规范、纪律严明，真正做到严格、公正、文明执法。既要严格、公正、规范执法，又要理性、平和、文明执法的理念，成为整个公安机关执法办案活动中必须遵循的重要原则。这使公安机关维护国家安全和社会稳定的能力进一步增强，执法公信力进一步提升，警民关系更加和谐。

（四）积极实施社区警务战略

社区警务是当今世界警务运动的主要潮流。自 20 世纪 60 年代以英美为主要代表的国家在总结前三次警务革命②的优势和弊病的基础上，提出了警察要回归百姓的理念，此后许多国家相继开始了社区警务运动。经过多年的实践，社区警务在维护社会治安、打击犯罪方面发挥了积极的作用，受到民众的欢迎。

随着我国改革开放的不断深入，尤其是城镇化进程的不断加快，流动人口的数量越来越大，大量的"单位人"变为"社会人"，必然对以人口控制为主

---

① 中共中央文献研究室．十六大以来重要文献选编：上［M］．北京：中央文献出版社，2011：497.

② 第一次警务革命以 1829 年伦敦大都市警察机构的建立为标志。18 世纪末，面对英国的工业化与城市化所带来的阶级对立、犯罪增长、治安混乱等严峻挑战，1829 年，英国建立了被西方公认的强调以预防为主、重视警民关系、增加服务职能的世界上最早的现代职业警察。第二次警务革命是以美国的警察专业化为标志。19 世纪末到 20 世纪初，世界各国警察大部分处于初创阶段，美国率先开展了旨在通过专业化摆脱地方政治对警察的控制，使警察成为一支独立的、高效率的文职队伍的警察专业化运动。第三次警务革命以欧美各国警察现代化为标志。20 世纪 30 年代到 70 年代，西方主要资本主义国家逐步完成了立足于使警察成为头顶钢盔、肩别对讲机、手持盾牌、腰挎手枪的"机械战警"的"打击犯罪的战士"的警察现代化运动，各国的警察编制、警察预算均有巨大的增长。但在警力不断增长的同时，犯罪率却处于上升较快的状态，从而引发了第四次警务革命即社区警务运动。

要管理模式的传统警务管理机制带来较大冲击，再加上多种所有制企事业单位的出现，政企分开、政社分开，公安机关很难得到本地区企事业单位的治安支持。不仅如此，改革开放也对社会公众的思想带来极大的影响：一是"单位人"向"社会人"的角色转变，大部分公众往往更加关心自身的利益，对于社会问题往往不愿过多地涉及；二是受市场经济、金钱至上等观念的影响，社会公众大多不愿协助和参与公安工作，使专门工作与群众路线相结合受到极大影响。原来一直引以为豪的"警力有限，民力无穷"显得名不符实。另外，各种因素交织导致犯罪率长期居高不下，一场新的警务革命成为必然。2000年11月，中共中央办公厅、国务院办公厅批转民政部《关于在全国推进城市社区建设的意见》，提出了今后5~10年城市社区建设的主要目标，对社区党组织建设、社区服务项目建设、社区管理、社区资源配置等提出了明确要求。这是新形势下坚持党的群众路线、巩固基层政权、维护社会稳定的一项重大举措，也是公安机关继承和发展专门工作与群众路线相结合的传统优势，借鉴西方社区警务的理念，大力推进社区警务战略的有利时机。

经过前期江苏、浙江等地的试点，在2002年3月公安部"杭州会议"上，我国首次提出实施社区警务战略。2003年11月，全国第二十次公安会议指出要积极实施社区警务战略。它既是对我国社会治安综合治理基本方针的继承，又是在更高一个层次上的新发展，在公安工作发展史上具有里程碑意义。实施社区警务战略，是在派出所和刑侦工作改革的基础上，把公安机关的战略部署从"以打为主"调整为"打防结合，以防为主"，这是解决社会治安问题、促进治安工作良性循环的治本之策。2003年《中共中央关于进一步加强和改进公安工作的决定》指出："要积极实施社区警务战略，建立起与新型社区管理机制相适应的社区警务机制。"① 2006年下发的《中共中央关于构建社会主义和谐社会若干重大问题的决定》要求"改革和加强社区警务工作，打造服务群众、维护稳定的第一线平台"②。2007年，党的十七大报告提出："健全社会治安防控体系，加强社会治安综合治理，深入开展平安创建活动，改善和加强城乡社区警务工作，依法防范和打击违法犯罪活动，保障人民生命财产安全。"③ 从试点到全面

---

① 中共中央文献研究室．十六大以来重要文献选编：上［M］．北京：中央文献出版社，2011：499.

② 中共中央文献研究室．十六大以来重要文献选编：下［M］．北京：中央文献出版社，2011：665.

③ 中共中央文献研究室．十七大以来重要文献选编：上［M］．北京：中央文献出版社，2011：31-32.

积极推进，再到改善和加强，标志着以胡锦涛为主要代表的中国共产党人的社区警务战略思想的全面形成。

这一思想，在公安部于 2006 年 9 月 19 日下发的《关于实施社区和农村警务战略的决定》中体现得淋漓尽致，回答了为什么要实施社区和农村警务战略、如何实施社区和农村警务战略等问题。关于为什么要实施社区和农村警务战略，主要有四个方面的内容：进一步加强公安基层基础建设，促进公安工作的发展进步；进一步提高公安机关驾驭社会治安局势的能力，促进社会治安的良性循环；进一步提高公安机关服务经济社会发展的水平，促进城市社区和社会主义新农村建设；进一步密切公安机关与人民群众的血肉联系，促进党的执政能力的提高和党的执政基础的巩固。关于如何实施社区和农村警务战略，主要从指导思想、社区和驻村民警的职责任务、工作方式、警务区和配置警力、警务室建设、社区和驻村民警的配备条件和最低工作年限、管理监督考核、政治和经济待遇、加强对社区和农村警务建设的组织领导九个方面对建立社区、农村警务工作新机制提出了明确要求。其核心思想是以社区和村为依托，立足社区和村，服务社区和村，依靠社区和村，优化警务配置，规范警务运作，切实做到警务下沉、警务前移、警民携手、预防犯罪、减少发案，逐步建立与新型社区管理体制、社会主义新农村建设相适应的社区、农村警务工作新机制，共创安全社区、安全村，为推进城市社区和社会主义新农村建设、全面建设小康社会、构建社会主义和谐社会创造良好的治安环境。

（五）全面实施科技强警战略，大力推进公安工作信息化现代化

1995 年，中共中央在《关于加速科学技术进步的决定》中第一次正式提出"科教兴国"战略。此后，江泽民也在多个场合中，提到教育和科技对于国家民族发展的重要意义。1996 年召开的第十九次全国公安会议上提出，要科教强警，提高公安机关的战斗力。党的十六大以来，科技强警在理论和实践上都进入了一个新的阶段。《中共中央关于进一步加强和改进公安工作的决定》和第二十次全国公安会议明确提出了全面实施科技强警战略，把公安科技工作提高到了前所未有的高度。科教强警，除了包括将科学技术广泛应用于各项公安工作中，提高公安工作的科技含量，以及对公安工作规范化、科学化的管理以外，更包括造就一支具有科学思想、掌握科学技术的公安队伍。科技强警中"强"的标准主要体现在两个方面，一是科学性，二是先进性。随着科学技术在社会生活各个领域的广泛运用，犯罪与反犯罪的较量更多也更为集中地体现在对现代科技手段的运用上。面对这种情况，公安机关只有紧紧把握现代科技发展的最新趋势，大力实施科技强警战略，掌握其科学性和先进性，不断提高公安工作的

科技含量，才能充分发挥职能作用，切实提高维护国家安全和社会稳定的能力。技术是由人掌握和运用的，提高公安工作的科技含量首先要提高公安民警的科技素质。为此，《中共中央关于进一步加强和改进公安工作的决定》提出了"各级公安机关要弘扬科学精神，牢固树立向科技要警力、要战斗力的思想，在维护稳定、打击犯罪、行政管理、队伍建设、服务群众等各项警务工作中，广泛运用先进技术，提高公安工作的水平"①。并提出"要加快科技人才的引进、培养工作，尊重科技人才，用好科技人才"②。向科技要素质、要警力、要战斗力，各级公安机关迈上了科技强警之路。对此，公安部党委下决心下大力气提高民警的科技素质，并采取各种措施和途径加以落实。如采取有效措施将科技培训纳入公安民警教育培训之中，制定培训计划，开展全方位的科技培训，提高全体民警的科技素质；分级分批加强对全国公安科技领导干部和科技管理人员的业务培训，提高公安科技管理人员的综合素质；组织全国公安科技管理业务知识考核，提高科技管理民警学习的积极性，全面评估科技管理民警的业务知识水平。坚定不移地走科教强警之路，大力推进公安工作的信息化、现代化，充分依靠科技进步和教育培训提高公安队伍的战斗力，成为公安工作取得重要成就的宝贵经验。

第四节　中国特色社会主义公安工作理论拓展深化

党的十八大以来，以习近平同志为主要代表的中国共产党人在全面建成小康社会的关键时期，准确作出了中国特色社会主义进入新时代，我国社会主要矛盾也发生了重大转化的重要判断。聚焦人民在民主、法治、公平、正义、安全、环境等方面日益增长的要求，立足于党和国家工作全局和公安事业长远发展，提出了一系列关于公安工作的新思想新观点新论断新要求，形成了以习近平法治思想为引领，全面推进依法治国、建设法治中国，坚持总体国家安全观、建设更高水平的平安中国为统领的，以"对党忠诚，服务人民，执法公正，纪律严明"为总要求的公安工作新思想，将中国特色社会主义公安工作理论推向一个新的历史阶段。

---

① 中共中央文献研究室．十六大以来重要文献选编：上［M］．北京：中央文献出版社，2011：502.
② 中共中央文献研究室．十六大以来重要文献选编：上［M］．北京：中央文献出版社，2011：502.

一、形成过程及阶段性特征

习近平是中国共产党历史上唯一一位有着从大队支部书记、县委书记、地委书记、省委书记、党的总书记经历的中国共产党最高领导人。习近平对公安工作的认识和实践经历了从基层到地方再上升为国家层面的过程。深入分析习近平的重要文章、讲话以及对公安工作的指示、批示，可以看出其公安工作思想已经形成、走向成熟，并把中国特色社会主义公安工作理论推向一个前所未有的高度。

之所以如此认为，是因为党的十八大以后，以习近平同志为主要代表的中国共产党人，在探索坚持和发展中国特色社会主义的伟大实践中，形成了习近平新时代中国特色社会主义思想。这一思想，在党的十九大报告中得以确认并高度概括。在探索坚持和发展中国特色社会主义法治道路的伟大实践中，形成了习近平新时代中国特色社会主义思想重要组成部分的习近平法治思想。作为这一思想的重要组成部分，他的关于公安工作的思想不仅仅是继承，更是开创性的发展，从对公安工作的理论指导到具体问题的解决方案都有全面、系统的论述，阐明了一系列带有方向性、根本性的重大问题，且用这些思想指导公安实践取得了显著成效。以在全国公安工作会议上的讲话为形成标志，习近平对新时代公安工作走什么路、朝什么方向发展、怎样高质量发展等一系列方向性、原则性、根本性的重大理论和实践问题作出了理论概括。

第一，在公安工作的指导思想方面，用全面依法治国、建设法治中国，坚持总体国家安全观、建设更高水平的平安中国统领公安工作。党的十八大把全面依法治国纳入"四个全面"战略布局。2013年1月7日全国政法工作电视电话会议召开前夕，习近平就做好新形势下政法工作作出重要指示，要求全力推进法治中国建设。这一要求在党的十八届三中全会得以确定，《关于全面深化改革若干重大问题的决定》明确提出了"推进法治中国建设"的重要决定。党的十八届四中全会专题研究全面推进依法治国问题，并作出了《关于全面推进依法治国若干重大问题的决定》，对建设中国特色社会主义法治体系，建设社会主义法治国家的总目标，实现这一总目标必须坚持的"五项原则"① 作出了阐释，对科学立法、严格执法、公正司法、全民守法、法治队伍建设、加强和改进党对全面推进依法治国的领导作出了全面部署。党的十九大把全面推进依法治国

---

① "五项原则"：坚持中国共产党的领导，坚持人民主体地位，坚持法律面前人人平等，坚持依法治国和以德治国相结合，坚持从中国实际出发。

总目标写入新时代中国特色社会主义思想的"八个明确",把坚持全面依法治国确立为新时代坚持和发展中国特色社会主义基本方略的重要内容之一,并提出成立中央全面依法治国领导小组,以加强对法治中国建设的统一领导,对深化依法治国实践作出了全面部署,明确到2035年法治国家、法治政府、法治社会要基本建成。2020年11月,在中央全面依法治国工作会议上,我们党正式提出了以"十一个坚持"①为主要内容的"习近平法治思想"。这"十一个坚持"明确了全面依法治国的指导思想、发展道路、工作布局、重点任务,为公安工作提供了理论支撑。习近平高度重视国家安全,2018年4月17日,他在十九届中央国家安全委员会第一次会议上公开表示:初步构建了国家安全体系主题框架,形成了国家安全理论体系,完善了国家安全战略体系,建立了国家安全工作协调机制。与胡锦涛时期提出的"平安建设"相比较,无论是在外延还是内涵上,都有了新的发展,确定了平安中国建设的总基调。

第二,对公安机关的功能进行新的定位。新时代,随着我国综合国力的不断增强和国际地位的不断上升,不管是我国的周边环境还是国内的治安形势都有了新的变化:国际上敌对势力不断挑起事端,国内恐怖分子的活动范围由边疆向内地扩展;人民群众对公共安全、司法公正、权益保障又有许多新的期待。以习近平同志为主要代表的中国共产党人正确判断所处形势,认为,一方面,我国改革进入攻坚期和深水区,社会稳定进入风险期,各种一般矛盾和深层次矛盾交织叠加,一些重大问题敏感程度明显加大,处理不慎极易影响社会稳定。同时,人民群众的公平意识、民主意识、权利意识、法治意识不断增强,对促进社会公平正义、实现安居乐业的要求越来越高。另一方面,随着国际力量对比持续朝着于我有利的方向发展,美国等西方国家越来越感到如鲠在喉、如芒在背,加紧对我国实施西化、分化战略,两种社会制度、两种意识形态的较量更加激烈。② 从提出"维护社会大局稳定、促进社会公平正义、保障人民安居乐业"这一新的历史时期的总任务,到要求公安机关履行好"维护国家政治安全、确保社会大局稳定、促进社会公平正义、保障人民安居乐业"的职责任务,

---

① "十一个坚持":坚持党对全面依法治国的领导;坚持以人民为中心;坚持中国特色社会主义法治道路;坚持依宪治国、依宪执政;坚持在法治轨道上推进国家治理体系和治理能力现代化;坚持建设中国特色社会主义法治体系;坚持依法治国、依法执政、依法行政共同推进,法治国家、法治政府、法治社会一体建设;坚持全面推进科学立法、严格执法、公正司法、全民守法;坚持统筹推进国内法治和涉外法治;坚持建设德才兼备的高素质法治工作队伍;坚持抓住领导干部这个"关键少数"。

② 中共中央文献研究室. 习近平关于社会主义社会建设论述摘编 [M]. 北京:中央文献出版社,2017:145-146.

无论在表述上，还是在内涵上，都与胡锦涛时期提出的公安机关担负着"巩固共产党执政地位、维护国家长治久安、保障人民安居乐业"三大使命相比有了明显的变化。不仅如此，对人民警察的主要任务予以具体化，指出："我国人民警察是国家重要的治安行政和刑事司法力量，主要任务是维护国家安全，维护社会治安秩序，保护公民人身安全、人身自由、合法财产，保护公共财产，预防、制止、惩治违法犯罪。"①

第三，提出了"对党忠诚、服务人民、执法公正、纪律严明"的公安工作和公安队伍建设总要求以及锻造一支"公安铁军"的队伍建设思想。从提出过硬队伍建设的口号到阐述过硬队伍建设内涵，从审议通过公安机关执法勤务和警务技术两个职务序列改革试点方案，到审议通过这两个职务序列改革方案，做出了在试点基础上全面推开两个职务序列改革的决定，再到政治建警、改革强警、科技兴警、从严治警的治警方针和锻造"铁一般的理想信念、铁一般的责任担当、铁一般的过硬本领、铁一般的纪律作风"的公安铁军，这些要求在《中共中央关于加强新时代公安工作的意见》中得以固化，体现习近平公安队伍建设思想已经形成。

第四，提出了从政治上建设和掌握公安机关，明确了党对公安工作的领导从绝对领导到绝对领导、全面领导。2019 年 1 月 13 日开始实施的《中国共产党政法工作条例》专门规定了党中央对政法工作实施绝对领导，加强对政法工作的全面领导。2019 年 5 月 7 日，习近平在全国公安工作会议上明确指出，要从政治上建设和掌握公安机关。这是一种开创性的表述，其实质是坚持党对公安工作的绝对领导、全面领导，刀把子要牢牢掌握在党和人民的手中。

第五，提出了以审判为中心的司法体制改革和全面深化公安改革的重要思想。"四个全面"战略布局和"五位一体"的总体布局，对包括公安改革在内的司法体制改革提出了更高要求；社会主要矛盾的转化，也助推了人民群众日益增长的对民主、法治、公平、正义、安全、环境等方面的要求。党的十八大以来，以习近平同志为主要代表的中国共产党人首先从推进劳教制度改革、涉法涉诉信访工作改革、司法权力运行机制改革、户籍制度改革"四项改革"入手，提出了一系列公安改革思想，推出了一系列公安改革措施，作出了"废止劳动教养制度，完善对违法犯罪行为的惩治和矫正法律，健全社区矫正制度"②

---

① 习近平. 习近平向中国人民警察队伍授旗并致训词 ［EB/OL］. 中央政府门户网站，2022-08-26.

② 中共中央文献研究室. 十八大以来重要文献选编：上 ［M］. 北京：中央文献出版社，2014：530.

和"把涉法涉诉信访纳入法治轨道解决，建立涉法涉诉信访依法终结制度"①的决定，作出了全面深化公安改革的决定，提出了《关于全面深化公安改革若干重大问题的框架意见》和相关改革方案等，为深化公安改革，解决制约公安机关职能作用充分发挥、影响公安事业长远发展的堵点、难点问题，增强人民群众的获得感、幸福感、安全感提供了遵循。

第六，提出了正确认识严格规范公正文明执法之间的关系，促进社会公平正义的思想。2014年1月7日，在中央政法工作会议上，习近平提出了"严格执法、公正司法"的公安政法执法司法工作指导方针，对这一工作方针的提出背景、重要意义、实现路径都有过专门论述，并要求正确认识严格规范公正文明执法之间的关系。之后反复强调，并在中央多个文件中予以阐释，对深化公安执法规范化建设的指导思想、总体目标、基本原则和工作要求予以明确，丰富和发展了以胡锦涛为主要代表的中国共产党人提出的严格规范公正文明执法的公安工作方针，为进一步做好新时代公安执法工作提供了基本遵循。

第七，提出了推进国家安全体系和能力现代化，大力推进公安工作现代化建设的新要求。公安工作现代化是国家治理体系和治理能力现代化的重要组成部分，是国家安全体系和能力现代化的具体体现。公安工作要适应社会主要矛盾变化，服务于经济持续健康发展和社会持续稳定，以新安全格局保障新发展格局，为实现"两个一百年"奋斗目标和中华民族伟大复兴的中国梦创造一个安全稳定的社会环境，必然要在推进自身现代化的征程中加快步伐。为此，党中央制定了时间表和路线图，为实现公安工作现代化的基本目标提供了遵循。

这些思想集中体现在四卷《习近平谈治国理政》、习近平系列论述摘编中的相关文章和讲话摘要以及《十八大以来重要文献选编》（上中下）、《十九大以来重要文献选编》（上中）中的相关文献和中央文件中。如《习近平谈治国理政》中的《在首都各界纪念现行宪法公布实施30周年大会上的讲话》（2012年12月4日）、《坚持法治国家、法治政府、法治社会一体建设》（2013年2月23日）、《促进社会公平正义，保障人民安居乐业》（2014年1月7日）、《努力把我国建设成为网络强国》（2014年2月27日）、《坚持总体国家安全观，走中国特色国家安全道路》（2014年4月15日）、《切实维护国家安全和社会安定》（2014年4月25日）；《习近平谈治国理政》第2卷中的《加快建设社会主义法治国家》（2014年10月23日）、《领导干部要做尊法学法守法用法的模范》

---

① 中共中央文献研究室.十八大以来重要文献选编：上［M］.北京：中央文献出版社，2014：540.

（2015年2月2日）、《深化司法体制改革》（2015年3月24日）、《坚持依法治国和以德治国相结合》（2016年12月9日）、《把维护国家安全的战略主动权牢牢掌握在自己手中》（2017年2月17日）、《走中国特色社会主义社会治理之路》（2017年9月19日）、《建立多边、民主、透明的全球互联网治理体系》（2015年12月16日）；《习近平谈治国理政》第3卷中的《增强推进党的政治建设的自觉性和坚定性》（2018年6月29日）、《坚持党对国家安全工作的绝对领导》（2018年4月17日）、《坚持底线思维，着力防范化解重大风险》（2019年1月21日）、《发扬斗争精神，增强斗争本领》（2019年9月3日）、《坚持以全面依法治国新理念新思想新战略为指导，坚定不移走中国特色社会主义法治道路》（2018年8月24日）；《习近平谈治国理政》第4卷中的《实施好民法典》（2020年5月29日）、《把国家安全建立在更加安全更为可靠的基础上》（2020年12月16日）、《以科学理论为指导，为全面建设社会主义现代化国家提高有力法治保障》（2020年11月16日）、《全面推进中国特色社会主义法治体系建设》（2021年12月6日）、《贯彻总体国家安全观，构建大安全格局》（2020年12月11日）；《习近平关于全面依法治国论述摘编》《习近平关于社会主义政治建设论述摘编》《习近平关于社会主义社会建设论述摘编》《习近平关于全面深化改革论述摘编》、习近平的《论坚持全面依法治国》，以及《习近平在中央政法工作会议上的讲话》（2014年1月7日）和《中共中央关于全面深化改革若干重大问题的决定》《中共中央关于全面推进依法治国若干重大问题的决定》《中共中央关于加强新时代公安工作的意见》《中共中央关于制定国民经济和社会发展第十四个五年规划和二〇三五年远景目标的建议》，中共中央、国务院《关于开展扫黑除恶专项斗争的通知》《关于常态化开展扫黑除恶斗争巩固专项斗争成果的意见》等。尤其体现在习近平在2014年1月、2019年1月召开的中央政法工作会议上的讲话和2019年5月召开的全国公安工作会议上的讲话以及2020年8月26日习近平向中国人民警察队伍授旗所致的训词中。

　　这一时期的公安工作思想的突出特点就是在继承以往思想的基础上，对公安工作的指导理论、公安工作的性质职能、公安工作的动力源泉、公安工作的目标任务、公安队伍建设有了开创性的、全面的论述，标志着习近平公安工作思想已经形成并且达到成熟。在公安机关的专政职能上，更加注重讲究斗争艺术。在指导公安工作时，更加注重辩证思维、法治思维。比如，要正确处理民主与专政的关系、活力与秩序的关系、维稳与维权的关系、党与法的关系等。在这一思想的指导下，公安工作有了长足的发展，社会治安有了明显的好转，刑事犯罪发案率和社会治安案件有了明显的回落，人民群众的安全感显著增强，这是一个了不起的成绩。如果把它放在改革开放以来这个历史长河中，这一时期属于中国特色社会主义公安工作理论的繁荣发展期。实践没有止境，理论创新也没有止境，随着公安改革不断深化和公安实践的不断深入，以习近平同志为主要代表的中国共产党人的公安工作思想将会进一步丰富和发展。

二、主要理论成果

（一）用习近平法治思想引领公安工作

党的十八大以来，以习近平同志为核心的党中央，提出了全面建成小康社会的总目标。全面建成小康社会对依法治国提出了更高的要求。在我国由跨越"中等收入陷阱"并向高收入国家迈进的历史阶段，各项改革举步维艰，社会利益格局调整的广度和深度都在加大，不同区域、不同行业、不同群体的利益诉求日趋多样化和复杂化，社会矛盾多发易发、错综复杂，敌我矛盾和人民内部矛盾相互关联、相互交织，预防和化解社会矛盾面临严峻考验。上任伊始，习近平便提出了"人民群众对美好生活的向往就是我们奋斗的目标"和实现"国家富强、民族振兴、人民幸福"的"中国梦"。为了实现这一美好的目标，为了实现"中国梦"，他在邓小平的民主法制、江泽民的依法治国和胡锦涛的社会主义法治理念的基础上，提出了全面依法治国、建设法治中国的理念，并形成了习近平法治思想。

习近平法治思想深刻回答了新时代为什么实行全面依法治国、怎样实行全面依法治国等一系列重大问题，其主要内容就是他在 2020 年 11 月中央全面依法治国工作会议上的讲话中概括的"十一个坚持"。这"十一个坚持"，既是对当前和今后一个时期全面推进依法治国工作的具体部署，更是对在推进依法治国实践中所取得经验的提炼和升华，体现在公安工作中主要有以下六个方面。

第一，要毫不动摇地坚持党对公安工作的绝对领导，毫不动摇地坚持人民民主专政。习近平指出："坚持依宪治国、依宪执政，就包括坚持宪法确定的中国共产党领导地位不动摇，坚持宪法确定的人民民主专政的国体和人民代表大会制度的政体不动摇。"① 党的领导是我国社会主义法治之魂，是我国法治同西方资本主义国家法治最大的区别，公安机关任何时候都要坚持以党的旗帜为旗帜、以党的方向为方向、以党的意志为意志。人民民主专政，既是中华人民共和国的国体，同时也是我国治国的根本方略，是公安机关存在的理论基础，是社会主义中国的政权形式与西方资本主义国家的政权形式的根本区别。公安机

---

① 习近平. 论坚持全面依法治国 ［M］. 北京：中央文献出版社，2020：3.

关本身就是人民民主专政的工具，坚持人民民主专政不动摇是其本质所在。

第二，要坚持公安工作的社会主义性质，坚定不移走中国特色社会主义强警之路。习近平指出："中国特色社会主义法治道路本质上是中国特色社会主义道路在法治领域的具体体现"①，"道路问题不能含糊，必须向全社会释放正确而又明确的信号"②，"我们推进全面依法治国，决不照搬别国模式和做法，决不走西方所谓'宪政'、'三权鼎立'、'司法独立'的路子"③。公安机关要高度警惕政治安全风险、社会治理风险，始终把维护政治安全摆在首要位置，坚决捍卫中国特色社会主义制度，坚定不移做中国特色社会主义事业的建设者和捍卫者。

第三，必须坚持以人民为中心，忠实践行人民公安为人民的初心使命，不断增强人民群众获得感、幸福感、安全感。习近平指出："推进全面依法治国，根本目的是依法保障人民权益。"④ 公安工作的性质决定了依法保障人民权益是其本质所在，公安机关要把维护好人民权益作为公安工作的根本出发点和落脚点，着力解决人民最关心、最直接、最现实的利益问题，努力满足人民日益增长的对民主、法治、公平、正义、安全、环境等方面要求。

第四，必须坚持专项治理和系统治理、综合治理、依法治理、源头治理相结合，创新完善社会治安治理的方式方法，推进社会治理现代化。习近平指出："法治是国家治理体系和治理能力的重要依托。只有全面依法治国才能有效保障国家治理体系的系统性、规范性、协调性，才能最大限度凝聚社会共识。"⑤ 公安机关要胸怀"国之大者"，把社会治安综合治理放在全面依法治国大局中谋划推进，遵循治理规律，把握时代特征，在推进治理的系统化、科学化、智能化、法治化上下功夫，更好解决我国社会出现的各种问题，确保社会既充满活力又和谐有序。

第五，全面建设法治公安，坚持严格规范公正文明执法，提高公安工作法治化水平和执法公信力。习近平指出，"公平正义是司法的灵魂和生命"⑥。公安机关要完善执法制度体系、改革权力运行机制、规范执法办案行为、加强执法监

---

① 习近平 . 论坚持全面依法治国 ［M］. 北京：中央文献出版社，2020：2.
② 习近平 . 论坚持全面依法治国 ［M］. 北京：中央文献出版社，2020：106.
③ 习近平 . 坚定不移走中国特色社会主义法治道路　为全面建设社会主义现代化国家提供有力法治保障 ［J］. 奋斗，2021（5）：4-15.
④ 习近平 . 论坚持全面依法治国 ［M］. 北京：中央文献出版社，2020：2.
⑤ 习近平 . 论坚持全面依法治国 ［M］. 北京：中央文献出版社，2020：3.
⑥ 习近平 . 论坚持全面依法治国 ［M］. 北京：中央文献出版社，2020：5.

督管理，运用法治思维维护国家安全、社会稳定，依靠法律手段加强社会治理、维护治安秩序，运用法治方式化解社会矛盾、促进社会和谐，确保公安工作每个方面、每个环节都充分体现法治精神，努力让人民群众在每一个执法、司法案件中感受到公平正义。

第六，必须坚持全面从严管党治警，按照对党忠诚、服务人民、执法公正、纪律严明的总要求，锻造一支让党中央放心、人民群众满意的高素质过硬公安队伍。

习近平的法治思想，无疑是新的历史条件下发展人民民主、巩固人民民主专政的国家政权所进行的新的理论探索和实践。它丰富和发展了社会主义法治理论，为新时期中国法治建设的发展明确了目标和方向，是新时代公安工作的指导思想和行动指南。

（二）坚持总体国家安全观，努力建设更高水平的平安中国

以习近平同志为主要代表的中国共产党人，统筹把握中华民族伟大复兴战略全局和世界百年未有之大变局，科学判断国际国内安全形势，客观分析国家安全和社会稳定面临的风险与挑战，提出了坚持总体国家安全观，努力建设更高水平的平安中国的战略构想，并付诸实践。

平安建设是一种自下而上由山西、山东、浙江、江苏等地率先发起而得到中央认可的、一种新的历史时期进一步深化社会治安综合治理的重要举措。2004年2月，胡锦涛、温家宝、罗干对"平安山东"建设作出重要批示，胡锦涛的批示是"一要狠抓落实，二要持之以恒"①。随后召开的党的十六届四中全会在强调社会治安综合治理工作部分明确提出了"把抓稳定、保平安作为执政能力建设的重要任务"。2005年10月，胡锦涛在党的十六届五中全会上向全党提出了平安建设是构建社会主义和谐社会的重要工作。2005年10月，中共中央办公厅、国务院办公厅转发的《中央政法委员会、中央社会治安综合治理委员会关于深入开展平安建设的意见》提出："本世纪头20年，是我国改革发展的重要战略机遇期。要抓住机遇、深化改革、扩大开放、加快发展，实现全面建设小康社会的宏伟目标，需要一个和谐稳定的社会环境"，"平安建设作为新形势下加强社会治安综合治理工作的新举措，是构建社会主义和谐社会、促进经济社会协调发展的保障工程，是维护广大人民群众根本利益、为人民群众所期

---

① 张国栋，郭少岩，王彪．坚持不懈地开展平安山东建设［J］．大众日报，2009（A1）：02-24.

盼的民心工程,是提高党的执政能力、巩固党的执政地位的基础工程"①,把平安建设的功能定位为"为全面建设小康社会创造和谐稳定社会环境"。党的十七大报告在第八大部分"加快推进以改善民生为重点的社会建设"中的第六个部分"完善社会管理,维护社会安定团结"中,就社会治安综合治理问题提出了深入开展平安创建活动。党的十八大报告仍然是在相同的位置,在第七部分"在改善民生和创新管理中加强社会建设"中的第六部分"加强和创新社会管理"中提出"深化平安建设,完善立体化社会治安防控体系,强化司法基本保障,依法防范和惩治违法犯罪活动,保障人民生命财产安全",基本没有跳出社会治安综合治理范畴。党的十八大之后,习近平对包括公安工作在内的政法工作作过一系列批示,多次提到"平安中国"和"平安建设"。他早在担任浙江省委书记时就指出,"我们提出的'平安',不是仅指社会治安或安全生产的狭义的'平安',而是涵盖了经济、政治、文化、和社会各方面宽领域、大范围、多层次的广义的'平安'"②。2013 年 5 月,习近平就建设平安中国作出重要指示,要求"把平安中国建设置于中国特色社会主义事业发展全局中来谋划",并且把网络信息安全、打击恐怖犯罪和反分裂斗争提到了很重要的位置。同年 11 月,党的十八届三中全会通过的《关于全面深化改革若干重大问题的决定》明确提出要"全面推进平安中国建设"③。与此同时,专门成立中央国家安全委员会,统筹协调涉及国家安全的重大事项和重要工作。2017 年 10 月,习近平在党的十九大报告中,把建设平安中国、加强和创新社会治理上升为基本方略,并就打造共建共治共享的社会治理格局作出了全面部署。2020 年 10 月,十九届五中全会通过的《中共中央关于制定国民经济和社会发展第十四个五年规划和二〇三五年远景目标的建议》,对建设更高水平的平安中国作出重要部署。2022 年 10 月,党的二十大报告把国家安全作为"民族复兴的根基",把社会稳定视为"国家强盛的前提",要求"建设更高水平的平安中国,以新安全格局保障新发展格局"④,这是以习近平同志为核心的党中央从统筹国内国际"两个大局"、办好发展安全"两件大事"出发作出的重大决策部署。可以看出,"平安

---

① 中共中央文献研究室.十六大以来重要文献选编:下 [M].北京:中央文献出版社,2011:2.

② 习近平.之江新语 [M].杭州:浙江人民出版社,2007:119.

③ 中共中央文献研究室.十八大以来重要文献选编:上 [M].北京:中央文献出版社,2014:539.

④ 习近平.高举中国特色社会主义伟大旗帜 为全面建设社会主义现代化国家而团结奋斗 [EB/OL].新华网,2022-10-16.

建设"，在外延和内涵上都有了新的发展。

第一，在平安建设的指导思想方面，习近平提出了总体国家安全观。习近平指出，坚持总体国家安全观，必须坚持国家利益至上，以人民安全为宗旨，以政治安全为根本，统筹外部安全和内部安全、国土安全和国民安全、传统安全和非传统安全、自身安全和共同安全，完善国家安全制度体系，加强国家安全能力建设，坚决维护国家主权、安全、发展利益。"必须坚持总体国家安全观，以人民安全为宗旨，以政治安全为根本，以经济安全为基础，以军事、文化、社会安全为保障，以促进国际安全为依托，走出一条中国特色国家安全道路。"[①] 这一重大论断，准确把握新时代国家安全形势变化的新特点新趋势，深刻揭示了总体国家安全观的原则要求和丰富内涵，是做好公安工作的根本遵循。在公安工作领域，主要体现在两个方面：一是以人民安全为宗旨，不断提升人民群众安全感和满意度。把"人民安全"放在了所有安全要素之前予以强调，确立了人民安全在整个国家安全工作中的核心地位。他将保障人民安居乐业作为公安工作的根本目标，把人民群众对平安中国建设的要求作为努力的方向，要求各级公安机关坚持系统治理、依法治理、综合治理、源头治理的总体思路，一手抓专项打击整治，一手抓源头性、基础性工作，努力建设更高水平的平安中国，进一步增强人民群众安全感。二是以政治安全为根本，确保社会政治大局稳定。国家利益、国家政治安全在国家安全体系中居于最高层次和核心地位，是国家安全的根本，决定和影响着其他各领域的安全。维护国家政治安全，是继2014年1月召开的中央政法工作会上习近平提出的政法机关"维护社会大局稳定、促进社会公平正义、保障人民安居乐业"三大职责任务后明确的又一项重要的职责任务。2014年1月召开的中央政法工作会议上，习近平提出了政法机关的三大历史使命，并且明确了维护社会大局稳定是政法工作的基本任务，促进社会公平正义是政法工作的核心价值追求，保障人民安居乐业是政法工作的根本目标的职责定位。2017年1月中央政法会议召开前夕，习近平对政法工作作出重要指示，要求政法机关要把维护国家政治安全特别是政权安全、制度安全放在第一位，[②] 之后他反复强调政法战线要履行好维护国家政治安全、确保社会大局稳定、促进社会公平正义、保障人民安居乐业的主要任务，努力创造安全的政治环境、稳定的社会环境、公正的法治环境、优质的服务环境，增强

---

① 习近平. 习近平谈治国理政 [M]. 北京：外文出版社，2014：200-201.
② 习近平. 习近平对政法工作作出重要指示强调 全面提升防范应对各类风险挑战的水平 确保国家长治久安人民安居乐业 [N]. 人民日报，2017-01-13 (1).

人民群众获得感、幸福感、安全感，① 并于 2018 年 12 月 27 日中共中央政治局审议通过的《中国共产党政法工作条例》中以党内法规的形式予以固化。这是总体国家安全观落实在政法领域的具体体现，是对新时代政法公安工作的规律性认识，也是对国家政治安全的新认识，更是公安工作的着力点。

第二，在建设更高水平的平安中国所采取的措施上，习近平提出了两个方面的要求。一是要讲究辩证法，处理好活力和秩序的关系，建设人人有责、人人尽责、人人享有的社会治理共同体。习近平深刻指出："社会治理是一门科学，管得太死，一潭死水不行；管得太松，波涛汹涌也不行。"要讲究辩证法，处理好活力和秩序的关系，完善共建共治共享的社会治理制度，完善党委领导、政府负责、民主协商、社会协同、公众参与、法治保障、科技支撑的社会治理体系，建设人人有责、人人尽责、人人享有的社会治理共同体，确保人民安居乐业、社会安定有序、国家长治久安。② 二是加快推动公共安全体系建设，提升社会治理现代化水平，建设更高水平的平安中国。党的十八大以来，以习近平同志为核心的党中央对平安中国建设高度重视，并将其与创新社会治理体系和加快推动公共安全体系建设一并部署，致力于建设更高水平的平安中国。2013年 1 月，习近平在担任党的总书记不到两个月的时间，就向全国政法机关提出了"要顺应人民群众对公共安全、司法公正、权益保障的新期待，全力推进平安中国、法治中国、过硬队伍建设"③ 的新要求，之后几乎每年都对平安中国建设专门作出指示、提出要求，要求把平安中国建设置于中国特色社会主义事业发展全局中来谋划，坚持源头治理、系统治理、综合治理、依法治理，努力解决深层次问题，着力建设平安中国；提出要努力建设更高水平的平安中国。中共中央政治局就健全公共安全体系进行集体学习，要求"把维护公共安全放在维护最广大人民根本利益中来认识，放在贯彻落实总体国家安全观中来思考，放在推进国家治理体系和治理能力现代化中来把握"④。党的十九大报告就创新社会治理，"打造共建共治共享的社会治理格局"向全党进行专门部署。从全力

① 习近平. 习近平对政法工作作出重要指示强调　坚持以人民为中心的发展思想履行好维护国家政治安全确保社会大局稳定促进社会公平正义保障人民安居乐业的主要任务 [N]. 人民日报, 2018-01-23 (1).

② 习近平. 习近平在经济社会领域专家座谈会上的讲话 [N]. 人民日报, 2020-08-24 (2).

③ 习近平. 顺应人民对公共安全司法公正权益保障的新期待，全力推进平安中国法治中国过硬队伍建设 [N]. 人民日报, 2013-01-08 (1).

④ 中共中央文献研究室. 习近平关于社会主义社会建设论述摘编 [M]. 北京: 中央文献出版社, 2017: 150.

推进平安中国建设，到努力建设更高水平的平安中国，从专门研究健全公共安全体系，到部署"打造共建共治共享的社会治理格局"，这既是对人民群众日益增长的安全需求的回应，也是与时俱进工作方法的具体体现，更是对平安中国建设提出的新要求、作出的新部署。

（三）从政治上建设和掌握公安机关

2019 年 5 月，全国公安工作会议上，习近平提出了"从政治上建设和掌握公安机关"这一崭新理论命题。习近平指出："要从政治上建设和掌握公安机关，引导全警增强'四个意识'、坚定'四个自信'、做到'两个维护'，始终在思想上政治上行动上同党中央保持高度一致。"① 这一理论命题，实际上传达了这样一个信号：公安机关作为人民民主专政的重要工具，要以党的旗帜为旗帜，以党的方向为方向，以党的意志为意志，坚持中国共产党对公安工作的绝对领导、全面领导。

中国共产党的领导，是中国特色社会主义法治之魂，是我们的法治同西方资本主义国家的最大区别，这是习近平对中国特色社会主义法治的本质特征作出的理论提炼和重大概括。习近平明确指出，中国最大的国情、中国特色社会主义最本质的特征就是中国共产党的领导，"党政军民学，东西南北中，党是领导一切的，是最高的政治领导力量"②。他严肃告诫政法机关"要旗帜鲜明坚持党的领导"③，反复强调公安机关必须坚持党的领导，并对如何坚持党的领导做了深刻论述，概括起来主要有五层意思。

第一，坚持党的领导，公安机关必须正确处理党的政策和国家法律的关系，坚持党的事业至上，不折不扣地贯彻党中央的决策和部署，全面贯彻党的会议精神和治国理政新理念、新思想、新战略。针对社会上一度出现的类似于"党大还是法大"的不同声音，他明确回应"党大还是法大"是一个政治陷阱，是一个伪命题。习近平指出，"党的政策是国家法律的先导和指引，是立法的依据和执法司法的重要指导"，"党的政策成为法律后，实施法律就是贯彻党的意志，依法办事就是执行党的政策"④，"政法工作要自觉维护党的政策和国家法律的

① 习近平. 坚持政治建警改革强警科技兴警从严治警 履行好党和人民赋予的新时代职责使命 [N]. 人民日报，2019-05-09（1）.
② 中共中央文献研究室. 习近平关于社会主义政治建设论述摘编 [M]. 北京：中央文献出版社，2017：30.
③ 习近平. 习近平谈治国理政 [M]. 北京：外文出版社，2014：147.
④ 中共中央文献研究室. 习近平关于全面依法治国论述摘编 [M]. 北京：中央文献出版社，2015：20.

权威性，确保党的政策和国家法律得到统一正确实施"①。

第二，明确党领导政法工作的职能定位，不断提高党领导政法工作的能力和水平。习近平指出，党对政法工作的领导是管方向、管政策、管原则、管干部，不是包办具体事务，不要越俎代庖，领导干部更不能借党对政法工作的领导之名对司法机关工作进行不当干预。② 有些事情要提交党委把握，但这种把握不是私情插手，不是包庇性的插手，而是一种政治性、程序性、职责性的把握。③ 要求这个界线一定要划清楚。要善于运用法治思维和法治方式领导政法工作。④《中国共产党政法工作条例》还明确要求，中央政法委员会、中央政法单位党组（党委）在党中央领导下履行职责、开展工作，对党中央负责，受党中央监督，向党中央和总书记请示报告工作。

第三，坚持党的领导，明确提出政法委员会是党委领导政法工作的组织形式，必须长期坚持。要求各级政法委员会要把工作着力点放在把握政治方向、协调各方职能、统筹政法工作、建设政法队伍、督促依法履职、创造公正司法环境上，带头依法办事，保证宪法、法律正确统一实施。

第四，坚持党的领导，要选好配齐领导班子，要培养造就一支对党忠诚的公安队伍。无论是其必要性和重要性，还是培养路径，习近平都有过专门论述。

第五，要严格落实请示报告制度。对涉及公安工作重大方针政策、关系公安工作全局和长远发展的重大事项，对维护国家安全特别是以政权安全、制度安全为核心的政治安全重大事项，对维护社会稳定工作中的重大问题，对公安工作重大体制改革方案、重大立法建议，对拟制定的公安队伍建设重大政策措施，等等，都要及时向党中央请示，不能先斩后奏。对党中央决定、决策部署、指示等重大事项贯彻落实重要进展和结果情况，对影响党的路线方针政策和宪法法律正确统一实施重大问题的调查研究报告，具有全国性影响的重大突发案（事）件重要进展和结果情况，加强政法队伍建设的重大举措，等等，都要及时报告。

（四）全面深化公安改革

党的十八届三中全会作为中国共产党历史上划时代意义的会议，"开启了全

---

① 习近平.习近平谈治国理政［M］.北京：外文出版社，2014：147-148.

② 中共中央文献研究室.习近平关于全面依法治国论述摘编［M］.北京：中央文献出版社，2015：111.

③ 中共中央文献研究室.习近平关于全面依法治国论述摘编［M］.北京：中央文献出版社，2015：37.

④ 习近平.习近平谈治国理政［M］.北京：外文出版社，2014：148.

面深化改革、系统整体设计推进改革的新时代，开创了我国改革开放的新局面"①。习近平指出，改革开放是一个系统工程，必须坚持全面改革，在各项改革协同配合中推进。② 司法体制改革，要统筹推进公安改革、国家安全机关改革、司法行政改革，提高维护社会大局稳定、促进社会公平正义、保障人民安居乐业的能力。以习近平同志为主要代表的中国共产党人全面深化公安改革思想主要体现在以下三个方面。

第一，以问题为导向，建设与中国特色社会主义法治体系相适应的法治公安体制机制。全面深化改革、推进国家治理体系和治理能力现代化，全面依法治国、建设中国特色社会主义法治国家，必然要求与之相适应的现代警务运行机制、执法权力运行机制、公安行政管理体制和人民警察管理制度。但是现实中，随着我国经济社会的快速发展和信息化带来的巨大变化，公安机关的任务量突飞猛进。维护国家安全和政治稳定的任务日益繁重，反恐维稳形势日趋严峻复杂，刑事治安案件明显上升，行政管理任务成倍增长，网上安全问题更加突出，公安机关执法办案要求越来越高。公安工作和公安队伍建设与"四个全面"战略布局的新要求、与人民群众对公安工作的新期待出现了一些不适应。这些不适应既有思想理念上的滞后，也有能力素质上的差距，既有体制机制上的制约，也有警务保障上的不足。尤其是以审判为中心的诉讼制度改革，对公安机关侦查办案的理念、能力、模式和内部管理制度等提出更高的目标要求。要破解这些长期困扰和影响公安工作发展进步的难题和改革中出现的新问题，必须改革创新。习近平非常重视公安改革工作，多次听取汇报、研究改革方案，并就深入推进公安改革、进一步加强和改进新形势下的公安工作和公安队伍建设作出重要指示，明确了全面深化公安改革的指导思想、目标任务、基本原则、政策措施和工作要求，为全面深化公安改革指明了前进方向、提供了重要遵循。

第二，改革是一场革命，不真刀真枪干是不行的。习近平深刻指出：改革是一场革命，改的是体制机制，动的是既得利益，不真刀真枪干是不行的，"我们要以勇于自我革命的气魄、坚忍不拔的毅力推进改革"③。既当改革促进派、又当改革实干家，以钉钉子精神抓好改革落实，扭住关键、精准发力，敢于啃硬骨头，盯着抓、反复抓，直到抓出成效，这是习近平对推进落实深化公安改

① 习近平. 习近平谈治国理政：第3卷 [M]. 北京：外文出版社, 2020：111.
② 习近平. 习近平强调：以更大的政治勇气和智慧深化改革 [EB/OL]. 新华网, 2013-01-01.
③ 习近平. 在庆祝中国共产党成立九十五年大会上的讲话 [J]. 中共党史研究, 2016 (7)：5-12.

革提出的具体要求。由他主持召开的中央全面深化改革领导小组研究审议的关于公安改革方面的制度多达十几项。这些制度既有顶层设计方面的改革架构方案，如《关于全面深化公安改革若干重大问题的框架意见》及相关改革方案，又有支撑架构的具体意见，如《关于领导干部干预司法活动、插手具体案件处理的记录、通报和责任追究规定》《关于健全落实社会治安综合治理领导责任制的规定》《关于深化公安执法规范化建设的意见》等；既有顺民意、惠民生的意见和方案，如《关于建立居民身份证异地受理挂失申报和丢失招领制度的意见》《关于加强外国人永久居留服务管理的意见》《外国人永久居留证件便利化改革方案》《关于解决无户口人员登记户口问题的意见》，又有事关公安民警和辅警职业发展空间和保障机制的意见方案，如《公安机关执法勤务警员职务序列改革试点方案》《公安机关警务技术职务序列改革试点方案》《关于规范公安机关警务辅助人员管理工作的意见》等。不仅如此，他还亲自督办改革进程，听取深化公安改革的推进落实情况，要求党政主要负责同志要把改革放在更加突出位置来抓，不仅亲自抓、带头干，还要勇于挑最重的担子、啃最硬的骨头，做到重要改革亲自部署、重大方案亲自把关、关键环节亲自协调、落实情况亲自督察，扑下身子，狠抓落实，既作出了表率，又表明了态度。

第三，要站在人民的立场全面深化公安改革。关于站在人民立场全面深化改革，习近平作出过许多重要指示，如"推进任何一项重大改革，都要站在人民立场上把握和处理好涉及改革的重大问题，都要从人民利益出发谋划改革思路、制定改革举措"①，"把改革方案的含金量充分展示出来，让人民群众有更多获得感"②，"把是否促进经济社会发展、是否给人民群众带来实实在在的获得感，作为改革成效的评价标准"③，等等。站在人民的立场、从人民的根本利益全面深化公安改革，关键是要紧紧抓住影响人民群众安全感和满意度的突出问题，谋划改革思路，制定改革举措。所以，经习近平主持审议的《关于全面深化公安改革若干重大问题的框架意见》致力于着力完善现代警务运行机制，提高社会治安防控水平和治安治理能力，提高人民群众的安全感；着力推进公安行政管理改革，提高管理效能和服务水平，从政策上、制度上推出更多惠民

① 中共中央文献研究室.十八大以来重要文献选编：上［M］.北京：中央文献出版社，2014：554.
② 习近平.习近平：让人民对改革有更多获得感［EB/OL］.新华网，2015-02-27.
③ 习近平.习近平主持召开中央全面深化改革领导小组第二十一次会议［EB/OL］.新华网，2016-02-23.

利民便民新举措，"让信息多跑路、让群众少跑腿"①，提高人民群众的满意度；着力建设法治公安，确保严格规范公正文明执法，提高公安机关执法水平和执法公信力，努力让人民群众在每一项执法活动、每一起案件办理中都能感受到社会公平正义。这"三个着力"，无一不与人民息息相关。

（五）锻造铁一般的公安队伍

在全部公安工作中，队伍建设是根本，也是保证。习近平要求全国公安机关和公安队伍要"坚持党对公安工作的领导，牢固树立'四个意识'，坚持人民公安为人民，全面加强正规化、专业化、职业化建设，做到对党忠诚、服务人民、执法公正、纪律严明"②，为公安机关在新形势下进一步加强公安队伍建设、推动公安事业发展提供了根本遵循。以习近平同志为主要代表的中国共产党人的公安队伍建设思想主要体现在以下三个方面。

第一，过硬队伍建设是队伍建设的基本要求。习近平指出，政法机关"要按照政治过硬、业务过硬、责任过硬、纪律过硬、作风过硬的要求，加强正规化、专业化、职业化建设，努力建设一支信念坚定、执法为民、敢于担当、清正廉洁的政法队伍"③。习近平提出的过硬队伍建设，是顺应人民群众对公共安全、司法公正、权益保障新期待而提出的全面从严治警队伍建设新要求。尽管公安队伍的主流是好的，是一支听党指挥、服务人民、能打胜仗、不怕牺牲的队伍，是一支和人民完全可以信赖、有坚强战斗力的队伍，在群众需要的关键时刻挺身而出，在为民服务的平凡岗位默默耕耘，是一支英雄辈出、正气浩然的队伍，但是，在执法司法实践中，公安干警的群众工作能力、维护社会公平正义能力、社会沟通能力、科技信息化应用能力、拒腐防变能力等还有许多短板，"'追不上、打不赢、说不过、判不明'等问题还没有完全解决，面临着'本领恐慌'问题"④。不仅如此，损害党的威信、伤害人民群众的感情、践踏法律的尊严、败坏公安队伍的形象的现象也不鲜见。过硬队伍建设，正是习近平清醒地看到了包括公安队伍在内的政法队伍面临的形势和突出问题而提出的。

---

① 习近平. 习近平主持召开中央全面深化改革领导小组第十五次会议 [EB/OL]. 新华网, 2015-08-18.
② 习近平. 习近平在会见全国公安系统英雄模范立功集体表彰大会代表时强调 始终坚持人民公安为人民 做到对党忠诚服务人民执法公正纪律严明 [N]. 人民日报, 2017-05-20 (1).
③ 习近平. 习近平就政法队伍建设作出重要指示 [N]. 人民日报, 2016-04-26 (1).
④ 中共中央文献研究室. 习近平关于全面依法治国论述摘编 [M]. 北京：中央文献出版社, 2015：101.

习近平认为，不论是新问题还是老问题，不论是长期存在的老问题还是改变了表现形式的老问题，要认识好、解决好，唯一的途径就是增强我们自己的本领。打铁必须自身硬。对公安干警来说，这个硬就是"永葆忠于党、忠于国家、忠于人民、忠于法律的政治本色"① 的政治过硬，就是有着履职本领的业务过硬，就是"敢于担当，面对歪风邪气，必须敢于亮剑、坚决斗争，绝不能听之任之；面对急难险重任务，必须豁得出来，顶得上去，绝不能畏缩不前"② 的责任过硬，就是"严守党的政治纪律和组织纪律，反对公器私用，司法腐败"③ 的纪律过硬，就是始终保持以为民为本、勤政务实、清正廉洁的良好形象的作风过硬。这为如何认识公安队伍的本领问题提供了基本标准。

第二，全面加强革命化、正规化、专业化、职业化建设是队伍建设的必要手段。全面加强正规化、专业化、职业化建设，是新的历史条件下得到习近平总书记首肯的公安队伍建设新举措。他在不同场合多次提到这一要求，并且分别在《中共中央关于全面推进依法治国若干重大问题的决定》和《关于新形势下加强政法队伍建设的意见》中两次以中央文件的形式固定下来，充分表明了以习近平同志为核心的党中央坚持中国特色社会主义政法队伍正规化、专业化、职业化方向的态度和决心。

公安队伍正规化建设强调的是规范、标准、科学、法治、效能。2003 年 11 月 8 日印发的《中共中央关于进一步加强和改进公安工作的决定》对其有明确的阐释，就是要根据公安机关的性质、任务和工作特点，依据《人民警察法》等法律法规，在公安机关的组织机构、勤务机制、管理方式、教育训练、监督制约、警务保障等方面实现标准化、程序化、法制化和科学化，使公安机关指挥畅通、内务规范、工作高效、保障有力。④ 专业化强调的是专业技能或者特色技能，专业化的过程是储备知识、积累经验、提升能力的过程。公安队伍专业化，简单来说，就是从业者达到应具备的知识、能力及态度，并且成为行家里手的过程。⑤ 职业化，是对从事的某种职业所要求的工作状态、工作程序、工作标准的规范化。公安队伍职业化建设强调的是职业素质，如职业伦理、职业道德、职业精神、职业素养等，它是增强公安队伍创造力、凝聚力、战斗力的根

① 习近平. 习近平谈治国理政 [M]. 北京：外文出版社，2014：150.
② 习近平. 习近平谈治国理政 [M]. 北京：外文出版社，2014：150.
③ 习近平. 从严治警反对司法腐败 [EB/OL]. 人民网，2015-01-21.
④ 中共中央文献研究室. 十六大以来重要文献选编：上 [M]. 北京：中央文献出版社，2011：499-500.
⑤ 杨威. 试论公安队伍专业化建设 [J]. 公安教育，2014（7）：9-12.

本保证。

公安机关和公安队伍是具有武装性质的以维护国家安全和管理社会治安秩序为职责的特殊机构、人员和职业。在开放、透明、信息化社会条件下，违法犯罪越来越向专业化方向发展，人民群众对公安工作的要求也越来越高，大数据、云计算对公安民警的挑战也越来越大，这就对公安机关打击犯罪能力、办案能力、群众工作能力、科技应用能力、社会沟通能力都提出了更高要求。魔高一尺，需要道高一丈。国家是否拥有一支"具有独特知识结构、能力、经验、深厚法律知识功底、精湛法律思维方式和高尚道德人品素质的职业化警察队伍"①，对于能否在新的历史时期承担起历史重任尤为关键。公安队伍正规化、专业化、职业化建设，是真正使公安队伍成为维护公平正义之师、守护人民安宁之剑的重要举措，是在国际执法合作中展现一个大国警察素质、效能、风范、气度与精神面貌的重要手段，是建设法治公安、法治国家的必然选择。所以，习近平反复强调，要大力加强正规化、专业化、职业化建设，真正使公安队伍成为维护公平正义之师、守护人民安宁之剑；要有亮剑的本事和克敌制胜的能力；要根据人民警察武装性、实战性、高强度、高风险等职业特点，以及公安队伍规模大、层级多、主要集中在基层一线等实际情况，完善执法勤务警员职务序列，建立警务技术职务序列，拓展执法勤务警员和警务技术人民警察职业发展空间，完善激励保障机制，激发队伍活力。要求各级党委和政府要关心和支持公安工作，关心关爱公安民警，加大综合保障力度，落实从优待警各项措施。正规化、专业化、职业化这根"线"始终贯穿于公安队伍建设之中。

第三，对党忠诚、服务人民、执法公正、纪律严明是队伍建设的总要求和根本目标。习近平在2019年5月召开的全国公安工作会议上要求公安机关要坚持政治建警、全面从严治警，着力锻造一支有着铁一般的理想信念、铁一般的责任担当、铁一般的过硬本领、铁一般的纪律作风的公安铁军，做到"对党忠诚、服务人民、执法公正、纪律严明"。2020年8月26日，他在中国人民警察警旗授旗仪式上的训词的精髓就是这几句话，且专门对其进行了阐释。"对党忠诚"的落脚点是确保绝对忠诚、绝对纯洁、绝对可靠；"服务人民"的落脚点是全心全意增强人民群众的获得感、幸福感、安全感；"执法公正"的落脚点是努力让人民群众在每一起案件办理、每一件事情处理中都能感受到公平正义；"纪律严明"的落脚点是着力锤炼"四个铁一般"，充分展现党领导的社会主义国家人民警察克己奉公、无私奉献的良好形象。这是依据公安机关的基本属性和公

---

① 唐洁，龙波. 加强公安队伍职业化建设的几点思考 [J]. 湖北警官学院学报，2009（1）：77-80.

安机关所担负的神圣使命以及公安队伍的职业特点所提出的公安队伍建设的方向和目标。

公安机关是党和人民的"刀把子",对党忠诚,服务人民,是公安队伍的政治灵魂和根本宗旨。人民警察具有武装性、实战性、高强度、高风险等职业特点,对党忠诚是公安队伍第一位的政治要求。人民警察来自人民,心系人民、植根人民、服务人民是公安机关的优良传统,坚持人民公安为人民是公安机关的本质和职能所在。"政法队伍是和平年代面对'疾风'、'烈火'最多的一支队伍"①,公安机关处在政法工作的最前沿,"几乎是时时在流血、天天有牺牲"②。面对糖衣炮弹和血雨腥风,没有铸就"金刚不坏之身",难以担当起历史使命,"白加黑""五加二"就不可能是警察无怨无悔的家常便饭,就不会"在群众需要的关键时刻挺身而出,在为民服务的平凡岗位默默耕耘"③,更不会"用辛勤的汗水乃至宝贵的鲜血和生命,为国家安全、社会公共安全、人民生命财产安全筑起一道坚不可摧的铜墙铁壁"④。所以,如何做到对党忠诚、服务人民,是习近平关注的重点。他要求公安机关"必须把理想信念教育摆在政法队伍建设第一位,不断打牢高举旗帜、听党指挥、忠诚使命的思想基础,坚持党的事业至上、人民利益至上、宪法法律至上,永葆忠于党、忠于国家、忠于人民、忠于法律的政治本色"⑤。坚持把人民群众安全感和满意度作为检验公安工作的根本标准,⑥从让人民群众满意的事情做起,从人民群众不满意的问题改起,保障人民群众安居乐业、保障人民生命财产安全。⑦

公安机关的一切活动是执法活动,公安民警的一切职务行为是执法行为,执法、司法公正是公安队伍的职业追求。习近平指出,促进社会公平正义是政法工作的核心价值要求,政法战线要肩扛公正天平,手持正义之剑,以实际行

---

① 中共中央文献研究室．习近平关于全面依法治国论述摘编［M］．北京：中央文献出版社,2015：99.
② 习近平．习近平在会见全国公安系统英雄模范立功集体表彰大会代表时强调　始终坚持人民公安为人民　做到对党忠诚服务人民执法公正纪律严明［N］．人民日报,2017-05-20（1）.
③ 习近平．习近平会见全国公安机关爱民模范［N］．人民日报,2014-10-29（1）.
④ 习近平．习近平在会见全国公安系统英雄模范立功集体表彰大会代表时强调　始终坚持人民公安为人民　做到对党忠诚服务人民执法公正纪律严明［N］．人民日报,2017-05-20（1）.
⑤ 习近平．习近平谈治国理政［M］．北京：外文出版社,2014：149-150.
⑥ 习近平．习近平会见全国公安机关爱民模范［N］．人民日报,2014-10-29（1）.
⑦ 习近平．习近平谈治国理政［M］．北京：外文出版社,2014：148.

动维护社会公平正义。① 他要求公安民警要信仰法治,坚守法治,做知法、懂法、守法、护法的执法者,站稳脚跟,挺直脊梁,只服从事实,只服从法律,铁面无私,秉公执法。② 要增强公安民警依法履职能力,树立执法为民理念,严格执法监督,解决执法突出问题,努力让人民群众在每一项执法活动、每一起案件办理中都能感受到社会公平正义。③

纪律严明是公安队伍担负起历史使命的重要保证。公安队伍是一支拥有200多万人的武装性质的纪律部队,如何管理好、建设好这支队伍,是习近平特别关心的问题。他认为,对这样一支手中掌握着很大权力、面临的考验诱惑多的大队伍,从严治警一刻也不能松懈。④ 他提出了"政治纪律是最重要、最根本的纪律"的论断,要求公安机关坚持从严治警,严守党的政治纪律和组织纪律;⑤ 要加强纪律教育,健全纪律执行机制,用纪律规范行为、用纪律约束干警、用纪律保护干部,以铁的纪律带出一支铁的队伍。⑥ 2020年1月,他明确指示要"深入开展政法队伍教育整顿,努力建设一支党和人民信得过、靠得住、能放心的政法队伍"⑦。经党中央批准,以2021年2月27日召开全国政法队伍教育整顿动员部署会为起点,全国政法系统分两批开展了为期一年的政法队伍教育整顿。公安机关以刀刃向内的决心勇气,坚持无禁区、全覆盖、零容忍,坚持重遏制、强高压、长震慑,坚决清除害群之马,维护公安队伍肌体健康。

通过以上分析可以看出,在不同的历史时期,以邓小平、江泽民、胡锦涛、习近平为主要代表的中国共产党人,在领导中国公安工作的实践中,承前启后,继往开来,守正创新,在丰富和发展中国特色社会主义公安工作理论方面取得了重要的阶段性成果。与此同时,作为一个整体性理论,中国特色社会主义公安工作理论体系的基本轮廓也逐渐呈现出来,其理论形态也逐渐成熟起来。这一理论体系紧紧围绕"什么是中国特色社会主义公安工作""如何做好中国特色

---

① 习近平. 习近平谈治国理政 [M]. 北京:外文出版社,2014:148.
② 习近平. 习近平谈治国理政 [M]. 北京:外文出版社,2014:149.
③ 习近平. 习近平主持召开中央全面深化改革领导小组第二十四次会议 [EB/OL]. 新华网,2016-05-20.
④ 中共中央文献研究室. 习近平关于全面依法治国论述摘编 [M]. 北京:中央文献出版社,2015:99.
⑤ 中共中央文献研究室. 习近平关于全面依法治国论述摘编 [M]. 北京:中央文献出版社,2015:100-101.
⑥ 中共中央文献研究室. 习近平关于全面依法治国论述摘编 [M]. 北京:中央文献出版社,2015:100-101.
⑦ 习近平. 习近平对政法工作作出重要指示强调着力提高政法工作现代化水平建设更高水平的平安中国法治中国 [EB/OL]. 新华网,2020-01-17.

社会主义公安工作""谁来做中国特色社会主义公安工作"这一鲜明主题，回答了中国特色社会主义公安工作一系列基本问题。概括起来主要有以下五个方面的问题：一是中国特色社会主义公安工作的性质任务问题；二是中国特色社会主义公安工作的根本原则问题；三是中国特色社会主义公安工作的价值取向问题；四是中国特色社会主义公安工作的实现路径问题；五是中国特色社会主义公安工作的主体建设问题。也正是这些问题，使"中国特色社会主义公安工作理论体系"框架得以架构，形成了一个"是什么""怎么做""谁来做"的框架系统。这个理论体系将在第三章到第七章进行阐述。

第三章

公安工作处在很重要的位置

我国的公安工作，是人民民主专政政权工作的重要组成部分，是公安机关及其人民警察在党和政府领导下，依据法律和法规保卫国家安全和维护社会治安秩序工作的统称。江泽民指出："在党和国家的全部工作和工作大局中，公安工作处在很重要的位置。"① 改革开放以来，以邓小平、江泽民、胡锦涛、习近平为主要代表的中国共产党人对公安工作的性质、地位、职责、使命多次作出重要指示和重要论述，详细阐述了公安工作是什么、为什么要加强公安工作的问题，是中国特色社会主义公安工作理论重要内容之一。

第一节　公安工作的性质决定了公安工作只能加强不能削弱

公安工作如同其他任何事物一样，有它自己本质的规定性。公安工作的性质是公安工作诸多规定性因素中根本的决定性因素，是确定公安机关地位、职能、任务、职权以及加强法治公安建设和队伍建设的首要根据，关系公安工作的实践方向和价值取向，也决定了党和国家对它的重视程度。

一、公安工作具有阶级性和公共性

《中共中央关于进一步加强和改进公安工作的决定》指出："公安机关是人民民主专政的重要工具，是武装性质的国家治安行政力量和刑事司法力量，肩负着打击敌人、保护人民、惩治犯罪、服务群众、维护国家安全和社会稳定的重要使命。"② 毛泽东曾经说过："公安机关是无产阶级手里的一把刀子。"③ 这一命题，是毛泽东从马克思主义关于国家学说的基本原理出发，结合中国的具

---

① 江泽民. 江泽民李鹏接见第十九次全国公安会议代表 [J]. 人民公安, 1996 (4).
② 中共中央文献研究室. 十六大以来重要文献选编：上 [M]. 北京：中央文献出版社, 2011：494.
③ 公安部政治部. 毛泽东公安工作理论 [M]. 北京：群众出版社, 1993：26.

体实践，对公安工作的性质所作的形象概括。改革开放以来，以邓小平、江泽民、胡锦涛、习近平为主要代表的中国共产党人，以马克思主义的国家学说和无产阶级专政理论为理论基础，结合我国的实际，对公安工作的性质作出具体论述，概括起来主要体现在两点，即公安工作具有阶级性和公共性。

（一）公安工作具有阶级性

马克思主义认为，警察和国家一样古老，国家的阶级性决定了警察的阶级性。马克思恩格斯在《家庭、私有制和国家的起源》一书中对国家的阶级性和警察的阶级性作了详细的阐述，概而言之，有两个基本的方面：其一，从起源上说，国家是阶级矛盾不可调和的产物。警察是随着国家的出现而出现的。"警察是和国家一样古老的""雅典人在创立他们国家的同时，也创立了警察"。①其二，从实质上说，国家是统治阶级实现其阶级统治的手段。"国家的本质特征是和人民大众分离的公共权力"，"构成这种权力的，不仅有武装的人，而且还有物质的附属物，如监狱和各种强制机关"，"对于公民，这种公共权力起初不过当作警察来使用"②。由此可以看出，警察与国家相伴相生，同起同源，警察是阶级社会的产物，警察作为一种阶级的暴力机器，从诞生之日起，就具有鲜明的阶级属性。1949 年 6 月，毛泽东在《论人民民主专政》一文中指出，"军队、警察、法庭等项国家机器，是阶级压迫的工具"③，并且提出了"帝国主义还存在，国内阶级还存在，我们现在的任务是要强化人民的国家机器，这主要的是指人民的军队、人民的警察和人民的法庭，借以巩固国防和保护人民的利益"④ 的总要求。

在马克思主义的国家学说创立时期，正是西方国家资产阶级与无产阶级矛盾十分尖锐的时期。这个时期，资产阶级不仅对工人残酷剥削，并且设置多种门槛剥夺广大工人、农民的选举权和其他民主权利，经常动用军警镇压工人、农民反抗，使国家成为资产阶级实施阶级压迫和统治的机器。因此，马克思恩格斯强调国家的阶级性，强调警察的阶级性。毛泽东提出人民民主专政理论的时期，也正是新中国诞生的前夜、中国共产党领导中国人民刚刚要建立新政权的时期。在这个时期，国民党反动派并没有善罢甘休，他们派遣特务、土匪，

---

① 中共中央马克思恩格斯列宁斯大林著作编译局．马克思恩格斯选集：第 4 卷 [M]．北京：人民出版社，1972：114.
② 中共中央马克思恩格斯列宁斯大林著作编译局．马克思恩格斯选集：第 4 卷 [M]．北京：人民出版社，1972：114.
③ 毛泽东．毛泽东选集：第 4 卷 [M]．北京：人民出版社，1991：1476.
④ 毛泽东．毛泽东选集：第 4 卷 [M]．北京：人民出版社，1991：1480-1481.

勾结地方恶霸、盗匪千方百计搞破坏，剥削阶级作为一个阶级还没有完全消灭，因此毛泽东特别强调公安机关的阶级性。

然而，在改革开放新的历史时期，剥削阶级作为一个阶级已经消灭，人民民主专政的国家政权已经得到巩固，公安机关的阶级性是否存在，需要中国共产党人作出回应。以邓小平、江泽民、胡锦涛、习近平为主要代表的中国共产党人，继承和发展了马克思主义的国家学说和毛泽东的人民民主专政理论，从现实出发，对公安机关的阶级性作了许多阐发。概而言之：改革开放以来，虽然剥削阶级作为压迫阶级的一个阶级已经消灭，但是，国外境外的敌对势力还存在，国内剥削阶级残余分子和各种反党、反社会主义分子还存在，他们相互勾连，一天也没有间断对我国的颠覆、渗透、破坏活动，操弄人权、宗教、民主、自由等议题策动"颜色革命"，直接影响国家的政治安全和政权安全；作为阶级斗争的一种特殊形态的刑事犯罪活动还存在，各种诸如杀人、抢劫、诈骗、贩毒、偷税漏税、走私贩私、制假贩假等传统犯罪和电信网络诈骗、网络赌博、套路贷等新型网络犯罪以及黑社会性质组织犯罪，这些犯罪相互交织、时有发生，直接影响着社会的安定、经济发展秩序的规范和人民群众生命财产的安全。由此得出两点结论：阶级斗争熄灭论的观点不能存在，我国现行宪法从1982年制定至今经历了5次修改，"在我国，剥削阶级作为阶级已经消灭，但是阶级斗争还将在一定范围内长期存在。中国人民对敌视和破坏我国社会主义制度的国内外的敌对势力和敌对分子，必须进行斗争"这75个字始终没变；公安机关的阶级性依然存在，专政力量不但不能削弱，还要加强，它的镇压职能丝毫不能削弱，共产党要牢牢掌握住刀把子。

（二）公安工作具有公共性

马克思主义在论述国家的阶级性的同时，还指出："国家的本质特征是和人民大众分离的公共权力"①，"构成这种权力的，不仅有武装的人，而且还有物质的附属物，如监狱和各种强制机关。这些东西都是以前的氏族社会所没有的"②。在这里，马克思主义除了承认国家的阶级性以外，还认为，国家公共性的本质特征在国家形成时已经存在。警察与国家与生俱来，警察自产生起便与国家统治、社会治理联系在一起，警察作为工具的公共权力实现对社会的统治与控制。

---

① 中共中央马克思恩格斯列宁斯大林著作编译局. 马克思恩格斯选集：第4卷［M］. 北京：人民出版社，1972：114.

② 中共中央马克思恩格斯列宁斯大林著作编译局. 马克思恩格斯选集：第4卷［M］. 北京：人民出版社，1972：167.

　　任何公共权力的设立，均是为了满足一定社会需求。警察机构和警察权的出现，首先在于满足人民对安全和秩序的需求。根据公共管理理论，警察机构是一种社会服务机构，向社会提供安全、秩序等公共产品。随着服务行政理念的普及，各国警察机构无不强化其服务功能，积极回应公众需求。在我国，"警察权作为一种公共权力，它一开始就是以国家和社会公共利益为目的，以服务群众为己任，以执行社会职能为基础，具有鲜明的公益性和服务性"①。早在1945年，新中国成立前期，毛泽东就在《论联合政府》中明确指出，"新民主主义国家的一切武装力量，如同其他权力机关一样，是属于人民和保护人民的，它们和一切属于少数人、压迫人民的旧式军队、旧式警察等等，完全不同"②。

　　第八届全国人民代表大会常务委员会第十二次会议于1995年2月28日通过的《中华人民共和国人民警察法》再一次将"全心全意为人民服务"确定为人民警察的根本宗旨，并明确规定：人民警察遇到公民人身、财产安全受到侵犯或者处于其他危难情形，应当立即救助；对公民提出解决纠纷的要求，应当给予帮助；人民警察应当积极参加抢险救灾和社会公益活动；等等。这些原则性规定无疑都是带有公共服务性质的。

　　随着经济发展、法治进步，社会公众的需求结构发生重大变化。当温饱问题解决以后，安全成为第一需求，与此同时，对自由、人权、尊严、民主、法治、公平、正义的需求也在与日俱增。这就要求人民警察必须适应变化，坚持严格、公正、文明执法，改进执法方式，加强人权保障。所以，以邓小平、江泽民、胡锦涛、习近平为主要代表的中国共产党人对公安工作的公共性注入了新的理念，特别是进入新世纪后，胡锦涛、习近平为进一步增强公安机关的社会管理和服务功能，从警察的权力来自人民，警察要为人民提供社会秩序的安定和公共安全，保障人民的合法权益不受侵犯，公安机关和人民警察要具有行使公共职能的基本素质，维护社会的公平正义，要有良好的运行机制和制度保障切实保障公安机关积极发挥公共性职能三个方面对公安工作的公共性目标、制度保障、运行机制、主体要求等方面作做过具体论述。如胡锦涛提出的"立警为公，执法为民""制定公安工作的方针政策，推出公安改革的重大举措，都要以是否符合人民群众的需要、人民群众是否满意作为根本依据和标准"③，习近平指出的"政法机关承担着大量公共服务职能，要努力提供普惠均等、便捷

---

① 胡大成，周家攘. 警察政治学 [M]. 南京：南京大学出版社，2004：147.
② 毛泽东. 毛泽东选集：第3卷 [M]. 北京：人民出版社，1991：1057.
③ 胡锦涛. 胡锦涛同第二十次全国公安会议部分代表座谈 [EB/OL]. 中国政府网，2005-
　　06-28.

高效、智能精准的公共服务"①，等等，正是体现了对公安工作公共性的主体要求。从实践上看，这些思想得到了很好的体现，公安所涉及的服务领域可以称得上"从摇篮到坟墓"，公安工作中的户籍、治安、交通、消防、出入境、边防管理等无不连着千家万户。全国公安机关不断更新管理理念，改变管理方式，实现由防范控制型管理向服务型管理的转变，真正把管理就是服务的理念体现到社会管理工作中，全面提升服务管理水平。如今，户籍、交管、出入境、移民管理等领域"放管服"改革全面深化，"跨域办、网上办、刷脸办"等新模式日益普及，公共服务更加惠民。

二、公安工作处在很重要的位置，只能加强不能削弱

马克思主义认为，警察最原始的身份就是维护国家统治、维护政治秩序，它是国家权力的主要强力工具。在我国，公安机关是人民民主专政的重要工具，"国家安危公安系于一半"这一命题，是以毛泽东为主要代表的中国共产党人从马克思主义关于国家学说的基本原理出发，结合中国的具体实践，对公安工作的特殊地位所作的形象概括。改革开放以来的中国共产党人继承和发展了这一思想：江泽民在接见第十九次全国公安会议代表时作出了"在党和国家的全部工作和工作大局中，公安工作处在很重要的位置"②的论断，强调"刀把子"的重要性，并指出，"坚持人民民主专政任何时候都不能动摇，刀把子如果不起作用了，或者丢掉了，我们党和国家就不可能安然无恙、长治久安"③；习近平将公安工作做得如何，直接与广大人民群众切身利益、党和国家工作大局、党和国家长治久安、实现"两个一百年"奋斗目标和中华民族伟大复兴的中国梦四个方面相关联，并强调，政法机关作为人民民主专政的国家政权机关，是党和人民掌握的"刀把子"，要确保"刀把子"牢牢掌握在党和人民手中，"把政法工作摆到更加重要的位置来抓"④。所有这些，足以说明公安机关的重要地位。

基于此，改革开放以来的中国共产党人认为，在建设中国特色社会主义的历史时期，阶级斗争熄灭论的观点不能存在，特殊形式的阶级斗争决定了中国特色社会主义的公安工作仍然具有阶级性；专政力量必须加强，不能削弱。用

① 习近平. 论全面坚持依法治国 [M]. 北京：中央文献出版社，2020：248.
② 江泽民. 江泽民李鹏接见第十九次全国公安会议代表 [J]. 人民公安，1996（4）：1
③ 江泽民. 江泽民文选：第2卷 [M]. 北京：人民出版社，2006：169.
④ 习近平. 论全面坚持依法治国 [M]. 北京：中央文献出版社，2020：246.

江泽民的话来讲就是，"在这个问题上，且不可书生气十足"①，千万不能埋头经济社会发展，而忘记了我们面临的政治风险、面对的政治较量，否则就会犯历史性错误；刀把子要牢牢掌握在党和人民手中。香港反修例风波暴乱中，国外敌对势力与境内分裂势力相互勾连，公然挑战中央政府权威和国家主权，肆意冒犯国家及民族尊严，触碰"一国两制"原则底线的行径和践踏法治尊严、破坏社会安定、侵害公众利益的违法犯罪行为和中美经贸摩擦中隐含的美国在经济、政治、军事、地缘政治和文化上对我国进行的全面施压、围堵和遏制以及美国新冠疫情溯源的政治化操弄、"甩锅"给我国等事实也足以证明特殊形式的阶级斗争还将长期存在，公安机关的阶级属性不但没有消失，而且依然很明显。

第二节　公安机关肩负着重大使命任务

马克思指出，"安全是警察的概念"，"整个社会的存在只是为了保证维护自己每个成员的人身、权利和财产"②。恩格斯也指出，"内部安宁为充分发展新的工业繁荣提供了保证"③。这就是说，警察的主要职责就是保障人们的生命财产安全，警察工作的最高目标就是保障人们的生命财产不受侵犯。维护国家政治安全、确保社会大局稳定、促进社会公平正义、保障人民安居乐业的重大使命任务，是中国共产党对新时代公安工作的职责定位，凸显了公安机关的性质、职能和作用。维护国家安全和社会大局稳定是公安工作的总任务，促进社会公平正义是公安工作的核心价值追求，保障人民安居乐业是公安工作的根本目标。

公安机关的使命任务是由其职能决定的。党中央在不同时期关于公安工作的政策规定，如《中共中央关于加强公安工作的决定》（1991年印发）、《中共中央关于进一步加强和改进公安工作的决定》（2003年印发）、《中共中央关于加强新时代公安工作的意见》（2019年印发）、《中华人民共和国人民警察法》（1995年颁布）和《公安机关组织管理条例》（2006年颁布）等现行法规均已表明，公安机关是国务院和地方各级人民政府领导下的重要职能部门，是国家

① 江泽民. 江泽民文选：第3卷 [M]. 北京：人民出版社，2006：223.
② 中共中央马克思恩格斯列宁斯大林著作编译局. 马克思恩格斯文集：第1卷 [M]. 北京：人民出版社，2009：42.
③ 中共中央马克思恩格斯列宁斯大林著作编译局. 马克思恩格斯文集：第4卷 [M]. 北京：人民出版社，2009：541.

行政机关的重要组成部分，是武装性质的国家治安行政力量和刑事司法力量，是人民民主专政的重要工具。公安机关的职能可以有不同的分类，从政治关系的角度来讲，公安机关的基本职能是专政职能和民主职能，它是对公安机关多种职能的高度概括，集中反映了公安机关人民民主专政工具这一根本属性的要求，既体现了公安机关的阶级性，又体现了其社会性和管理性。① 改革开放以来的中国共产党人对公安机关的职能要求主要有以下四个方面。

一、分清敌我是公安机关正确行使职能的根本前提

毛泽东曾经指出，谁是我们的敌人，谁是我们的朋友，这是革命的首要问题。《中国共产党政法工作条例》在政法工作应当遵循的原则中明确要求，政法工作要严格区分和正确处理敌我矛盾和人民内部矛盾这两类不同性质的矛盾，准确行使人民民主专政职能。这就是说，准确行使人民民主专政职能的前提是能否区分好敌我矛盾和人民内部矛盾。公安机关是人民民主专政的工具，顾名思义就是对人民实行民主、对敌人实行专政以保护人民的民主权利。只有明确谁是专政的对象，才能有效地对其实行专政，才能巩固人民民主专政的国家政权，确保国家安全、社会稳定、人民安宁。

在中国共产党人看来，"人民"和"敌人"是有着时空性特征的两个相互对立的概念，具有动态性和历史性的特点。毛泽东的著名论著《关于正确处理人民内部矛盾的问题》就其时空性专门进行过阐释，指出，"人民这个概念在不同的国家和各个国家的不同的历史时期，有着不同的内容"②，并就我国情况分别对在抗日战争时期、解放战争时期、建设社会主义时期的人民和敌人的概念进行了界定③。

然而，在改革开放和建设有中国特色的社会主义时期，在特殊形式的阶级斗争的历史条件下，专政的对象已经不是一个完整的反动阶级了，专政对象如何界定，区分敌我的依据和根本标准又是什么，是不是对所有刑事犯罪分子都要进行专政，对刑事犯罪分子的刑事惩罚是不是就是专政等一系列问题是新时期遇到的新问题，需要分辨清楚。邓小平明确地指出，反革命分子，敌特分子，各种破坏社会主义秩序的刑事犯罪分子和其他坏分子，贪污盗窃、投机倒把的

---

① 《公安学基础教程》编写组. 公安学基础教程 [M]. 北京：中国人民公安大学出版社，2012：67.
② 中共中央文献研究室. 毛泽东文集：第7卷 [M]. 北京：人民出版社，1999：205.
③ 中共中央文献研究室. 毛泽东文集：第7卷 [M]. 北京：人民出版社，1999：205.

新剥削分子，这"一切反社会主义的分子"① 就是专政的对象。其划分依据是对社会主义国家和社会主义社会的政治立场和政治态度，只要是反社会主义的，就是人民的敌人，就要实行专政。时隔22年，同样是在论述坚持四项基本原则之时，江泽民所指的专政对象更为具体和明确，取消了反革命分子的叫法，增加了恐怖分子、邪教分子以及腐败分子，具体包括国际敌对势力、敌对分子，民族分裂主义势力、暴力恐怖分子、严重刑事犯罪分子、邪教分子、腐败分子等。② 他们在界定新时期的专政对象的原则问题上，根据新的历史时期不同阶段的阶级斗争的表现形式和维护国家安全、社会稳定、人民利益的需要，将过去以阶级成分确定专政对象改变为以政治表现以及这些政治表现对社会的危害程度进行确定。他们的这些理念也是和宪法、刑法相符的。我国现行宪法规定，反对国家的根本任务的、敌视和破坏社会主义制度或社会主义建设，阴谋分裂国家的严重犯罪活动，都是与人民为敌的、反动的。凡是进行这些反动活动的严重犯罪分子就是人民的敌人、专政的对象。具体来说，就是宪法规定的"敌视和破坏我国社会主义制度的国内外的敌对势力和敌对分子""叛国和其他危害国家安全的犯罪活动""破坏民族团结和制造民族分裂的行为""侵占或者破坏国家的和集体的财产"的一切分子。并不是对所有刑事犯罪分子都要进行专政，对于严重危害人民群众生命财产安全的严重刑事犯罪分子，我国刑法以剥夺政治权利为界限，以严重危害社会主义秩序与公共安全为标准将其列为专政对象。目前主要包括公安机关严厉打击的八类刑事犯罪行为：故意伤害（致人重伤或死亡）、故意杀人、强奸、抢劫、投毒（投放危险物质）、放火、爆炸、贩毒。也包括贪污受贿等腐化行为。③

二、正确处理好民主与专政的关系，坚持专政职能和管理服务职能的一致性

正确处理好民主与专政的关系，既要弄清民主与专政二者之间的内在联系，又要搞明白为什么要处理好和怎样处理好二者之间的关系问题。中国共产党人始终认为，民主与专政是辩证的统一。毛泽东曾经指出，"在人民内部实行民

① 邓小平. 邓小平文选：第2卷 [M]. 北京：人民出版社，1994：168-169.
② 江泽民. 江泽民文选：第3卷 [M]. 北京：人民出版社，2006：222-223.
③ 邵祖峰. 人民敌人与警务理念重塑 [J]. 中国人民公安大学学报（社会科学版），2015 (5)：81-87.

主，对人民的敌人实行专政，这两个方面是分不开的"①，把这两个方面相互结合起来就是人民民主专政。邓小平指出，"人民的民主同对敌人的专政分不开"②。江泽民也指出，"在人民内部实行广泛的民主，对人民的敌人实行专政，两者是统一的"③。习近平也认为，只讲专政，不讲民主是不对的；只讲民主不讲专政也是不对的。要正确处理民主与专政的关系。这就是说，民主与专政这两个方面，不但不是互相排斥的，而且是缺一不可的。民主是专政的前提和基础，没有对人民的广泛民主，就不可能对敌人实行有效的专政；专政是对人民民主权利的维护和保证，没有对敌对势力和敌对分子以及严重刑事犯罪分子的有效专政，人民民主的权利就得不到保障。民主与专政是一个问题的两个方面，既不能过分强调民主的重要性而忽视专政的作用，也不能过分夸大专政的职能而忽视民主，二者具有同等重要的地位。

打击犯罪是为了更好地保护人民民主。"民主不是装饰品，不是用来作摆设的，而是要用来解决人民要解决的问题的。"④ 对一切犯罪分子、反社会主义的分子的打击恰恰是为了对人民民主的保护。公安机关的专政职能不能削弱，这是履行职责使命的重要前提。公安机关的专政职能，是指公安机关在共产党的领导下，团结和依靠广大人民群众，依照国家宪法和法律，对危害国家安全的敌对势力、敌对分子和严重危害社会治安秩序的犯罪分子进行镇压、制裁、改造和监督，以巩固人民民主专政的国家政权，维护人民群众利益的社会作用与效能。其实质是公安机关代表国家和人民对敌对势力、敌对分子和严重刑事犯罪分子实行的政治统治。它反映的是公安机关与敌对阶级、敌对分子或者说敌人的关系。在剥削阶级作为一个阶级整体消灭以后，在公安工作要服从和服务经济发展这个大局下，还要不要专政职能、如何行使专政职能，是改革开放以来中国共产党人必须正视的一个问题，同样也是一个需要澄清思想认识的现实问题。

改革开放以来的中国共产党人认为，专政职能是国家的普遍性，任何国家都要行使专政职能。更为重要的是，阶级斗争在一定范围内将长期存在，在某

---

① 中共中央文献编辑委员会．毛泽东著作选读：下册［M］．北京：人民出版社，1986：823.
② 邓小平．邓小平文选：第2卷［M］．北京：人民出版社，1994：175.
③ 中共中央文献研究室．十三大以来重要文献选编：中［M］．北京：中央文献出版社，2011：783.
④ 中共中央文献研究室．习近平关于社会主义政治建设论述摘编［M］．北京：中央文献出版社，2017：70.

种条件下还相当激烈。广大人民同敌对分子、敌对势力之间的斗争，渗透与反渗透、颠覆与反颠覆、和平演变与反和平演变的斗争，思想文化领域的腐蚀与反腐蚀的斗争，已经成为我国现阶段阶级斗争的主要表现，严重危害人民群众生命财产安全的严重刑事犯罪活动还花样翻新、居高不下，各种可以预见和难以预见的风险挑战日益加剧，在对外维护国家主权、安全、发展利益，对内维护政治安全和社会稳定方面面临着内外双重压力。① 在这种情况下，他们明确提出没有专政手段是不行的，专政手段不仅要讲，而且必要时要使用；不仅要有，而且不能削弱，还要强化。邓小平明确提出，"人民民主专政不能丢。但是对于专政可以少讲，或只做不讲"②；当然，对专政手段，"使用时要慎重，抓人要尽量少"③。习近平指出，"要坚持保障合法权益和打击违法犯罪两手都要硬、都要快"④，"反恐怖斗争事关国家安全，事关人民群众切身利益，事关改革发展稳定全局"，"必须保持严打高压态势，坚决把暴力恐怖分子嚣张气焰打下去"⑤。人民民主专政只能加强不能削弱，对于专政可以少讲或只做不讲，正是改革开放以来中国共产党人对公安机关专政职能的态度和策略。需要指出的是，他们强调公安机关的专政职能，并不是去重复"以阶级斗争为纲"的历史教训，也不是公安机关可以随意动用专政手段行使专政职能，其目的是公安机关进一步提高坚持四项基本原则的自觉性，发挥其政治优势，通过依法行使专政职能，维护社会大局稳定、促进社会公平正义、保障人民安居乐业，更好地保护人民群众的民主权利，使其得到更好的发挥。

在强调公安机关的专政职能的基础上，更加重视民主职能，坚持专政职能和管理职能、服务职能的一致性。公安机关的民主职能，是指公安机关必须服从人民的意志，依法保护人民的民主权利和其他合法权益的社会作用与效能。其实质就是保障人民享有国家主人翁的地位和保障人民的利益。具体表现为社会管理职能和社会服务职能两大内容。社会管理职能，主要体现在公安机关对某些社会领域活动的管理、监督，如对户籍、道路交通、边防和出入境、公共秩序和公共场所、特种行业等领域的管理，以及对消防产品、安全防范产品、

---

① 中共中央文献研究室. 十八大以来重要文献选编：上 [M]. 北京：中央文献出版社，2014：506.

② 中共中央文献研究室. 十三大以来重要文献选编：中 [M]. 北京：中央文献出版社，2011：336-337.

③ 邓小平. 邓小平文选：第2卷 [M]. 北京：人民出版社，1994：196.

④ 习近平. 习近平谈治国理政：第3卷 [M]. 北京：外文出版社，2020：221.

⑤ 习近平. 习近平谈治国理政 [M]. 北京：外文出版社，2014：203.

危险物品等公共安全产品市场的管理与监督。社会服务职能，主要体现在为公众利益、经济社会发展提供优质保障和服务。

应该看到，公安工作的阶级性和公共性的重心随着社会生产力的发展以及社会基本矛盾的变化而发展变化，其专政职能和民主职能的发挥程度也有所侧重。国家的本质是阶级性和公共性的统一，警察作为阶级统治和社会管理的工具自然与国家是一致的。公安工作的阶级性和公共性的比重因受生产力发展水平和社会发展水平以及统治者的重视程度的影响，在不同的历史时期和不同的发展阶段会有所不同，这是客观现实。分析和梳理改革开放以来四个不同阶段中国特色社会主义公安理论的历史进程，将之与新中国成立初期或改革开放以前相比，我们可以看出，公安工作的阶级属性和公共属性的重心随着改革开放和市场经济建设的不断深入而不断调整。在国内外敌对势力或者严重刑事犯罪活动猖獗，影响到政权的巩固和社会秩序的安定时，公安工作的阶级性占上风，专政工具的作用得到彰显，对一切对抗分子实施专政和镇压，以赢得发展的外部条件和社会条件，赢得社会的稳定和现存制度的长久存在，以保证党、国家、人民的长远利益；而在时局稳定、政权巩固、政治文明、民主健全、严重刑事犯罪率低下时，公安工作就成了国家治理社会的手段，重点在提供社会管理和服务上下功夫。

公安机关必须坚持专政职能和管理职能、服务职能的一致性，确保维护好实现好最广大人民的根本利益，不断增强人民群众的获得感、幸福感、安全感。

三、公安机关要依法履行专政职能

邓小平指出，没有专政手段是不行的，"对为首闹事触犯刑律的依法处理"①。习近平要求，"任何组织和个人都必须在宪法法律范围内活动，都不得有超越宪法法律的特权"②。运用法律手段对敌对分子和各种刑事犯罪分子实行专政，是改革开放以来中国共产党人重点关注的一个问题，也是全面推进依法治国的应有之义。

改革开放之前，尤其是新中国成立初期，我国的法律制度不健全，公安机关实行专政职能主要依靠党和国家的政策和规定。改革开放以来，随着社会主义市场经济体制的逐步建立，随着依法治国方略的全面推进，中国特色的社会

---

① 邓小平. 邓小平文选：第2卷 [M]. 北京：人民出版社，1994：196.
② 中共中央文献研究室. 习近平关于社会主义政治建设论述摘编 [M]. 北京：中央文献出版社，2017：104.

主义法治体系不断健全，中国共产党人认为：除了敌人猖狂进攻，严重影响社会治安情况外，一般不采取急风暴雨式的群众斗争的形式，所有各种形式的阶级斗争，都必须依靠政法公安机关和广大群众相结合的方法，严格按照国家法律的规定去打击敌对势力。如邓小平指出，同各种破坏安定团结的势力进行斗争，"不能采取过去搞政治运动的办法，而要遵循社会主义法制原则"①，他要求"全党同志和全体干部都要按照宪法、法律办事，学会使用法律武器同反党反社会主义的势力和各种刑事犯罪分子进行斗争"②。江泽民指出，"对国际敌对势力的渗透、破坏活动，对敌对分子颠覆中国共产党的领导和社会主义制度的政治图谋，对民族分裂主义势力的分裂活动，对暴力恐怖活动，对严重危害人民群众生命财产安全的严重刑事犯罪，对残害生命和国家政权的邪教，对严重危害国家和人民利益的腐败现象等，我们必须依法坚决予以防范和打击，用人民民主专政来维护人民政权，维护人民的根本利益。"③ 胡锦涛要求在严重刑事犯罪活动的高发期，"必须保持高压态势，依法严厉打击"④。习近平强调指出，"对各种敌对势力的渗透、破坏、颠覆活动，要坚决防范和依法打击，决不能让他们起势、成势"⑤，以此体现法律在打击犯罪中的力量。这样，一方面，充分体现法律面前人人平等；另一方面，依靠法律能够有秩序地实施专政手段。

综上，改革开放以来，中国共产党人对公安工作的性质任务进行了阐释。他们认为，警察是阶级斗争的产物，是阶级统治的工具，特殊形式的阶级斗争依然需要巩固人民民主专政的国家机器。公安工作的性质是由国家的性质和公安机关的性质所决定的，公安机关作为人民民主专政的工具决定了公安工作的阶级性，公安工作的阶级性决定了它对于敌对阶级和敌对分子具有专政职能，对于广大人民具有民主职能。公安工作的主要任务就是依法行使其专政职能和民主职能，打击敌人，为人民的民主权利和其他合法权益提供保护，维护国家政权和社会稳定。它的性质和职能决定了在党和国家的全部工作和工作大局中，公安工作处在重要的不可替代的位置。这些观点，解决了公安工作是什么、为什么要加强公安工作的问题。

---

① 邓小平. 邓小平文选：第 2 卷［M］. 北京：人民出版社，1994：372.
② 邓小平. 邓小平文选：第 2 卷［M］. 北京：人民出版社，1994：371.
③ 江泽民. 江泽民文选：第 3 卷［M］. 北京：人民出版社，2006：222-223.
④ 胡锦涛. 论构建社会主义和谐社会［M］. 北京：中央文献出版社，2013：31.
⑤ 中共中央文献研究室. 习近平关于社会主义社会建设论述摘编［M］. 北京：中央文献出版社，2017：162.

第四章

从政治上建设和掌握公安机关

要从政治上建设和掌握公安机关，引导全警增强"四个意识"、坚定"四个自信"、做到"两个维护"，始终在思想上政治上行动上同党中央保持高度一致，这是习近平在2019年5月召开的全国公安工作会议上向全党同志和公安干警提出的明确要求，其核心要义就是坚持党对公安工作的绝对领导，确保公安工作沿着正确政治方向前进。马克思恩格斯在《共产党宣言》中曾深刻指出："在实践方面，共产党人是各国工人政党中最坚决的、始终起推动作用的部分；在理论方面，他们胜过其余无产阶级群众的地方在于他们了解无产阶级运动的条件、进程和一般结果。"① 正是由于共产党人自身这种理论与实践的双重维度的先进性，决定了中国特色的社会主义公安工作要由中国共产党来领导，中国共产党要从政治上建设和掌握公安机关。坚持党对公安工作的绝对领导，是中国共产党的一贯主张和做法，是公安工作应该坚持的根本原则。所谓原则，是指说话或行事所依据的法则或标准②。所谓根本原则，则是对事物起着顶层决定性作用、具有全域覆盖性和全局指导性作用的原则。从学理意义上来讲，公安工作的根本原则可以认为是对公安工作起着顶层决定性作用、具有全域覆盖性和全局指导性作用的法则或标准。中国共产党的领导，是中国特色社会主义法治之魂，是与西方资本主义国家法治的最大区别所在，也是中国的公安工作与西方资本主义国家警务工作的根本不同之处。改革开放以来，中国共产党始终要求刀把子要牢牢掌握在党和人民手中，将坚持党对公安工作的绝对领导作为一条根本原则，形成了许多观点和经验。概括起来主要体现在两个方面：一是毫不动摇地坚持党对公安工作的领导；二是通过不断改善党对公安工作的领导来强化党对公安工作的领导。

---

① 中共中央马克思恩格斯列宁斯大林著作编译局. 马克思恩格斯选集：第1卷 ［M］. 北京：人民出版社，1995：285.
② 中国社会科学院语言研究所词典编辑室. 现代汉语词典 ［M］. 北京：商务印书馆，1983：1422.

第一节 坚持党对公安工作的绝对领导不能动摇

《中国共产党政法工作条例》开宗明义，第一条就说明了制定本条例的目的是坚持和加强党对政法工作的绝对领导，做好新时代党的政法工作。其明确规定，坚持党的绝对领导、把党的领导贯彻到政法工作各方面和全过程是政法工作应当遵循的原则。习近平指出，党总揽全局、协调各方的领导体系是居于统领地位的，是全覆盖、全贯穿的。坚持党对公安工作的绝对领导，是历届党和国家领导人都反复强调的。其要害在"绝对"二字，也就是说党对公安工作的领导是唯一的、彻底的、无条件的、不掺任何杂质的、没有任何水分的实际领导。为什么要坚持党对公安工作的绝对领导，改革开放以来的中国共产党人主要提出了以下观点。

一、坚持党对公安工作的绝对领导是马克思主义政党巩固自身执政地位的必然要求

马克思认为，获得胜利的政党为了守住斗争的果实，就必须凭借政治国家作为武器对反动派造成的恐惧，来维持自己的统治。① 在阶级社会里，任何一个阶级的执政党都要求强有力地掌握、控制和领导警察力量，中国共产党也不例外，它需要凭借人民民主专政的工具维护国家安全、社会安定、人民安宁和自身的执政地位。1950 年 9 月，毛泽东在审阅第一次全国经济保卫工作会议文件修改稿时明确指示，保卫工作必须特别强调党的领导作用并在实际上接受党委直接领导②，而且还在"实际上"三个字下面加上着重号，以引起重视。改革开放以来，中国共产党人始终强调要坚持四项基本原则，尤其是其中的坚持中国共产党的领导这一条。邓小平从宏观上对坚持党对公安工作的绝对领导的重要性进行了深刻阐述。他认为，党的领导是人民的团结、社会的安定、民主的发展、国家的统一的根本依靠，"共产党的领导丢不得，一丢就是动乱局面，或者是不稳定状态"③。习近平明确指出并反复强调，中国共产党的领导是中国特

---

① 中共中央马克思恩格斯列宁斯大林著作编译局．马克思恩格斯文集：第 3 卷［M］．北京：人民出版社，2009：338.

② 中共中央文献研究室．建国以来毛泽东文稿：第 1 册［M］．北京：中央文献出版社，1987：535.

③ 邓小平．邓小平文选：第 3 卷［M］．北京：人民出版社，1993：252.

色社会主义最本质的特征，是社会主义法治最根本的保证，坚持党对政法工作的领导"任何时候任何情况下都不能有丝毫动摇"①。所有这些，充分体现了执政党对公安工作的重视和依赖。

二、中国共产党的核心地位决定了公安工作必须接受中国共产党的绝对领导

中国共产党的核心地位以及它的阶级性、人民性和先进性决定了公安机关只有始终自觉地把公安工作置于党的绝对领导之下，才能承担起党和国家赋予的神圣职责。毛泽东曾经说过："共产党是最没有狭隘性和自私自利性，最有远大的政治眼光和最有组织性，最能虚心地接受世界上先进的无产阶级及其政党的经验而用之于自己的事业的党。"② 习近平在庆祝中国共产党成立100周年大会上的讲话中指出，中国共产党始终代表最广大人民根本利益，"没有任何自己特殊的利益，从来不代表任何利益集团、任何权势集团、任何特权阶层的利益"③。党的十九大报告明确宣示："党政军民学，东西南北中，党是领导一切的"，要"坚持党对一切工作的领导"。④ 我们国家各项事业取得胜利的根本保证是坚持党的领导。坚持党的领导是全国各族人民在长期的奋斗实践中深刻认识到的真理，是历史的选择、人民的选择。公安工作政策性强，涉及面广，担负着维护国家安全，维护社会治安秩序，保护公民的人身安全、人身自由和合法财产，保护公共财产，预防、制止和惩治违法犯罪活动的重要任务，其工作涉及党的经济、政治、文化、外交、民族、宗教等各项政策，涉及敌我矛盾、人民内部矛盾等多种关系，涉及社会生活的一切领域。公安机关只有依靠社会各界的大力支持才能完成自身所承担的历史重任。公安机关与社会各界的经常性互动，离不开党的领导，离不开党强大的凝聚力和号召力。所以，公安机关与党的这种关系决定了公安机关必须自觉地置于党的领导之下。

三、公安机关的工作性质与特点决定了公安工作必须坚持党的领导

公安机关的工作性质与"双刃剑"特点决定了公安工作必须坚持党的领导。

---

① 中共中央文献研究室. 习近平关于全面依法治国论述摘编 [M]. 北京：中央文献出版社，2015：20.
② 毛泽东. 毛泽东选集：第1卷 [M]. 北京：人民出版社，1991：183-184.
③ 习近平. 在庆祝中国共产党成立100周年大会上的讲话 [M]. 北京：人民出版社，2021：11-12.
④ 中共中央文献研究室. 十八大以来重要文献选编：上 [M]. 北京：中央文献出版社，2019：14.

我国的公安机关是中国共产党一手创建起来的，它的政治基因决定了坚持党的领导是保持公安机关的性质不变，保证公安机关正确地执行党的政策和国家法律、卓有成效地同一切敌对势力和犯罪分子作斗争，为建设中国特色社会主义创造稳定的社会环境，确保公安工作始终沿着正确方向前进的根本政治保证。《中国共产党政法工作条例》的一个突出特点就是突出党的领导这个最高原则，鲜明体现政法工作的政治性。公安机关作为国家机器的重要组成部分，拥有法律赋予的很大权力，既有社会治安的行政管理权，又有刑事司法权，特别是拥有一些其他国家机关无法比拟的强制性权力。只有自觉接受党的领导，才能保证权力的正确运用。公安机关处在与违法犯罪斗争的最前沿，它所面对的是各种阶层和社会矛盾中最具有对抗性、尖锐性的部分，是危害性活动中最具有隐蔽性、复杂性的部分，是污染社会行为中最具有诱惑性、腐蚀性的部分，只有自觉接受党的领导，才能保持公安队伍自身的战斗力和纯洁性。所以，习近平强调，要从政治上建设和掌握公安机关，确保刀把子牢牢掌握在党和人民手中。为了确保公安政法工作方向不偏，他要求包括公安机关在内的政法机关党组织要建立健全"三个制度"，即"重大事项向党委报告制度、在执法司法中发挥政治核心作用制度、党组（党委）成员依照工作程序参与重要业务和重要决策制度"①，确保公安政法工作沿着正确方向前进。

坚持党对公安工作的绝对领导，既是坚持党的领导在公安工作中的具体贯彻和生动实践，也是对党的历史教训的反思和现实斗争的需要。中国共产党的历史上，"刀把子"脱离共产党的掌控而造成损失上有过血的教训。无论是在井冈山斗争中后期受王明的"左"倾路线影响造成的肃反工作扩大化，错捕错杀了一大批包括一些根据地创建人和知识分子干部在内的党、政、军干部特别是各级领导干部，还是1943年在延安开展的整风审干运动中，康生置毛泽东提出的"九条方针"于不顾，以逼供信的手段，大搞所谓的"抢救运动"，将一大批从国统区和沦陷区出来的满怀一腔热血、满心希望能在延安这片红色的土地一展自己抗日抱负的青年人、知识分子打成"特务"，所有这些都说明：什么时候公安工作背离了党的领导，什么时候就会给党的事业造成惨重的损失；刀把子不能脱离党和人民而成为野心家的工具，人民公安机关不能脱离无产阶级政党的领导和人民群众的监督。现实中，周永康等人践踏法治，政治野心膨胀，破坏党的团结，大肆进行权钱、权色交易，严重违纪违法，对公安工作造成恶

---

① 中共中央文献研究室. 习近平关于全面依法治国论述摘编［M］. 北京：中央文献出版社，2015：111.

劣影响。在周永康案查处不久，2015 年 1 月，在召开中央政法工作会议前夕，习近平对政法系统作出提醒，要求政法系统培育造就一支"四忠于""三绝对"① 队伍，"确保'刀把子'牢牢掌握在党和人民手中"②。

"刀把子"牢牢掌握在党和人民手中是落实好"四个全面"战略布局、实现"两个一百年"奋斗目标和中华民族伟大复兴的中国梦保驾护航的必然要求。当今世界正处在百年未有之大变局，我国社会发生深刻变化，科学技术蓬勃发展。在这种前所未有的大背景大形势下，我国的国家安全受到内外因素双重挑战——西方敌对势力试图挑起事端，制造不稳定因素，国内社会矛盾和问题交织叠加，刑事犯罪长期居高不下。面对各种风险和挑战，没有稳定的社会政治环境，一切改革发展都是画饼充饥。习近平特别告诫全党，千万不能埋头经济社会发展，而忘记了我们面临的政治风险、面对的政治较量。他严肃告诫并反复强调坚持党对公安工作的绝对领导是公安机关必须坚持的根本政治原则，公安机关要旗帜鲜明坚持党的领导，要通过深化公安改革，健全完善制度，确保党对公安工作的绝对领导。

第二节　全面加强和改善党对公安工作的领导

全面加强和改善党对公安工作的领导，是中国共产党人需要研究和正视的重大课题。这既是一个重大理论问题，也是一个重大实践问题。改革开放以来，中国共产党人围绕如何加强和改善党对公安工作的绝对领导这一重大命题，主要提出了以下观点。

一、规范党对公安工作的领导行为

全面加强和改善党对公安工作的领导，必须规范党对公安工作的领导。公安机关拥有法律赋予的特殊权力和强大实力，坚持党的领导是保证其权力和实力正确运用的前提。但是，如果党不能够规范自己领导公安工作的行为，这强大的权力和实力就可能成为洪水猛兽，严重损害党的形象。客观地说，"十年文革"期间，林彪、"四人帮"对党的损害极大，党在人民群众中的威信受到

---

① 忠于党、忠于国家、忠于人民、忠于法律，绝对忠诚、绝对纯洁、绝对可靠。
② 邹伟，陈菲，罗沙，等. 习近平对政法工作指示在政法干警中引起强烈反响 [EB/OL]. 央广网，2015-01-22..

影响。改革开放，建设社会主义现代化国家，给党的领导提出了新的更高的要求。以邓小平为主要代表的中国共产党人创造性地提出了在坚持党的领导的同时必须改善党的领导的重大构想，邓小平指出"要不断地改善领导，才能加强领导"①。

怎样改善党的领导，改革开放以来的中国共产党人认为，改善党的领导，首先是要规范党的领导。这主要包括处理好党政关系、法权关系，规范党的领导范围、领导方式等。如党的十三大作出了政治体制改革的总要求，实行党政职能分开，对党的领导范围、党对国家事务实行政治领导的主要方式进行了规范，作出了改革党的领导制度的决定，要求划清党组织和国家政权的职能，理顺党组织与其他组织之间的关系，完善党内法规制度体系，加强和改善党对国家政权机关的领导②，以便于党"总揽全局，真正发挥协调各方的作用"③。党对国家事务实行政治领导的主要方式是：使党的主张经过法定程序变成国家意志，通过党组织的活动和党员的模范作用带动广大人民群众，实现党的路线、方针、政策。党的十五大提出，在坚持四项基本原则的前提下，继续推进政治体制改革，进一步扩大社会主义民主，健全社会主义法制，依法治国，建设社会主义法治国家。"把坚持党的领导、发扬人民民主和严格依法办事统一起来，从制度和法律上保证党的基本路线和基本方针的贯彻实施，保证党始终发挥总揽全局、协调各方的领导核心作用。"④ 党的十七大将"科学执政、民主执政、依法执政"原则写入党章，以规范党的执政行为。党的十九大作出了加快形成覆盖党的领导和党的建设各方面的党内法规制度体系的总要求。党的二十大专门要求，健全党统一领导、全面覆盖、权威高效的监督体系，让权力在阳光下运行。关于处理好党政关系的问题，习近平明确表达了三层意思：其一，明确"坚持党的领导"这个前提条件和"坚持和完善党的领导"这个落脚点。"处理好党政关系，首先要坚持党的领导，在这个大前提下才是各有分工，而且无论怎么分工，出发点和落脚点都是坚持和完善党的领导。"⑤其二，正确认识党的领导地位与执政地位的关系。"中国共产党是执政党，党的领导地位和执政地位

---

① 邓小平. 邓小平文选：第 2 卷 [M]. 北京：人民出版社，1994：342.
② 中共中央文献研究室. 十三大以来重要文献选编：上 [M]. 北京：人民出版社，2011：31.
③ 中共中央文献研究室. 十三大以来重要文献选编：上 [M]. 北京：人民出版社，2011：31.
④ 江泽民. 江泽民文选：第 2 卷 [M]. 北京：人民出版社，2006：29.
⑤ 习近平. 习近平谈治国理政：第 3 卷 [M]. 北京：外文出版社，2020：168.

是紧密联系在一起的。党的集中统一领导权力是不可分割的。"①其三，不能机械切割，要因时因事制宜。"不能简单讲党政分开或党政合一，而是要适应不同领域特点和基础条件，不断改进和完善党的领导方式和执政方式。"②党的十九届三中全会审议通过了《中共中央关于深化党和国家机构改革的决定》和《深化党和国家机构改革方案》，并将方案中的部分内容通过全国人大上升为国家意志。这是党中央总结以往正反两方面经验作出的重大决策。这次深化党和国家机构改革的着力点就是对加强党对一切工作的领导作出制度设计和安排；打破所谓的党政界限，增强党的领导力，提高政府执行力，建立健全党中央对重大工作的决策协调机制。③党的十九届四中全会作出的《中共中央关于坚持和完善中国特色社会主义制度、推进国家治理体系和治理能力现代化若干重大问题的决定》，安排部署了健全党总揽全局协调各方的领导制度体系的具体任务，比如，建立不忘初心、牢记使命制度，完善维护党中央权威和集中统一领导的各项制度，健全党的全面领导制度，健全为人民执政、靠人民执政各项制度，健全提高党的执政能力和领导水平制度，完善全面从严治党制度，等等，把党的领导落实到国家治理各领域各方面各环节。上述要求具体落实在规范党对公安工作的领导上，就是各级党委对政法工作的领导，主要是管方针政策，管干部，管思想政治工作，监督所属政法机关模范地依照国家的宪法、法律和法令办事。要长期坚持政法委员会作为党委领导政法工作这一组织形式，把工作着力点放在把握政治方向、协调各方职能、统筹政法工作、建设政法队伍、督促依法履职、创造公正司法环境上，带头依法办事，保障宪法、法律正确统一实施。

党的领导是通过各级党组织来实现的，但是，有的基层党组织法律意识淡薄，权大于法，随意动用公安机关参与诸如强制征地拆迁、计划生育之类的非警务活动。如此，一方面，原本有限的警务资源因为挪作他用而不能有效发挥其应该有的作用；另一方面，这些非警务活动使得公安机关在老百姓中的威信和形象大打折扣。所以，党的主要领导人要求各级党委和政府要支持公安机关严格按照法定权限和法定程序行使权力和职责，要坚决排除地方保护主义和部门本位主义对公安执法活动的干扰，不能随意动用专政手段处理人民内部矛盾，不要随意指派公安机关参与非警务活动。2003年印发的《中共中央关于进一步加强和改进公安工作的决定》和2019年印发的《中共中央关于加强新时代公安

---

① 习近平. 习近平谈治国理政：第3卷 [M]. 北京：外文出版社，2020：168.
② 习近平. 习近平谈治国理政：第3卷 [M]. 北京：外文出版社，2020：168.
③ 习近平. 习近平谈治国理政：第3卷 [M]. 北京：外文出版社，2020：168.

工作的意见》对此都有明确的规定。中央专门出台《关于领导干部干预司法活动、插手具体案件处理的记录、通报和责任追究规定》文件，规范领导干部插手案件行为。习近平明确指示要处理好法与权关系，他说，"权大还是法大则是一个真命题"①，并要求从两个方面入手处理好权与法的关系：一是掌权者要牢记职权法定，做到法定职责必须为、法无授权不可为；二是授权者要把权力关到制度的笼子里，扎紧制度的笼子，依法设定权力、规范权力、制约权力、监督权力。

上述要求的目的是：厘清党和国家政权之间的关系，克服党包办一切、干预一切，党政职能不分，以党代政的倾向，将重点置于政治原则、政治方向、重大决策、推荐重要干部上；更为重要的是，对公安机关是否认真执行党和国家的方针、政策，是否严肃正确执行法律、严格依法办案进行监督和检查，实现党对国家政权的有效领导，实现公安干警、人民群众对法律的敬畏和尊重。

二、善于将党的主张经过法定程序变成国家意志

党的主张经过法定程序变成国家意志，通过党组织的活动和党员的模范作用带动广大人民群众，实现党的路线、方针、政策。党章规定，党的领导主要是政治、思想、组织领导。纵观党的历史和宪法发展史，无论是党的指导思想写入宪法，还是党的奋斗目标体现在宪法之中，无论是党对我国社会主义所处历史阶段的重大判断写入宪法，还是党对我国社会主要矛盾的重大判断体现在宪法之中，如此等等，都充分体现了党的意志、国家的意志、人民的意志的统一。改革开放以来，以邓小平、江泽民、胡锦涛、习近平为主要代表的中国共产党人认为，党要保持领导中国特色社会主义事业的核心地位，就要把党的意志变成国家的意志、变为法律，把党推荐的人选通过法定程序变为国家机关领导人员，通过国家政权实现对国家和社会的领导。例如，1993年通过的宪法修正案将"中华人民共和国实行依法治国，建设社会主义法治国家"载入其中。1997年，党的十五大郑重地把依法治国作为党领导人民治理国家的基本方略，提出了建设中国特色社会主义法律体系的重大任务。2007年，党的十七大提出了完善中国特色社会主义法律体系的具体要求。2011年3月，全国人大常委会委员长庄严宣布集中体现党和人民意志的中国特色社会主义法律体系已经形成。所有这些充分体现了中国共产党依靠法治改善党的领导的做法和决心。体现在党

---

① 中共中央文献研究室．习近平关于社会主义政治建设论述摘编［M］．北京：中央文献出版社，2017：100.

对公安工作的领导上，就意味着既要从政治上、思想上、组织上加强对公安队伍的领导和监督，保证公安队伍立场坚定，真正成为党和人民的卫士、社会主义制度和人民民主政权的卫士；又要在具体工作中监督、支持公安机关严格规范公正文明执法，维护法律的尊严和执法的权威。既要加强对公安工作的路线、方针、政策的领导，又要督促公安机关结合工作实际，认真贯彻党的基本路线和各项方针政策，特别是党关于公安工作的方针政策，使党的方针政策全面落实到公安各项工作中去。

三、从政治上建设和掌握公安机关，确保党对公安工作的领导权

从政治上建设和掌握公安机关，坚持党管干部原则，确保党对公安工作的领导权。改革开放以来，中国共产党人认为，为了保证公安工作必须置于党的绝对领导之下，必须确保党对公安工作的领导权。党对公安工作的领导权是公安工作的核心和关键。抓好各级公安机关领导班子建设，既是提高党对公安工作领导权的关键，也是公安工作能否按照正确轨道运行、创造一流业绩的关键。保证党对公安工作的领导权，主要从以下两个方面做工作：其一，要确保公安机关的领导权始终掌握在忠于党、忠于国家、忠于人民、忠于法律的人手中。保证党对公安工作的领导权，是公安工作的核心和关键，也是一个至为重要的战略问题，稍有不慎极易给党和国家造成巨大损失。英国历史学家约翰·阿克顿有一句名言："一切权力必然导致腐化，绝对权力绝对导致腐化。"历史经验告诉我们，握有很大权力的公安干警并不是百毒不侵，仅党的十八大以来公安系统从部长级的高官到县市公安局局长落入囹圄的就有数百计。因此必须培养造就一支绝对忠诚、绝对纯洁、绝对可靠的高素质公安队伍，确保刀把子牢牢掌握在党和人民手中。其二，要大力加强各级公安机关领导班子建设，把好领导班子成员特别是主要负责人的提名、考察、审批关。为了加强党对公安工作的领导，确保公安机关更好地贯彻落实党委和政府的决策部署，中央作出了"各级党委可根据实际情况和干部任职条件，在领导班子职数范围内，有条件的地方逐步实行由同级党委常委或政府副职兼任省、市、县三级公安机关主要领导"① 的决定；任免公安机关党政正职领导干部，必须事先征得上级公安机关党委同意。2010 年 4 月，中组部下发文件，对这一决定进行完善，要求省级政法委书记不再兼任公安厅（局）长。2019 年召开的全国公安工作会议对此也有

---

① 中共中央文献研究室. 十六大以来重要文献选编：上 [M]. 北京：中央文献出版社，2011：503.

明确的意见。这一举措为加强党对公安工作的领导提供了组织保证。其三，要坚持从严管党治警，从政治上建设和掌握公安机关。邓小平曾经说过："我们说改善党的领导，其中最主要的，就是加强思想政治工作"①，并强调，"党的领导机关除了掌握方针政策和决定重要干部的使用以外，要腾出主要的时间和精力来做思想政治工作，做人的工作，做群众工作。如果一时还不能完全做到这一点，至少也必须把思想政治工作放在重要地位上，否则党的领导既不可能改善，也不可能加强。"② 习近平创新性地提出了要从政治上建设和掌握公安机关的新要求、新提法，强化对公安机关的政治建设和政治掌控，选好配齐领导班子，要培养造就一支对党绝对忠诚的公安队伍，牢固树立"四个意识"，坚决做到"两个维护"，坚定自觉地在思想上政治上行动上同党中央保持高度一致，这为加强党对公安工作的领导提供了政治保证和组织保证。

四、善于运用法治思维和法治方式领导公安工作

邓小平曾经说过："制度好可以使坏人无法任意横行，制度不好可以使好人无法充分做好事，甚至会走向反面。"③ 加强和改善党对公安工作的领导要善于运用法治思维和法治方式领导公安工作，正确处理好党委领导和严格依法办事之间的关系、党的政策和国家法律的关系，明确党领导公安工作的职能定位，全面贯彻落实《中国共产党政法工作条例》。习近平指出："党和法治的关系是法治建设的核心问题"，"处理得好，则法治兴、党兴、国家兴；处理得不好，则法治衰、党衰、国家衰"，"全面推进依法治国，要有利于加强和改善党的领导，有利于巩固党的执政地位、完成党的政治使命，决不是要削弱党的领导"。④ 党的十八大以来，以习近平同志为主要代表的中国共产党人，提出了"既要坚持党对政法工作的领导不动摇，又要加强和改善党对政法工作的领导，不断提高党领导政法工作能力和水平"⑤ 的具体要求。为实现这一目标，习近平运用法治思维提出了要"处理好两个关系""明确一个定位""贯彻好一个条例"，集中体现了加强和改进党对政法机关的领导，就是要善于运用法治思维和法治方式领导政法工作的思想。"处理好两个关系"，即正确处理好党委领导和

---

① 邓小平. 邓小平文选：第 2 卷 [M]. 北京：人民出版社，1993：365.
② 邓小平. 邓小平文选：第 2 卷 [M]. 北京：人民出版社，1993：365.
③ 邓小平. 邓小平文选：第 2 卷 [M]. 北京：人民出版社，1993：333.
④ 中共中央文献研究室. 习近平关于社会主义政治建设论述摘编 [M]. 北京：中央文献出版社，2017：81，97，86.
⑤ 习近平. 习近平谈治国理政 [M]. 北京：外文出版社，2014：147.

严格依法办事之间的关系、党的政策和国家法律的关系，坚持党的事业至上，不折不扣地贯彻党中央的决策和部署。政策是法律的先导，"即使在西方国家，每一项法律都具有或明确或模糊的政策背景，否则便几乎不可能理解法律是如何产生或在实践中是如何运用的"①。习近平指出："党的政策是国家法律的先导和指引，是立法的依据和执法司法的重要指导"，"党的政策成为法律后，实施法律就是贯彻党的意志，依法办事就是执行党的政策"②，"政法工作要自觉维护党的政策和国家法律的权威性，确保党的政策和国家法律得到统一正确实施"③。"明确一个定位"，即明确党领导公安工作的职能定位，不断提高党领导公安工作的能力和水平。习近平指出，党对政法工作的领导是管方向、管政策、管原则、管干部，不是包办具体事务，不要越俎代庖，领导干部更不能借党对政法工作的领导之名对司法机关工作进行不当干预。④ "贯彻好一个条例"，即全面贯彻落实《中国共产党政法工作条例》。运用法治思维和法治方式领导公安工作，不是一句口号，而是要落实在制度中、落实在行动上。《中国共产党政法工作条例》，以党内基本法规的形式，对党领导政法工作作出明确规定：党中央对政法工作实施绝对领导，党中央加强对政法工作的全面领导。政法工作应坚持党的绝对领导，把党的领导贯彻到政法工作各方面和全过程。党的十九届四中全会专门用一次全会的形式研究坚持和完善中国特色社会主义制度，推进国家治理体系和治理能力现代化制度体系建设问题，公安机关务必以清醒的头脑、坚定的立场、坚决的行动，把党的绝对领导贯彻到公安工作各方面全过程，确保"刀把子"牢牢掌握在党和人民手中。

综上所述，改革开放以来，中国共产党人对为什么要加强党对公安工作的绝对领导、如何加强和改善党对公安工作的绝对领导作了全方位的阐释。他们认为，坚持党对公安工作的绝对领导是公安工作的根本原则，是马克思主义政党巩固自身执政地位的必然要求，是其在中国特色社会主义事业的领导核心地位和公安工作的性质与特点决定的，是对党的历史教训的反思和现实斗争的需要。坚持党对公安工作的绝对领导，必须通过规范党对公安工作的领导，使党的主张经过法定程序上升为国家意志，运用法治思维和法治方式来领导，正确

---

① K·茨威格特，H·克茨. 比较法总论 [M]. 潘汉典，等译. 北京：法律出版社，2003.
② 中共中央文献研究室. 习近平关于全面依法治国论述摘编 [M]. 北京：中央文献出版社，2015：20.
③ 习近平. 习近平谈治国理政 [M]. 北京：外文出版社，2014：147-148.
④ 中共中央文献研究室. 习近平关于全面依法治国论述摘编 [M]. 北京：中央文献出版社，2015：111.

处理好党与法的关系，确保党对公安工作的领导权等举措，全面加强和改善党对公安工作的领导。正如习近平所讲："坚持党的领导，不是一句空的口号，必须具体体现在党领导立法、保证执法、支持司法、带头守法上。"①

---

① 习近平. 论坚持全面依法治国［M］. 北京：中央文献出版社，2020：107.

第五章

坚持人民公安为人民

"始终坚持人民公安为人民",这是胡锦涛对全国公安机关的殷殷嘱托,也是习近平对全体公安民警的殷切期望,它体现了公安工作的本质特征,是公安工作的价值取向。所谓价值取向,"是指人们在面对或处理各种矛盾、冲突、关系时所持的基本价值立场,是把某种价值作为自身行动的准则和追求的目标"。① 中国共产党公安工作的价值取向是事关国家政权的稳固、社会稳定、人民安宁的,一句话即平安中国建设信念的一个重大课题。公安工作的根本宗旨和中国共产党的根本宗旨是一致的,都是全心全意为人民服务。改革开放以来,中国共产党在指导公安工作的实践中形成了以人民为中心的价值取向,概括起来主要有三点:群众路线是公安工作的生命线,维护社会治安要充分发动和依靠人民群众;人民满意是公安工作的最高标准;坚持总体国家安全观,努力建设平安中国。

第一节 群众路线是公安工作的生命线

党的十一届六中全会通过的《关于建国以来党的若干历史问题的决议》对社会主义初级阶段的主要矛盾有一个明确判断,即:我国所要解决的主要矛盾,是人民日益增长的物质文化需要同落后的社会生产之间的矛盾。随着我国综合国力的提升,党的十九大对我国社会主要矛盾作出新的判断,上述的主要矛盾已经转化为人民日益增长的美好生活需要同不平衡不充分的发展之间的矛盾。两次主要矛盾的判断都是围绕着人民的需要展开的,满足人民需要是最终目的。同时我们也看到,矛盾的另一方是"落后的社会生产"或者是"不平衡不充分的发展"。生产也好,发展也罢,它的主体都是人民,需要靠人民的力量去解决这些弊端。所有这些,充分体现了中国共产党坚持"以人民为中心"的一贯性。

---

① 张思梅,亓静. 马克思主义中国化的价值取向论析 [J]. 中共太原市委党校学报,2014 (4):20-23,36.

改革开放以来，中国共产党在维护社会治安秩序方面，围绕着为什么要依靠人民、如何依靠人民形成了以下三个主要观点。

一、优良传统要坚持好发展好

专门机关与群众路线相结合是公安机关的优良传统，需要坚持好、发展好公安工作群众路线。毛泽东曾经明确提出，一切工作都要走群众路线，公安工作也要走群众路线。他还指出，"人民公安机关必须永远置于无产阶级政党和人民群众的监督之下。在保卫社会主义成果和人民利益的斗争中，要实行依靠广大人民群众和专门机关相结合的方针，不放过一个坏人，不冤枉一个好人"①。实行专门工作与群众路线相结合，是我国公安工作的特色和优势，是中国共产党在指导公安工作的长期斗争实践中的经验总结，也是公安工作是人民民主专政的工具的性质特点决定的，是公安工作的客观要求。警察与人民是不可分割的，公安工作一旦脱离了群众，就会失去生命力。

历史上无数事实证明：什么时候专门机关与群众路线相结合坚持得好，什么时候公安工作就会如鱼得水；什么时候搞关门主义、神秘主义，什么时候公安工作就会寸步难行，甚至出现冤假错案。比如，第二次国内革命战争初期，为了巩固革命根据地和苏维埃政权，我党开始有了保卫工作。当时的肃反工作，是在毛泽东的正确路线指导下进行的。在《政治保卫局工作原则》中明确写有"肃反之进行，是要依靠广大工农群众基础的""要执行群众路线公开号召发动群众参加肃反工作，宣传教育群众，提高群众对一切反革命的仇恨"。

改革开放以来，中国共产党人认真吸取历史的经验教训，以邓小平为主要代表的中国共产党人拨乱反正，纠正了"文革"时期"群众专政"的错误，恢复和发扬了专门机关与广大群众相结合的群众路线。邓小平认为：人民群众是我们党的力量源泉和胜利之本，群众路线和群众观点是我们的传家宝；党的组织、党员和党的干部，必须同群众打成一片，绝对不能同群众相对立；公安工作必须贯彻党的群众路线，坚持专门机关与发动广大群众相结合的方针。中共中央分别于1982年1月、1990年4月、1991年10月发布的《关于加强政法工作的指示》《关于维护社会稳定加强政法工作的通知》《关于加强公安工作的决定》等多份文件，都要求恢复和发扬专门机关与广大群众相结合的群众路线的优良传统，保持同人民群众的鱼水关系。以江泽民、胡锦涛、习近平为主要代表的中国共产党人也高度重视公安工作走群众路线，2003年11月，中共中央印

---

① 公安部政治部.毛泽东公安工作理论［M］.北京：群众出版社，1993：52.

发的《中共中央关于进一步加强和改进公安工作的决定》进一步明确提出了"各级公安机关和全体公安民警要继续坚持走群众路线，相信和依靠群众，学会做群众工作，同群众打成一片，做群众的贴心人"的具体要求①。改革开放以来，1991 年、1996 年、2003 年、2019 年分别召开了四次全国公安工作会议，历次都把坚持专政机关与群众路线相结合作为公安工作的一条经验来坚持。比如，第十九次全国公安会议提出的九条经验中的第七条就是必须坚持专门工作与群众路线相结合，适应社会的发展变化，不断探索这种结合的新形式、新途径。习近平在 2019 年 5 月召开的全国公安工作会议上专门强调，要把"枫桥经验"坚持好、发展好，把党的群众路线坚持好、贯彻好，充分依靠群众的力量，"推进基层社会治理创新，努力建设更高水平的平安中国"②。所有这些，深刻揭示了公安工作实行群众路线的必要性和实行群众路线的方法。

二、领导人民群众自己解放自己

邓小平认为，简单地说来，党的工作中的群众路线包含两方面的意义，其中一个方面，就是人民群众必须自己解放自己。党对于人民群众的领导作用，就是正确地给人民群众指出斗争的方向，帮助人民群众自己动手，争取和创造自己的幸福生活。③ 人民权益要靠法律保障，法律权威要靠人民维护。习近平指出，全面推进依法治国，需要全社会共同参与，需要全社会法治观念增强，要使人民认识到法律既是保障自身权利的有力武器，也是必须遵守的行为规范。中国共产党始终认为，人民群众是维护社会治安的基础力量，广大人民群众自觉自愿的行动与群众之间的相互教育、相互劝导和相互帮助可以减少犯罪。任何犯罪的人都不是天生的犯罪分子，有的犯罪分子来自人民群众，一部分人经过改造回归人民群众。要减少和避免犯罪，首要的问题是做好人民群众自己教育自己、自己解放自己这篇文章。如何做好这篇文章，是改革开放以来中国共产党人着力考虑的。主要从三个方面下功夫。一是在培养公民意识上下功夫。胡锦涛指出："在全社会广泛倡导全体公民学法辨是非、知法明荣辱、用法止纷

---

① 中共中央文献研究室．十六大以来重要文献选编：上［M］．北京：中央文献出版社，2011：500．

② 习近平．坚持政治建警改革强警科技兴警从严治警 履行好党和人民赋予的新时代职责使命[N]．人民日报，2019-5-9（1）．

③ 邓小平．邓小平文选：第 1 卷［M］．北京：人民出版社，1994：217．

争，增强依法行使权利、履行义务的公民意识。"①二是在培养法治意识上下功夫。培养公民的法律意识，做到法治教育从娃娃抓起，在党政机关、军队、企业、学校和全体人民中，都必须加强纪律教育和法制教育。通过健全公民和组织守法信用记录等手段，使尊法、信法、守法、用法、护法成为全体人民的共同追求和自觉行动。三是要在切断源头上下功夫，着力解决领导干部违规违法干预执法司法问题。我国是个人情社会，人们的社会联系广泛，上下级、亲戚朋友、老战友、老同事、老同学关系比较融洽，逢事喜欢讲个熟门熟道，但如果人情介入了法律和权力领域，就会带来问题，甚至带来严重问题。习近平掷地有声，明确指出，不打点打点、不融通融通、不意思意思就办不成事的现象一定要扭转过来！② 领导要旗帜鲜明，群众才能擦亮眼睛，解除迷惑。托关系、找门子托的是领导干部、找的是执法者，所以，领导干部和执法者要旗帜鲜明地做尊法学法用法的模范，把对法治的尊崇、对法律的敬畏转化成思维方式和行为方式，做到在法治之下、而不是法治之外、更不是法治之上想问题、作决策、办事情；牢记法律红线不可逾越、法律底线不可触碰，带头遵守法律、执行法律，严格执法、秉公办事，带头营造办事依法、遇事找法、解决问题用法、化解矛盾靠法的法治环境。让老百姓切切实实地享受到法律面前人人平等，不用靠关系、靠人情也能受到公平对待。让老百姓确确实实地感受到靠关系、靠人情没有指望，真真正正地打消心存不靠法，靠托关系、靠人情的希望。使老百姓真正相信法不容情、法不阿贵，对公安机关托底、信任、放心，从人情、关系中解放出来，实现全社会成员办事依法、遇事找法、解决问题靠法的良好环境，自觉抵制违法行为，自觉维护法治权威③，逐步改变社会上遇事不是找法而是找人的现象。

三、增强群众工作本领

增强群众工作本领，发动好、组织好人民群众，积极探索专门机关与群众路线相结合的新思路，让群众的聪明才智成为社会治理创新的不竭源泉。马克思主义认为，人民群众具有无穷的智慧和首创精神，是改造世界的力量源泉。

---

① 胡锦涛. 胡锦涛主持中共中央政治局第四十次集体学习 [EB/OL]. 中央政府门户网站，2007-10-10.

② 中共中央文献研究室. 十八大以来重要文献选编：上 [M]. 北京：中央文献出版社，2014：721.

③ 中共中央文献研究室. 习近平关于社会主义政治建设论述摘编 [M]. 北京：中央文献出版社，2017：90-91.

同样，人民群众也是公安工作的力量源泉。公安机关是人民民主专政的重要工具，人民民主专政是在共产党领导下，占全国人口绝大多数的广大人民群众对极少数敌对势力、敌对分子和严重刑事犯罪分子的专政。2019年1月，习近平在中央政法工作会议上提出了要善于把党的优良传统和新技术新手段结合起来贯彻党的群众路线的新思路，并指出要"让群众的聪明才智成为社会治理创新的不竭源泉"①。毛泽东就曾经指出："没有百分之九十几的人民起来专政，只靠公安机关和军队是不行的，必须依靠百分之九十几的人民，包括对小偷小摸行为，也要依靠他们去制止，人民的眼睛是尖的。"② 所有这些充分体现了公安工作贯彻群众路线的重要性和必要性。

然而，随着我国改革开放的不断深入、社会主义市场经济的不断完善和经济的快速发展，社会结构、经济结构、产业结构不断调整，各种利益格局和利益关系发生深刻的变化，由此也带来了人们的价值观念的多样性和社会的复杂性，给公安机关的群众工作提出了新的挑战。客观上的困难不说，单从主观上，群众方面，经常遇到"敲不开门、进不去屋""多一事不如少一事"，不愿主动配合公安机关开展工作的情形。民警方面，一是不会做群众工作。少数民警缺乏做好群众工作的能力水平，不懂群众心理、不懂群众语言、不懂沟通技巧，不会化解矛盾、不会处理纠纷、不会主动服务、不会宣传发动。二是不愿意做群众工作。不愿深入群众，不愿深入基层，认为依靠现代化的警力和装备就能搞好公安工作，等等。这些现实问题，阻碍着公安工作群众路线的推行，也直接影响着公安机关职能作用的发挥，甚至破坏了警民关系。

任何违法犯罪活动和社会治安问题，都是在群众的生活空间发生的，群众是公安工作最广泛、最直接、最敏感的信息来源，是对违法犯罪施加压力最普遍、最有效、最及时的力量。人民群众知道和掌握的社会治安问题的信息无论在深度上，还是在广度上都是公安机关所不及的。公安工作最依靠的力量，一是信息，二是警力，最怕的是信息不畅、警力不足。没有信息，公安机关就成了聋子；没有警力，公安工作就成了瘫子。公安机关所需要的信息主要来自警察与人民群众的警务互动；警察有限，民力无穷，警力就靠公安机关的人民警察与广大人民群众的有机结合。学会做群众工作，历来是中国共产党人反复强调的。改革开放以来，中国共产党人不断强调公安机关要适应形势的变化，创

---

① 习近平. 习近平在中央政法工作会议上强调 全面深入做好新时代政法各项工作 促进社会公平正义保障人民安居乐业 [N]. 人民日报，2019-01-17 (1).
② 公安部政治部. 毛泽东公安工作理论 [M]. 北京：群众出版社，1993：58.

新群众工作方式。如创新"枫桥经验"，把"枫桥经验"坚持好、发展好；"坚持打防结合、整体防控，专群结合、群防群治"；运用新技术新手段，拓展人民群众参与公共安全治理的有效途径，发挥人民群众在诸如禁毒、反恐怖斗争等方面的积极作用，动员全社会的力量来维护公共安全；等等。这些工作方式为公安工作赢得最可靠最牢固的群众基础和力量源泉提供了强大的思想武器。事实上，从 20 世纪 80 年代初期社会治安综合治理方针的实施，到 21 世纪初社区警务战略的实施，再到当前如火如荼的新时代"枫桥经验"的实践，充分体现了公安工作群众路线的创新发展。

第二节　人民满意是公安工作的根本标准

以人民为尺度，始终坚持"以人民群众的获得感、安全感和满意度"作为检验公安工作的根本标准，是改革开放以来中国共产党人一以贯之的要求和做法。围绕为什么要以人民满意为根本标准、如何做到让人民满意这些问题，改革开放以来，中国共产党人主要形成了以下观点。

一、人民满意是公安工作的根本工作标准

公安机关的性质和践行人民公安为人民的根本宗旨决定了公安工作必须以人民满意为根本工作标准。首先，公安机关是人民民主专政的重要工具，自成立之日起，就为公安民警确立了全心全意为人民服务的宗旨，并于 1957 年 6 月 25 日正式写进了《中华人民共和国人民警察条例》，一直未变。现行的《人民警察法》规定：人民警察必须依靠人民的支持，保持同人民的密切联系，倾听人民的意见和建议，接受人民的监督，维护人民的利益，全心全意为人民服务。人民警察的这一性质和宗旨，决定了公安机关的一切权力属于人民，人民群众的获得感、安全感和满意度，当然应该由人民来评判。其次，以人为镜可以明得失，群众的意见就是做好工作的一面镜子。一方面，群众的意见里有智慧、有思路、有办法，是公安工作的无穷资源和智慧宝库；另一方面，群众的眼睛是雪亮的，以人民对公安工作的评判为尺度，可以避免走弯路、犯错误。

改革开放以来，中国共产党人始终要求公安机关站在群众的立场上，带着对群众的深厚感情开展公安工作，要倾听群众呼声，坚持向群众问政、问计、问需，充分体现群众的意愿、重视群众的感受，一切从维护和保障群众的利益出发，将人民满意与否作为衡量和检验公安工作的根本标准。在这方面的论述

用不胜枚举来形容毫不为过。比如，邓小平反复强调的人民满意不满意、人民高兴不高兴、人民赞成不赞成，应当成为检验我们一切工作的标准；江泽民反复要求的公安机关"要真心诚意为人民群众排忧解难，以人民满意为根本标准"①；胡锦涛明确提出的全国公安机关和广大公安民警要"始终坚持立警为公、执法为民，自觉把人民群众满意不满意作为工作的最高标准"②；习近平一再要求的司法体制改革成效如何，说一千道一万，要由人民来评判，要"把解决了多少问题、人民群众对问题解决的满意度作为评判改革成效的标准"③；等等。这就要求公安工作要从人民群众反映最强烈的问题做起，从最基本的环节、最细微的地方做起，完善现代警务运行机制，提高社会治安防控水平和治安治理能力，提高人民群众的安全感；着力推进公安行政管理改革，提高管理效能和服务水平，从政策上、制度上推出更多惠民利民便民新举措，提高人民群众的获得感；着力建设法治公安，确保严格规范公正文明执法，提高公安机关执法水平和执法公信力，重点解决好损害群众权益的突出问题。"人民群众反对什么、痛恨什么，我们就坚决防范和打击"④，"决不允许对群众的报警求助置之不理，决不允许让普通群众打不起官司，决不允许滥用权力侵犯群众合法权益，决不允许执法犯法造成冤假错案"⑤，努力让人民群众在每一项执法活动、每一起案件办理中都能感受到社会公平正义，提高人民群众的满意度。

二、执法为民是公安机关执法思想的核心

执法为民是公安机关执法思想的核心，公安机关要从解决人民群众不满意的问题入手，端正执法思想，转变执法观念，牢固树立立警为公、执法为民的思想，促进社会公平正义。习近平指出："各级国家机关及其工作人员，不论做何种工作，说到底都是为人民服务。这一基本定位，什么时候都不能含糊、不能淡化。"⑥《中国共产党政法工作条例》在政法工作应当遵循的原则中，明确

① 江泽民. 江泽民会见公安保卫战线英模立功集体代表［N］. 人民日报，1999-09-02（1）.
② 胡锦涛. 胡锦涛在会见全国公安机关爱民模范时的讲话［EB/OL］. 中国网，2010-03-27.
③ 中共中央文献研究室. 习近平关于社会主义社会建设论述摘编［M］. 北京：中央文献出版社，2017：33.
④ 习近平. 论坚持全面依法治国［M］. 北京：中央文献出版社，2020：75.
⑤ 习近平. 习近平谈治国理政［M］. 北京：外文出版社，2014：148.
⑥ 中共中央文献研究室. 习近平关于社会主义政治建设论述摘编［M］. 北京：中央文献出版社，2017：46.

规定：坚持以人民为中心，专门工作和群众路线相结合，维护人民群众合法权益。公安工作是一项法治性、政策性强，涉及面广的工作，各项工作都必须依据相应的法律法规和相关政策要求开展。从某种程度上说，公安工作的为民服务主要体现在执法过程中，严格执法是实现热情服务的基本前提。公安机关只有严格执法，才能保障人民的合法权益不受侵犯，这是法律赋予的职责。《人民警察法》明确规定："人民警察必须以宪法和法律为活动准则，忠于职守，清正廉洁，纪律严明，严格执法。"

但是，公安工作还存在许多群众不满意的地方，主要反映在执法活动中。有的有法不依，执法不严，随意执法，执法不公；有的执法犯法，贪赃枉法，徇私舞弊；有的刑讯逼供，利益驱动，滥用警力，耍特权、抖威风；有的在办理户口、证明，调解纠纷，办理各类证件，接受群众求助报警等业务工作方面仍存在"门难进，脸难看"和效率低下的问题，甚至是"不给好处不办事，给了好处乱办事"。所有这些既挫伤了群众的情感，又破坏了警民的关系。

对这些问题，改革开放以来，中国共产党人要求公安机关从人民群众对公安工作最不满意的事情改起，凡是失民心、背民意的问题，都要雷厉风行去改。并为此要求公安干警做到"信仰法治、坚守法治，做知法、懂法、守法、护法的执法者，站稳脚跟，挺直脊梁，只服从事实，只服从法律，铁面无私，秉公执法"[1]，切实打牢严格规范公正文明执法的思想根基；在进一步提升运用法治思维和法治方式化解社会矛盾、预防惩治犯罪、维护公共安全的能力和水平上下功夫，切实当好推进依法治国的生力军，坚定不移做社会公平正义的维护者；在正确把握严格执法、文明执法、公正执法之间的关系问题上下功夫，认真落实中办、国办《关于深化公安执法规范化建设的意见》，使公安队伍真正成为维护公平正义之师、守护人民安宁之剑。

三、正确处理好维稳与维权的关系，切实保障人民群众的合法权益

要正确处理好维稳与维权的关系，切实尊重和保障人权，保障人民群众的合法权益。"民主和人权是人类共同追求"[2]。改革开放以来，世情、国情、党情发生了深刻变化，在我国社会转型的整个过程，不仅社会利益关系格局发生了深刻变化，社会结构也发生了深刻变动，由此导致各种社会矛盾日益凸显，

---

①　习近平. 习近平谈治国理政 [M]. 北京：外文出版社，2014：149.
②　中共中央文献研究室. 习近平关于社会主义政治建设论述摘编 [M]. 北京：中央文献出版社，2017：19.

直接影响社会的和谐与稳定。如何正确处理好维稳与维权问题，切实保护好人民群众的合法权益，成为摆在中国共产党人面前的一道重大现实课题。

正确处理维稳与维权的关系，首先要搞清楚二者的概念和内在的关系。维稳，可以认为是维护国家政权的稳固和社会秩序的稳定。从公安工作的角度讲，它是解决敌我矛盾和人民内部矛盾的问题，一般来讲，凡是影响到政权稳固的，大都是敌我之间的矛盾，需要用专政的方式来解决。社会秩序的稳定，即调控社会各种利益纷争、维护社会基本秩序，主要是人民内部如个体与个体之间、个人与政府之间，或者是群体与政府之间的矛盾等。人民内部矛盾只能用民主的方法、用说服教育的方法来解决，不能动用专政手段。维权，是指维护公民的人权和公民的权利，是民众的利益表达方式。二者看似对立，实际上相辅相成，辩证统一，只不过在具体实现方式上会导致二者之间存在内在的张力。

习近平将国家维稳和个人维权两个概念统一起来，提出了正确处理维稳与维权的关系的重大概念，并对如何处理好二者关系的具体方法和措施予以阐述，概括来讲主要体现在两个方面。一是健全和完善对维护群众切身利益具有重大作用的制度。提出了建立信访工作责任制、健全社会矛盾纠纷调处机制等，把人民调解、司法调解、行政调解结合起来，依法及时合理地处理群众反映的问题。二是强化法律在化解矛盾纠纷中的权威地位。一方面，要求公安机关讲究策略，积极预防和妥善处置群体性事件，坚持依法办事和按照政策办事相结合，实现依法维护群众正当权益和依法维护社会安定团结的统一；另一方面，要深入细致地做好思想政治工作，引导群众以理性合法的形式表达利益要求、解决利益矛盾，维护法律的尊严和权威。

上述关于正确处理好维稳与维权关系的重要论述，深刻阐明了维稳和维权的辩证关系，充分体现了新的历史时期对公安工作规律的把握，丰富了公安工作群众路线，为构建新形势下的和谐警民关系提供了理论指导，为公安机关正确处理两个关系、尊重和保障人权奠定了思想基础。

第三节　努力建设更高水平的平安中国

国家安全和社会稳定是改革发展的前提，国泰民安是人民群众最基本、最普遍的愿望。增强忧患意识，做到居安思危，是中国共产党人治党治国始终坚持的一个重大原则，也是建设更高水平的平安中国，以增进人民福祉为出发点和落脚点，为人民谋幸福的底线思维。改革开放以来，中国共产党人十分重视国家安全，提出了一系列重要思想，概括起来主要有以下观点。

一、以人民安全为宗旨，不断提升人民群众的安全感和满意度

人民群众的安全感与满意度不仅是一个地方社会治安稳定状况的直接感受和客观反映，也是衡量一个地方法治、公平、正义、安全、环境等综治工作成效的重要标尺，同时还是评判公安业务工作绩效、公安队伍状况、民警综合素质高低的重要标准。① 人民立场是中国共产党区别于其他政党的显著标志，人民安全是国家安全的核心和国家安全工作的根本目的。改革开放以来，几代中国共产党人提出一系列治国理政思想和战略，贯穿其中的就是坚持人民立场的价值取向。在强调国家安全工作时同样如此。邓小平认为：国家安全社会稳定的最根本因素，还是经济增长速度，而且要体现在人民的生活逐步地好起来上。他说，人民看到稳定带来的实在的好处，看到现行制度、政策的好处，才能真正稳定下来。这样，不论国际大气候怎样变化，也会稳如泰山②。胡锦涛强调人的生命的重要性，提出了发展不能以牺牲精神文明为代价，更不能以牺牲人的生命为代价的思想③。习近平反复强调国家安全工作归根结底是保障人民利益，要坚持以人民安全为宗旨，走中国特色国家安全道路，把"人民安全"置于所有安全要素之前予以强调；确立了人民安全在整个国家安全工作中的核心地位；将保障人民安居乐业作为公安工作的根本目标，把人民群众对平安中国建设的要求作为公安工作努力的方向，要求各级公安机关"从严从实从细抓好保稳定促安全促和谐的各项工作，维护社会公平正义，不断提升人民群众安全感和满意度"④；要求政法与公安机关"贯彻好党的群众路线，坚持社会治理为了人民，善于把党的优良传统和新技术新手段结合起来，创新组织群众、发动群众的机制，创新为民谋利、为民办事、为民解忧的机制，让群众的聪明才智成为社会治理创新的不竭源泉。要加大关系群众切身利益的重点领域执法司法力度，让天更蓝、水更清、空气更清新、食品更安全、交通更顺畅、社会更和谐有

---

① 卿立大. 新时代提升人民群众安全感与满意度的思考与探索 [N]. 桂林日报，2017-12-10 (2).

② 邓小平. 邓小平文选：第3卷 [M]. 北京：人民出版社，1993：355.

③ 胡锦涛. 胡锦涛文选：第2卷 [M]. 北京：人民出版社，2016：432.

④ 习近平. 习近平在会见全国公安系统英雄模范立功集体表彰大会代表时强调：始终坚持人民公安为人民做到对党忠诚服务人民执法公正纪律严明 [N]. 人民日报，2017-05-20 (1).

序"①。这种以人民利益、人民安全、人民安居乐业、人民满意为最高价值取向的"人民安全观"，正是中国共产党奉行的"全心全意为人民服务"宗旨在公安领域的贯彻和我国宪法"一切权力属于人民"根本性制度规定在公安领域的体现，是公安机关的行动指南和根本遵循。

二、以政治安全为根本，确保社会政治大局稳定

所谓国家政治安全，就是国家主权、政权、政治制度以及意识形态等方面免受各种侵袭、干扰、威胁和危害的状态。国家政治安全在国家安全体系中居于最高层次和核心地位，是国家安全的根本，决定和影响着其他各领域的安全。在对外开放的全过程，西方敌对势力不愿意看到社会主义中国发展壮大，加紧对我国实施西化、分化的战略图谋不会改变，我们与西方敌对势力在渗透与反渗透、颠覆与反颠覆方面的斗争将是长期的、复杂的，有时甚至会是十分尖锐的，这是改革开放以来中国共产党人对我国政治安全风险挑战的主要因素形成的共识性的基本判断，事实也是如此。改革开放初期，针对资产阶级自由化思潮，邓小平深有感触地说："不安定，政治动乱，一切都谈不上"②，"国家主权、国家的安全要始终放在第一位"③。随着威胁国家安全的因素逐渐增多，分裂主义、恐怖主义等因素对国家安全的危害日益突显，江泽民要求在对外开放的全过程中，要十分注意并切实维护国家的利益和安全。④ 胡锦涛认为，意识形态领域是敌对势力搞乱社会、颠覆政权的突破口，强调要始终坚持和不断巩固马克思主义在意识形态领域的指导地位，抓好意识形态工作。⑤ 习近平将维护国家政治安全列为公安机关的首要职责任务，"把维护国家政治安全特别是政权安全、制度安全放在第一位"⑥，反复强调政法战线要履行好维护国家政治安全、确保社会大局稳定、促进社会公平正义、保障人民安居乐业的主要任务，并于《中国共产党政法工作条例》中以党内法规的形式予以固化。习近平在2019年5月召开的全国公安工作会议上明确了公安机关的职责，并将维护国家政治安全

---

① 习近平. 习近平在中央政法工作会议上强调　全面深入做好新时代政法各项工作　促进社会公平正义保障人民安居乐业 [N]. 人民日报, 2019-01-17 (1).

② 邓小平. 邓小平文选: 第3卷 [M]. 北京: 人民出版社, 1993: 124.

③ 邓小平. 邓小平文选: 第3卷 [M]. 北京: 人民出版社, 1993: 348.

④ 江泽民. 江泽民文选: 第3卷 [M]. 北京: 人民出版社, 2006: 558.

⑤ 中共中央文献研究室. 十六大以来重要文献选编: 中 [M]. 北京: 中央文献出版社, 2006: 318.

⑥ 习近平. 习近平对政法工作作出重要指示强调　全面提升防范应对各类风险挑战的水平确保国家长治久安人民安居乐业 [N]. 人民日报, 2017-01-13 (1).

列为公安机关的首要职责。这是总体国家安全观落实在政法公安领域的具体体现，是对新时代政法公安工作的规律性认识，也是对国家政治安全的新认识，更是公安工作的着力点。

三、聚焦公共安全，提高平安建设现代化水平，建设更高水平的平安中国

公共安全体系，主要是指食品药品安全体系、安全生产体系、防灾减灾救灾体系、社会治安控制体系和应急事件处置体系。公共安全，一头连着千家万户，一头连着经济发展。改革开放以来，中国共产党人高度重视公共安全，提出了加快推动公共安全体系建设，以市域社会治理现代化为切入点，提高平安建设现代化水平，建设更高水平的平安中国的构想。从国家整体全局来讲，就是要处理好改革发展稳定的关系，坚持把改革的力度、发展的速度和社会可承受的程度统一起来，把改善人民生活作为正确处理改革发展稳定关系的结合点，在保持社会稳定中推进改革发展，通过改革发展促进社会稳定。具体到公安工作，概括起来主要有以下六个方面。一是要求公安机关在强化风险意识、增强驾驭风险本领上下功夫。增强忧患意识，做到居安思危。二是在创新社会治理体系上下功夫。一方面，加强自身队伍建设，为做好社会治理奠定基础；另一方面，紧紧依靠党委政府的主导作用，动员和组织社会多元主体的广泛参与，充分调动和发挥各种资源的综合效力，实现社会治理的最大效益。三是在推进健全公共安全体系上下功夫。在安全生产、农产品质量安全、食品药品安全、环境安全等方面编织全方位、立体化的公共安全网。四是在加快创新立体化社会治安防控体系上下功夫。运用大数据、人工智能提高平安建设现代化水平。五是在夯实基层基础上下功夫。坚持和发展新时代"枫桥经验"，加快推进基层社会治理现代化，筑牢社会和谐稳定的根基。六是在扫黑除恶专项斗争上下功夫。把打击锋芒始终对准群众反映最强烈、最深恶痛绝的各类黑恶势力违法犯罪，"紧盯涉黑涉恶重大案件、黑恶势力经济基础、背后'关系网''保护伞'不放，在打防并举、标本兼治上下真功夫、细功夫，确保取得实效、长效"①，切实保护人民群众人身权、财产权、人格权，不断增强人民群众获得感、幸福感、安全感。

一个现代化的社会，应该既充满活力又拥有良好秩序，呈现出活力和秩序

---

① 习近平．习近平在中央政法工作会议上强调　全面深入做好新时代政法各项工作　促进社会公平正义保障人民安居乐业 [N]．人民日报，2019-01-17 (1)．

有机统一。① 要做到这一点，一个现代化社会的治理格局、治理体系、治理能力、治理水平也应该是现代化的。党的十九届四中全会通过的《中共中央关于坚持和完善中国特色社会主义制度、推进国家治理体系和治理能力现代化若干重大问题的决定》，共分十五个方面的问题，其中第九个问题就是聚焦提高平安建设现代化水平，维护国家安全、建设更高水平的平安中国的。这个《决定》阐明了总体要求是"坚持和完善共建共治共享的社会治理制度，保持社会稳定、维护国家安全"，明确指出："必须加强和创新社会治理，完善党委领导、政府负责、民主协商、社会协同、公众参与、法治保障、科技支撑的社会治理体系，建设人人有责、人人尽责、人人享有的社会治理共同体，确保人民安居乐业、社会安定有序，建设更高水平的平安中国。"

关于如何提高平安建设现代化水平，共提出了五个方面若干个具体措施。这五个方面分别是：完善正确处理新形势下人民内部矛盾有效机制；完善社会治安防控体系；健全公共安全体制机制；构建基层社会治理新格局；完善国家安全体系。每个方面又有若干个具体措施。如在完善正确处理新形势下人民内部矛盾有效机制方面，提出了要坚持和发展新时代"枫桥经验"，畅通和规范群众诉求表达、利益协调、权益保障通道，完善信访制度，完善人民调解、行政调解、司法调解联动工作体系，健全社会心理服务体系和危机干预机制，完善社会矛盾纠纷多元预防调处化解综合机制，努力将矛盾化解在基层。在完善社会治安防控体系方面，提出了坚持专群结合、群防群治，提高社会治安立体化、法治化、专业化、智能化水平，完善社会治安防控体系，形成问题联治、工作联动、平安联创的工作机制，提高预测预警预防各类风险能力，增强社会治安防控的整体性、协同性、精准性。在健全公共安全体制机制方面，提出了完善和落实安全生产责任和管理制度，建立公共安全隐患排查和安全预防控制体系；构建统一指挥、专常兼备、反应灵敏、上下联动的应急管理体制，优化国家应急管理能力体系建设，提高防灾减灾救灾能力；加强和改进食品药品安全监管制度，保障人民身体健康和生命安全。在构建基层社会治理新格局方面，提出了完善群众参与基层社会治理的制度化渠道；健全党组织领导的自治、法治、德治相结合的城乡基层治理体系，健全社区管理和服务机制，推行网格化管理和服务，发挥群团组织、社会组织作用，发挥行业协会商会自律功能，实现政府治理和社会调节、居民自治良性互动，夯实基层社会治理基础；加快推进市

---

① 习近平. 习近平在经济社会领域专家座谈会上的讲话［N］. 人民日报, 2020-08-24 (2).

域社会治理现代化；推动社会治理和服务重心向基层下移，把更多资源下沉到基层，更好提供精准化、精细化服务；注重发挥家庭家教家风在基层社会治理中的重要作用；加强边疆治理，推进兴边富民。在完善国家安全体系方面，提出了要坚持总体国家安全观，统筹发展和安全，坚持人民安全、政治安全、国家利益至上有机统一；以人民安全为宗旨，以政治安全为根本，以经济安全为基础，以军事、科技、文化、社会安全为保障，健全国家安全体系，增强国家安全能力；完善集中统一、高效权威的国家安全领导体制，健全国家安全法律制度体系；加强国家安全人民防线建设，增强全民国家安全意识，建立健全国家安全风险研判、防控协同、防范化解机制；提高防范抵御国家安全风险能力，高度警惕、坚决防范和严厉打击敌对势力渗透、破坏、颠覆、分裂活动。① 这是一个以人民安全为宗旨，以政治安全为根本，以经济安全为基础，以军事、科技、文化、社会安全为保障为指导思想，集党的领导、政府治理同社会调节、居民自治良性互动，自治、法治、德治相得益彰，传统手段与现代化高科技手段交相辉映的问题联治、工作联动、平安联创的全天候、无死角、无漏洞的现代化的平安中国创建机制。

国家安全的根基在基层，基础不牢，地动山摇。2021 年 4 月 28 日，中共中央、国务院专门出台了《关于加强基层治理体系和治理能力现代化建设的意见》，坚持以人民为中心，以增进人民福祉为出发点和落脚点，把党的领导贯穿基层治理全过程、各方面，提高基层治理社会化、法治化、智能化、专业化水平，坚持共建共治共享，完善基层社会治安防控体系，健全防范涉黑涉恶长效机制。坚决防止政治上的两面人，受过刑事处罚、存在"村霸"和涉黑涉恶及涉及宗族恶势力等问题人员，非法宗教与邪教的组织者、实施者、参与者等进入村（社区）"两委"班子。夯实国家治理根基，建设更高水平的平安中国。这充分体现了中国共产党人对国家安全形势的清醒认识和战略判断，明确了推进国家治理现代化在国家安全领域的方向、任务和要求。

综上所述，改革开放以来，中国共产党人对公安工作的价值取向进行了全方位的阐释：专门机关与群众路线相结合是公安机关的优良传统，要充分依靠人民群众的力量惩治犯罪、预防犯罪、维护社会治安，让群众的聪明才智成为社会治安治理创新的不竭源泉；以人民满意为根本工作标准是公安机关的性质

---

① 本书编写组．《中共中央关于坚持和完善中国特色社会主义制度、推进国家治理体系和治理能力现代化若干重大问题的决定》辅导读本［M］．北京：人民出版社，2019：30-32.

和宗旨的内在要求，公安机关要从解决人民群众不满意的问题入手，端正执法思想，转变执法观念，牢固树立立警为公、执法为民的思想，切实尊重和保障人权，保障人民群众的合法权益。与此同时，要贯彻总体国家安全观，加快社会治安防控体系建设，建设更高水平的平安中国，以满足人民可持续的安全需求。这些思想，充分体现了一切依靠人民、一切为了人民、一切让人民满意的公安工作价值取向。

第六章

多措并举推进严格规范公正文明执法

严格规范公正文明执法，是全面推进依法治国的基本要求，是公安工作的生命线。它既是法治公安的具体体现，也是做好公安工作的实现路径，更是改革开放以来，中国共产党人着力探讨的重大课题和反复强调的重要内容。2020年8月26日，习近平在中国人民警察警旗授旗仪式上所致的训词中专门强调，要把严格规范公正文明执法落到实处。公安工作是一个系统，它的构成要素概而言之，主要包括"公安组织要素、公安意识要素、公安实物要素和公安信息要素"①。这些要素，既有人的要素，又有物的要素；既有物质的，又有精神的；既有有形的，又有无形的；主客体之间既有一致的，又有对立的甚至是对抗的。要将它们统筹好、将公安工作做到最佳，切实做到严格规范公正文明执法，努力让人民群众在每一起案件办理、每一件事情处理中都能感受到公平正义，其实现路径既有宏观层面的，也有中观、微观层面的。在此，主要研究改革开放以来中国共产党人在宏观和中观层面提出的制度、方针、策略。

第一节　正确区分和处理两类不同性质的
矛盾是做好公安工作的首要问题

毛泽东曾经指出，分清敌我问题，是革命的首要问题。《中国共产党政法工作条例》明确指出政法工作应当遵循的原则，政法工作要严格区分和正确处理敌我矛盾和人民内部矛盾这两类不同性质的矛盾，准确行使人民民主专政职能。如前所述，在我国生产资料社会主义改造基本完成以后，针对社会矛盾和阶级关系的新变化，毛泽东于1957年发表了《关于正确处理人民内部矛盾的问题》一文，对什么是两类不同性质的矛盾、为什么要分清两类不同性质的矛盾、如何划分两类不同性质的矛盾、如何处理两类不同性质的矛盾作了完整的回答。在建设中国特色社会主义的历史时期，同样要分清敌我。

---

① 康大民. 论构成公安工作系统的基本要素 [J]. 公安大学学报, 1988 (3).

在建设中国特色社会主义的新历史时期，面对改革开放给我国带来的经济、政治、文化、社会等方面的新变化，如何正确认识和处理两类不同性质的矛盾，尤其是如何正确认识和处理人民内部矛盾，中国共产党人进行了认真思考与探索，提出了正确处理两类不同性质矛盾的一系列理论和方针政策，丰富了毛泽东两类不同性质矛盾的理论。公安机关既是处理敌我矛盾的专政机关，也是处理人民内部矛盾的机关，这是宪法赋予它的义不容辞的职责。公安机关在依法行政过程中，自始至终是处理两类不同性质矛盾的主要参与者。中国共产党人正确区分和处理两类不同性质矛盾的理论和思想，为公安工作提供了强大的思想武器和具体指导。

一、正确认识社会主要矛盾

对各个不同时期的社会主要矛盾作出正确判断，为公安机关正确认识矛盾的性质、表现形式进而解决矛盾、规范自身提供了理论基础。运用矛盾分析法来分析中国的国情，并紧紧抓住各个历史时期我国社会的主要矛盾来分析认识社会，通过主要矛盾的解决来带动其他矛盾的解决，是中国共产党对马克思主义方法论的创新发展。

改革开放以来，中国共产党分别在1981年召开的党的十一届六中全会和2017年召开的党的十九大上对我国社会的主要矛盾进行了正确的判断。以邓小平为主要代表的中国共产党人审时度势，在党的十一届六中全会审议通过的《关于建国以来党的若干历史问题的决议》中对我国社会主要矛盾作出了概括，指出，"社会主义改造完成以后，我国所要解决的主要矛盾是人民日益增长的物质文化需要与落后的社会生产之间的矛盾"。对我国这一时期的阶级斗争和人民内部矛盾的关系作了实事求是的分析，认为，我国社会矛盾的表现形式大量的是人民内部矛盾，属于人民内部的利益冲突与利益矛盾，是非对抗性的矛盾。也就是说，我国社会的主要矛盾不是对抗性的敌我矛盾。2017年10月，党的十九大召开，习近平在党的十九大报告中指出：中国特色社会主义进入新时代，我国社会主要矛盾已经转化为人民日益增长的美好生活需要和不平衡不充分的发展之间的矛盾，客观地提出了人民群众在民主、法治、公平、正义、安全、环境等诸多方面有着更加美好愿景的现实需求，为处于解决两类矛盾最前沿的公安机关正确认识矛盾的性质、表现形式进而解决矛盾、规范自身提供了理论基础。

社会主要矛盾的变化，必然会使社会的一些具体矛盾发生相应的变化。这一方面意味着公安机关要对敌人和人民的范围有一个清醒的认识，准确把握敌我矛盾尤其是大量的人民内部矛盾的处理方式;另一方面,对公安机关自身的建设和执法行为提出了更高的要求,公安工作需要根据变化了的新矛盾进行相应的调整。社会主要矛盾的转化,说明了人民群众的需要已从简单的吃饱穿暖的物质需求,转化到了对民主、法治、公平、正义、安全、环境等制度文明成果的渴望。也就是说,在当前和今后一个时期,人们已经不仅希望吃饱、穿好、住好,而且期待食品、药品更安全,生态更美好,服务更均等,社会更和谐,能够过上更加幸福的生活;不仅希望人身财产等基本权利不受侵犯,而且期待情感、尊严等高层次的权利得到更多尊重,隐私、名誉、荣誉等人格权得到有效保护。从更高层次上与国家社会结合起来讲,人们更加注重改革发展大局、民主法治建设,期待权利有保障,权力受制约;更加重视知情权、参与权、表达权、监督权,对社会事务参与意愿强烈,希望在促进社会发展进步中更好实现人生价值。所有这些,对公安机关执法司法理念和行为提出了更高要求,对公安机关化解两类矛盾的能力提出了更高要求,要求公安机关和人民警察既要最大限度地减少和处理好警民之间的矛盾,又要最大限度地减少和解决好各类矛盾对社会稳定的影响。

二、解放和发展生产力是正确处理人民内部矛盾的基础

解放和发展生产力是正确处理人民内部矛盾的基础,公安工作要服从和服务于经济发展这个中心。改革开放以来,我国社会的主要矛盾无论是在转化前还是在转化后,矛盾的双方中一方面是人们的需求,一方面是社会的供给,是需求与供给的矛盾,在这里有一个根本的问题就是生产力的问题、经济基础的问题,说到底还是生产力与生产关系,经济基础和上层建筑之间不相适应的问题。改革开放以来,中国共产党人认为,解放和发展生产力、发展经济是正确处理人民内部矛盾的基础。邓小平认为,刑事犯罪活动产生的根源在于生产力发展水平很低,经济搞上去,人们的精神面貌会有很大的变化,违法乱纪和犯罪行为会大大减少,他指出,"我们对刑事犯罪活动的打击是必要的,今后还要继续打击下去,但是只靠打击并不能解决根本的问题,翻两番、把经济搞上去才是真正治本的途径"[①]。江泽民认为,深化改革,发展社会生产力,不断满足人民群众的物质文化需要是解决新时期人民内部矛盾的根本。胡锦涛认为,构建社会主义和谐社会,同建设社会主义物质文明是相统一的,要通过发展社会

---

① 邓小平. 邓小平文选:第3卷[M]. 北京:人民出版社,1993:89.

主义社会生产力来不断增强和谐社会建设的物质基础，①"要坚持以经济建设为中心，坚持以改革开放为动力，以自主创新为支撑，推动经济社会又快又好发展，这是解决我们面临的各种矛盾和问题、促进社会和谐的重要前提和物质基础"②。发展经济的根本目的是更好保障和改善民生，习近平指出："要增强发展的全面性、协调性、可持续性，加强保障和改善民生工作，从源头上预防和减少社会矛盾的产生。"③如此，并不是说等经济发展起来了再解决矛盾。一个时期有一个时期的问题，发展水平高的社会有发展水平高的问题，发展水平低的社会有发展水平低的问题，所以，中国共产党人告诫全党，要牢牢把握社会主义初级阶段这个最大国情，牢牢立足社会主义初级阶段这个实际，更准确地把握我国社会主义初级阶段不断变化的特点，坚持党的基本路线，在继续推动经济发展、把"蛋糕"做大的同时，把"蛋糕"分好，尽量把促进社会公平正义的事情做好，解决好我国社会出现的各种问题和矛盾。所有这些，既需要安定团结的政治局面，又需要稳定的社会环境，进而要求公安机关必须紧紧围绕经济建设这个中心，服从服务于这个中心，在打击犯罪为经济建设创造良好的社会治安环境中、为经济建设的服务中确定公安工作的出发点和落脚点。

三、加强民主法治建设是正确处理人民内部矛盾的根本保证

加强民主法治建设是正确处理人民内部矛盾的根本保证，要坚持德治和法治相结合，依法解决两类不同性质的矛盾。我们国家政治生活的主题和维护社会稳定的重要基础，是正确处理人民内部矛盾。改革开放，大力发展生产力，促进经济高速发展，为正确处理人民内部矛盾奠定了坚实的物质基础。但是，任何事物都有两面性，改革的深化和经济的发展也引发了一些深层次的人民内部矛盾，甚至转化为敌我矛盾，严重影响着社会稳定。这些矛盾的产生，有的是由于对社会主义市场经济规律把握不到位而导致的一些无序甚至混乱，也有相当一部分是由于在关注经济发展的同时忽略了对人民进行必要的思想教育和引导。中国共产党人认为，人民内部矛盾要用法律法规和社会主义思想道德体系相互结合的方式解决。邓小平认为，积极稳妥地推进政治体制改革、切实加强社会主义民主法制建设有利于正确处理两类不同性质的矛盾。他指出，"国家和企业、企业和企业、企业和个人等等之间的关系，也要用法律的形式来确定；

---

① 胡锦涛. 胡锦涛文选：第 2 卷 [M]. 北京：人民出版社，2016：286.
② 胡锦涛. 胡锦涛文选：第 2 卷 [M]. 北京：人民出版社，2016：426.
③ 习近平. 习近平谈治国理政 [M]. 北京：外文出版社，2014：204.

它们之间的矛盾，也有不少要通过法律来解决"①。江泽民强调，要"把依法治国与以德治国结合起来，以保障国家各项工作都有秩序地进行，保障良好的经济和社会秩序，保障广大人民群众的公民权利和合法权益"②。胡锦涛认为，把解决群众切身利益的工作纳入制度化法制化轨道，是正确处理人民内部矛盾的根本途径。习近平要求公安机关"对人民内部矛盾，要善于运用法治、民主、协商的办法进行处理"③，充分体现了坚持法治与德治相结合，依法处理两类不同性质矛盾的思想。

四、解决人民内部矛盾要以最广大人民根本利益为根本坐标

以人民为中心的发展思想，不是一个抽象的、玄奥的概念，不能只停留在口头上、止步于思想环节，而要体现在经济社会发展各个环节。解决人民内部矛盾要以最广大人民根本利益为根本坐标，正确处理好维稳与维权的关系，活力与秩序的关系，防止非对抗性的矛盾转换化为对抗性的矛盾，构建社会主义和谐社会。正确处理人民内部矛盾，是关系国家改革发展稳定的全局性课题，是促进社会和谐的基础性工作。处理的好坏，关系到能否激发社会活力、化消极因素为积极因素、增强人民团结、维护国家安全和社会稳定、促进党和国家事业更好地发展。改革开放以来的社会发展证明，影响社会稳定的主要因素还是大量的人民内部矛盾，尤其是由人民内部矛盾引发的群体性事件，它不仅干扰正常的社会生活和生产秩序，破坏社会的稳定，还严重损害党和政府的威信与形象，严重侵害法律权威，对我国的民主法治建设产生不良影响。如果处置不当，局部性问题就会转化为全局性问题，非对抗性矛盾就可能转化为对抗性矛盾。

群体性事件，在一定程度上是社会各阶层利益分配严重失衡的反映。马克思认为，人们奋斗所争取的一切，都是同他们的利益有关。改革开放以来，中国共产党人认为，人民内部矛盾中"大量问题是由利益问题而引起的"④，收入问题、养老金问题、就业问题、孩子接受教育问题、看病问题、安全问题、司法公正问题等是老百姓最为关心的问题，所以，制定政策和措施应该兼顾不同

---

① 邓小平. 邓小平文选：第2卷 [M]. 北京：人民出版社，1994：147.
② 江泽民. 江泽民文选：第3卷 [M]. 北京：人民出版社，2006：221-222.
③ 中共中央文献研究室. 习近平关于社会主义社会建设论述摘编 [M]. 北京：中央文献出版社，2017：147.
④ 中共中央文献研究室. 习近平关于社会主义社会建设论述摘编 [M]. 北京：中央文献出版社，2017：147.

阶层、不同方面的群众的利益，应该以有利于正确反映和有利于妥善处理各种利益关系为出发点，解决社会问题要以最广大人民的利益为坐标。习近平针对在处理群体性事件的过程中只一味地强调维稳而不顾维护群众利益的问题，明确指示要处理好维稳与维权的关系，活力与秩序的关系。他认为，从人民内部和社会一般意义上来说，维权是维稳的基础，维稳的实质是维权。他要求各级公安机关从源头上处理好激发活力和维护秩序的关系、维护权益和维护稳定的关系、保障安全和服务民生的关系，着力解决影响社会安定的深层次问题；要求各级党委、政府和领导干部必须深刻认识和把握新形势下人民内部矛盾的特点、规律，探索解决矛盾的正确途径和有效方法，不断提高正确处理新形势下人民内部矛盾的本领，从源头上减少社会矛盾。

五、解决敌我矛盾既要旗帜鲜明又要讲究谋略

解决敌我矛盾既要旗帜鲜明、敢于斗争，又要讲究谋略、巧于斗争，坚决捍卫国家政治安全和政权安全。中国共产党的历史和我国社会主义国家的建立和发展就是一部充满艰辛的斗争史。改革开放以来，党和国家的工作重心从以阶级斗争为纲转变为以经济建设为中心，社会各阶层都成为人民的一部分，公开的阶级与阶级之间的矛盾已不复存在，但是极少数敌对势力和敌对分子对国家政权的觊觎和颠覆破坏一刻也没有停止。这种破坏活动极为复杂、隐蔽和多变。他们有的内外勾结，一旦遇到国外敌对势力对我们党和国家的攻击机会，就闻风而动，勾连媾和，策动"颜色革命"；有的插手群体性事件，故意挑衅执法人员和暴力抗法，激化矛盾；还有的利用各种渠道，摇唇鼓舌，煽风点火，疯狂反对四项基本原则；等等。另外，在自媒体时代，执法活动时刻处在公众视野、媒体聚光灯下，稍有不慎，极易成为敌对势力和敌对分子进行攻击的借口。胡锦涛指出："对借机插手群体性事件的敌对分子、实施打砸抢的违法犯罪分子，要选择适当时机，依法严厉打击，切实维护法律的尊严。"① 习近平指出："对敌我矛盾，既要旗帜鲜明、敢于斗争，稳准狠打击敌人、震慑犯罪，防止养痈为患，又要讲究谋略、巧于斗争，有效争取舆论、赢得人心，防止授人以柄。"② 这就是说，对敌我矛盾，一方面，要站稳立场，以国家的政权安全、制度安全为底线，在关系中国共产党领导、我国社会主义制度、国家发展道路、

① 胡锦涛. 论构建社会主义和谐社会［M］. 北京：中央文献出版社，2013：18.
② 中共中央文献研究室. 习近平关于社会主义社会建设论述摘编［M］. 北京：中央文献出版社，2017：147.

政治体制模式等重大原则问题上，决不能头脑不清醒，决不能东摇西摆、含含糊糊，要敢于斗争；另一方面，要善于斗争，在坚持原则、坚定立场的基础上讲究方法、策略和艺术，因时因势采取最为有效的行动。这充分体现了共产党人坚定的政治立场、高度的政治清醒、强烈的政治自觉和高超的斗争艺术，为公安机关切实把维护政治安全、政权安全放在首要位置，理直气壮而又行之有效行使专政职能指明了努力方向。

第二节　切实抓好社会治安综合治理

社会治安综合治理是中国共产党人在解决社会治安问题方面所独创的具有中国特色的，也是体现中国制度优势、备受世界推崇的一种社会治安治理模式。社会治安综合治理从理论和实践上丰富和发展了党委领导下的公安工作群众路线的内涵，是建立良好稳定的社会治安秩序，保障经济建设和改革开放的顺利进行，保障人民安居乐业，维护国家长治久安的必由之路。在结束"文化大革命"之后，如何实现良好的社会治安、良好的社会秩序，如何维护社会长期稳定，如何实现国家的长治久安，是中国共产党人必须面对的现实问题。改革开放以来，面对社会治安形势的严峻挑战，中国共产党人对综合治理社会治安问题提出了一系列一脉相承的思想和观点，成为公安工作的基本方针。

一、社会治安综合治理方针是对我国社会治安实践经验的高度总结和提炼

社会治安综合治理这一概念自 20 世纪 80 年代初在中央文件中正式提出，并明确把"综合治理"确定为我国解决社会治安问题的基本方针起，经历了从"打防并举、标本兼治、重在治本"，到"打防结合、预防为主"，再到"打防结合、预防为主，专群结合、依靠群众"，再到"坚持专项治理和系统治理、综合治理、依法治理、源头治理相结合"的发展过程。社会治安综合治理是一项系统工程。关于它的主体，领导力量是各级党委和政府，骨干力量是政法部门尤其是公安机关，依靠力量是各部门、各单位和人民群众；客体就是违法犯罪行为和社会不安定因素。综合治理是多手段并用，主要包括政治的、经济的、行政的、法律的、文化的、教育的等，开展的工作方式也是多方面并存，主要包括打击、防范、教育、管理、建设、改造等。综合治理的目标就是减少犯罪和社会不和谐因素，其最鲜明的特点是"在党的集中统一领导下，充分发挥社会主义制度优势，凝聚全社会力量，综合运用多种手段，预防和解决影响社会

治安稳定的突出问题"①。它强调的是多主体参与和多手段运用，体现的是中国共产党人用系统思维领导公安工作的理念和方法。

从社会的根源上去寻找治安问题与犯罪行为的原因，从社会的对策上去寻找解决犯罪问题的道路，长期以来一直是中国共产党人的一个重大研究课题。新中国成立初期，刑事犯罪活动伴同反革命活动，猖獗一时，城乡社会秩序极其混乱。特别是大中城市，社会情况十分复杂，旧社会的残渣余孽、地痞流氓充斥街坊，盗贼、抢匪、骗子成帮结伙，妓院、赌场、烟馆等滋生犯罪的温床遍地都是，刑事惯犯、黑社会帮会、封建会道门，卖淫、吸毒、嫖娼、赌博、流氓行为极其猖狂和猖獗。以毛泽东为主要代表的中国共产党人，在领导广大人民消灭剥削、人民当家作主、克服贫困、提高人民的道德素质和文化素质的同时，运用如前所述的综合手段，一举消灭了嫖娼、吸毒、赌博、黑社会帮会等，尤其是镇压反革命运动，综合了党政军民学各界一切积极力量，同反革命进行了一场既有手段综合又有依靠力量综合的政治综合治理。这些综合治理，肃清了残余反革命势力，扫除了旧社会的各种丑恶现象，荡涤了污泥浊水，许多地方路不拾遗、夜不闭户，全国范围进入了社会治安的最好时期。其中就包含着社会治安综合治理的宝贵经验。

改革开放初期，经济迅猛发展的同时，各种污泥浊水也沉渣泛起，已经绝迹的社会丑恶现象重新出现。随着我国的国门不断打开，承载着暴力、色情、迷信的各种媒介也源源不断地流入国内，各种腐朽的思想和生活方式也相伴而来，加上社会管理缺失、法制不健全、对犯罪分子打击不力，刑事犯罪特别是青少年违法犯罪情况相当严重。以邓小平为主要代表的中国共产党人对预防和打击犯罪、改善社会治安问题进行了积极的探索，在总结各地社会治安实践经验的基础上，于20世纪80年代初期初步形成了解决我国社会治安问题的基本思想即社会治安综合治理的方针，提出了党委领导下的多部门联动（组织各条战线、各个部门、各个方面的力量）、多领域动手（采取思想的、政治的、经济的、行政的、法律的各种措施和多种方式）、多环节出击（运用预防、打击、改造等多个环节）的综合治理。基于犯罪分子活动猖獗这一现实，《中共中央关于严厉打击刑事犯罪活动的决定》明确指出："运用专政手段，依法严惩犯罪分子，是综合治理的首要一条。"② 为了尽快遏制各种形式犯罪分子的嚣张气焰，

---

① 汪永清．完善社会治安综合治理体制机制［J］．求是，2015（22）：30-32．

② 中共中央文献研究室．十二大以来重要文献选编：上［M］．北京：中央文献出版社，2011：331．

1983 年，党中央作出了严厉打击严重刑事犯罪活动的决策，领导政法部门和广大人民群众开展了为期三年的"严打"战役，依法从重从快判处了一大批刑事犯罪分子，打掉了他们的嚣张气焰，有效遏制了严重刑事犯罪活动大幅度上升的势头。但由于种种复杂原因，刑事犯罪活动反弹严重①，"严打"没有从根本上解决刑事犯罪高发问题。

以江泽民为主要代表的中国共产党人在总结"严打"的经验教训基础上，将社会治安综合治理的方针推向了全面实施阶段。其中，具有里程碑意义的就是 1991 年 2 月 19 日，中共中央、国务院作出的《关于加强社会治安综合治理的决定》，文件明确提出"综合治理是解决我国社会治安问题的根本出路"。②1991 年 3 月，全国人大常委会作出了《关于加强社会治安综合治理的决定》，这是有关社会治安综合治理的全国性立法，成为相关问题制定各项法规的基本依据。这两个《决定》对社会治安综合治理方针的实质、内容以及手段、措施等，作出了科学的、比较完整的概括，标志着社会治安综合治理方针已经以政策、法律的形式被确立下来。1991 年 3 月 21 日，党中央决定成立中央社会治安综合治理委员会，其职责任务是，协助党中央、国务院领导全国的社会治安综合治理工作。这为全面推进此项工作提供了组织保证。1992 年 10 月，党的十四大把"加强社会治安综合治理，保持社会长期稳定"写入了新修改的《中国共产党章程》的总纲，社会治安综合治理以党内规章的形式固定下来。1997 年 9 月 12日，江泽民在党的十五大报告中指出："搞好社会治安，是关系人民群众生命财产安全和改革、发展、稳定的大事。要加强政法工作，依法严厉打击各种犯罪活动，坚决扫除黄赌毒等社会丑恶现象。加强社会治安综合治理，打防结合，预防为主，加强教育和管理，落实责任制，创造良好的社会治安环境。"③ 这是"打防结合、预防为主"作为社会治安综合治理的指导思想首次出现在党的代表大会的政治报告中。这些举措，标志着我国的社会治安综合治理工作进入一个新的历史阶段，将预防犯罪提到一个前所未有的高度，实现了我国治理犯罪的战略性转变。

以胡锦涛为主要代表的中国共产党人认真总结地方经验，提出了以平安建

---

① 1989 年，重大刑事案件比 1988 年上升 1 倍，1990 年又比 1989 年上升 12.4%。此后，重大刑事案件上升的势头依旧很猛。

② 中共中央文献研究室．十三大以来重要文献选编：下［M］．北京：中央文献出版社，2011：7．

③ 中共中央文献研究室．十五大以来重要文献选编：上［M］．北京：中央文献出版社，2011：29-30．

设推进社会治安综合治理工作的新举措，提出了构建社会主义和谐社会的重大战略任务，将社会治安综合治理的措施和目标推向一个新的阶段，丰富和发展了这一思想。胡锦涛在党的十六届五中全会上明确指出，"开展平安建设，加强社会治安综合治理，推进社会治安防控体系建设，建立健全'严打'经常性机制，依法严厉打击严重刑事犯罪，是构建社会主义和谐社会的重要工作"①。2006年10月11日，中共中央发出的《关于构建社会主义和谐社会若干重大问题的决定》明确提出了社会治安综合治理应坚持的方针是"打防结合、预防为主，专群结合、依靠群众"，措施是"完善社会治安防控体系，广泛开展平安创建活动"和"依法严厉打击严重刑事犯罪活动"，实现的目标是"扫除黄赌毒等社会丑恶现象，坚决遏制刑事犯罪高发势头""确保社会治安大局稳定"②，社会治安综合治理方针得到进一步丰富和发展。

随着经济社会的不断发展和科技的不断进步，社会治安综合治理在体制机制上存在着与当今社会的发展变化和科学技术日新月异不相适应的问题，建立更为科学合理的适应大数据、云计算、智能化等新兴技术发展的新型社会治安综合治理体制机制，提高动态化、信息化条件下驾驭社会治安局势的能力和水平势在必行。以习近平同志为主要代表的中国共产党人致力于更高水平的平安中国建设，提出了要坚持专项治理和系统治理、综合治理、依法治理、源头治理相结合的社会治安治理方针，将完善立体化社会治安防控体系作为新时代平安中国建设的主要抓手，把社会治安综合治理的立足点定位在打造社会治安治理人人有责、人人尽责的命运共同体上，构建全民共建共治共享的社会治安治理格局，将社会治安综合治理推向了更高、更新的阶段。

二、专项斗争是社会治安综合治理的首要环节

专项斗争是社会治安综合治理的首要环节。社会治安综合治理要坚持问题导向，把专项治理和系统治理、综合治理、依法治理、源头治理结合起来。专项斗争是公安机关针对一定时期和一定的地域范围内某些刑事案件相对突出、社会治安形势恶化的状况，在一定时期和一定范围之内，集中警力、统一部署、突击破案的打击犯罪形式。中国共产党非常重视这一斗争形式，邓小平、江泽

① 中共中央文献研究室．十六大以来重要文献选编：下［M］．北京：中央文献出版社，2011：665．

② 中共中央文献研究室．十六大以来重要文献选编：中［M］．北京：中央文献出版社，2011：1034．

民、胡锦涛主政时期都开展过声势浩大的专项斗争，比如，20世纪80年代历时3年多的"严打"斗争，共查获各种犯罪团伙19.7万个，查处团伙成员87.6万人，全国共逮捕177.2万人，判刑174.7万人，劳动教养32.1万人，① 全国的治安形势取得明显好转。1996年开展的打击重点为杀人、抢劫、强奸等严重暴力犯罪以及黑社会性质犯罪等严重刑事犯罪活动的"严打"斗争，从1996年4月20日至7月末，全国公安机关共破获刑事案件109万起，其中重大案件39万余起，抓获犯罪嫌疑人74万多名，其中逃犯13万多名，查获各类违法犯罪团伙13万多个，团伙成员57万余名。② 习近平在论述社会治安综合治理时强调，"对突出问题要及时开展专项斗争，如对黄赌毒现象、黑社会性质犯罪等，露头就要打，不能让它们形成气候"③，并安排部署了自2018年1月起的为期3年的聚焦涉黑涉恶问题，以打击涉黑涉恶重大案件、黑恶势力经济基础、背后"关系网""保护伞"为重点的专项斗争。根据公安部刑侦局2021年6月28日报出的数据，扫黑除恶专项斗争3年来，全国公安机关共打掉黑社会性质组织3644个、恶势力犯罪集团11675个，破获各类刑事案件24.6万起④。仅2018年全年全国共打掉涉黑组织1292个，恶势力犯罪集团5593个⑤。自2018年1月发出通知以来至2020年3月，仅山东省就打掉涉黑组织196个、恶势力犯罪集团691个、涉恶犯罪团伙5119个，刑拘犯罪嫌疑人34286人，查扣涉案资产227.52亿余元。2019年，全省刑事案件立案、八类暴力犯罪案件同比分别下降1.02%、10.01%。⑥ 社会治安环境明显改善，人民群众拍手称快。

社会治安问题是诸多社会矛盾和消极因素的综合反映，仅靠专项斗争依法从重从快严厉打击严重危害社会治安的刑事犯罪活动不可能有效地减少产生犯罪和社会治安问题的复杂因素，必须全面加强综合治理才能奏效。改革开放以来，中国共产党人特别强调要把专项斗争与综合治理相结合，统筹协调好专项打击和综合治理之间的关系，既要治标，又要治本。

---

① 李健和. 公安工作改革开放30年［M］. 北京：群众出版社，2008：259.
② 李健和. 公安工作改革开放30年［M］. 北京：群众出版社，2008：260.
③ 中共中央文献研究室. 习近平关于社会主义社会建设论述摘编［M］. 北京：中央文献出版社，2017：148.
④ 数据来源：公安部刑侦局微信公众号2021年6月28日文章《公安部刑侦局：人民警察的动力来自对共产主义的坚定信仰》。
⑤ 张洋. 筑牢平安中国的铜墙铁壁：党的十八大以来全国公安工作综述［N］. 人民日报，2019-05-07（1）.
⑥ 赵君. 山东打响扫黑除恶"山东战役"收官战［N］. 大众日报，2020-03-12（1）.

三、构建立体化的社会治安防控体系是社会治安综合治理的科技支撑

党的十九大和二十大报告提出了加快社会治安防控体系建设和强化社会治安整体防控的新要求。社会治安防控体系是社会治安预防和控制的简称，是社会治安综合治理的重要手段，是社会治安综合治理方针的重要组成部分。它从提出到建立，经历了从思想到实践，从简单到复杂的过程，也是和犯罪分子斗智斗勇的结果。自从 2004 年 10 月胡锦涛在观摩全国公安民警大练兵汇报演练时提出"全面推进社会治安防控体系建设"① 的具体要求，到 2007 年 10 月召开党的十七大首次将社会治安防控体系写入党的代表大会报告中，提出"健全社会治安防控体系，加强社会治安综合管理"②，再到《关于加强社会治安防控体系建设的意见》（2014 年 12 月 30 日），从加强社会治安防控体系建设的指导思想和目标任务、加强社会治安防控网建设、提高社会治安防控体系建设科技水平、完善社会治安防控运行机制、运用法治思维和法治方式推进社会治安防控体系建设、建立健全社会治安防控体系建设工作格局六个方面作出安排，中国共产党人的社会治安防控体系建设思想走向成熟，"天网工程""雪亮工程"成为老百姓耳熟能详词汇，在实践中依托大数据、视频监控、人脸识别等技术基本形成了以社会面治安防控网为龙头的，包括重点行业、乡村社区、机关企事业单位等在内的五大治安防控网络，将触角延伸到各个角落，实现防控全时空、全天候、全覆盖，构建了党委领导、政府主导、综治协调、各部门齐抓共管、社会力量积极参与的社会治安防控体系工作格局。

四、建设更高水平的平安中国是社会治安综合治理的实现目标

社会治安不仅是一个重大的社会问题，也是一个重大的政治问题。加强社会治安综合治理，关系党和政府在人民群众心目中的形象，关系改革发展稳定的大局，关系国家的长治久安，关系党的执政地位的巩固，符合广大人民群众的愿望和要求。平安建设自山西、山东、浙江、江苏等地率先发起，到获得中央认可进一步推广，再到新的历史时期进一步深化，经历了从"社会治安综合治理的重要举措"到"社会治安综合治理的实现目标"的过程。《中央政法委员会、中央社会治安综合治理委员会关于深入开展平安建设的意见》（2005 年

---

① 秦杰，沈路涛. 胡锦涛在观摩全国公安民警大练兵汇报演练时强调坚持人民公安为人民开创公安工作新局面 [J]. 公安教育，2004（11）：2.

② 胡锦涛. 胡锦涛文选：第 2 卷 [M]. 北京：人民出版社，2016：645.

10月）明确提出，平安建设是新形势下加强社会治安综合治理工作的新举措，并对这一举措在构建社会主义和谐社会、维护广大人民群众根本利益、巩固党的执政地位可以发挥的作用寄予高度的期望。党的十七大和十八大都在报告中的"加快推进以改善民生为重点的社会建设"部分，就社会治安综合治理问题提出了深入开展平安创建活动。党的十八大以来，以习近平同志为主要代表的中国共产党人从统筹推进"五位一体"总体布局和协调推进"四个全面"战略布局高度，在建设平安中国、创新社会治理方式、加强社会治安防控体系等方面提出了一系列新思想、新论断，每次在提出平安中国建设时，基本上是在社会治安综合治理的语境中加以阐述。比如，习近平在2019年1月中央政法工作会议上鲜明提出加快推进社会治理现代化，努力建设更高水平的平安中国。2020年1月，中央政法工作会议召开前夕，习近平又对政法公安工作作出重要指示，要求以统筹推进全局性、战略性、基础性工作为立足点，以防控化解各类风险源为着力点，以扫黑除恶专项斗争、市域社会治理现代化试点、政法领域全面深化改革、政法队伍教育整顿为切入点，着力提高政法工作现代化水平，努力建设更高水平的平安中国、法治中国。中共中央、国务院作出的加快推进社会治理现代化，建设更高水平的平安中国的意见也是如此，这也说明了社会治安综合治理的目标就是建设更高水平的平安中国。

第三节　坚持严格规范公正文明执法，促进社会公平正义

公安机关具有行政执法和刑事司法双重职能。处于执法司法工作第一线，能否做到严格规范公正文明执法，事关人民群众切身利益，事关党和政府法治形象，事关公安机关的执法公信力。改革开放以来，中国共产党人以实现社会公平正义为目标，致力于法治中国和法治公安建设，对公安工作法治化建设提出了许多观点和思想。

一、公平正义是公安工作的价值追求

公平正义是中国特色社会主义的内在要求和公安工作的价值追求，是社会稳定的压舱石。公平正义是中国共产党的一贯追求，是中国共产党的崇高价值取向，也是公安工作的根本价值追求。从邓小平的共同富裕思想和通过加强法制保障民主的规则公平，到江泽民强调要把社会公平正义问题作为涉及全社会的重要战略问题加以解决，再到胡锦涛提出的社会主义法治理念与社会主义和

谐社会的精神内涵，无不体现了中国共产党人公平正义的价值追求。党的十八大以来，以习近平同志为主要代表的中国共产党人在执政方略中处处体现公平正义的价值观，习近平明确要求，"全面深化改革必须以促进社会公平正义、增进人民福祉为出发点和落脚点"①，"全面依法治国，必须紧紧围绕保障和促进社会公平正义来进行"②。公安机关是国家重要的行政执法和刑事司法机关，是维护和促进社会公平正义的重要力量。司法是维护社会公平正义的最后防线，如果这道防线失守，受伤的将不只是公平公正，而是社会的安宁。面对执法司法领域存在的有违社会公平正义的突出问题，习近平反复强调政法机关要加快建设公正高效权威的社会主义司法制度，更好地促进社会公平正义，努力让人民群众在每一项执法司法活动、每一起案件办理中感受到社会公平正义。这既是对公安政法机关的具体要求，也是全面推进依法治国、建设中国特色社会主义法治国家的必然选择。

二、严格规范公正文明执法是促进社会公平正义的根本前提

严格规范公正文明执法是提高执法司法公信力、促进社会公平正义的首要之义，是推进国家治理能力现代化的现实需要，是全面推进依法治国，建设平安中国、法治中国的根本要求。公安机关是老百姓平常打交道比较多的部门，而公安机关几乎所有的工作都是执法工作、所有的活动都是执法活动，执法司法公正对社会公正具有重要引领作用，执法司法不公对社会公正具有致命破坏作用。所以，2003 年颁发的《中共中央关于进一步加强和改进公安工作的决定》明确规定："严格、公正、文明执法是公安工作的总要求"③，要求公安机关坚持对法律负责与对党负责、对人民负责的一致性，"切实做到在所有的公安工作和执法行为上充分体现公平和正义"④。法的威力在于法条，更在于执行。习近平用全面推进依法治国、建设法治中国理念统领公安政法工作，要求公安机关要扭住职业良知、坚守法治、制度约束、公开运行等环节，坚持不懈、持

---

① 中共中央文献研究室．十八大以来重要文献选编：上 [M]．北京：中央文献出版社，2014：552.
② 中共中央文献研究室．习近平关于社会主义政治建设论述摘编 [M]．北京：中央文献出版社，2017：101.
③ 中共中央文献研究室．十六大以来重要文献选编：上 [M]．北京：中央文献出版社，2011：497.
④ 中共中央文献研究室．十六大以来重要文献选编：上 [M]．北京：中央文献出版社，2011：498.

之以恒地抓落实。针对执法过程中存在的不规范、不严格、不透明、不文明以及不作为、乱作为等突出问题，要求公安民警：一是在培养公安民警法治信仰、法治坚守上下功夫，切实打牢严格规范公正文明执法的思想根基；二是在进一步提升运用法治思维和法治方式化解社会矛盾、预防惩治犯罪、维护公共安全的能力和水平上下功夫，切实当好推进依法治国的生力军，坚定不移做社会公平正义的维护者；三是在正确把握严格执法、文明执法、公正执法之间的关系问题上下功夫，不能畸轻畸重，切实做到规范执法，真正使公安队伍成为维护公平正义之师、守护人民安宁之剑。

三、要为严格规范公正文明执法创造良好的执法环境和制度保障

公安干警能否做到严格规范公正文明执法，其自身因素固然重要，而执法司法的过程是执法司法主体与执法司法对象互动的过程，也是执法司法对象以及社会成员对法律的认识与认同、对执法司法行为的认可与回应的过程，良好的法治生态与执法机制对其起着重要的促进作用。现实中，存在着诸多破坏法治生态的干扰性因素，"权大于法""情大于法""法被舆论绑架""法被戾气裹挟"、辱警、袭警的情形、事例举不胜举。据不完全统计，仅 2016 年一年，平均每半天就有一起袭警案件，有的持枪械棍棒打，有的拿砖头砸，有的拳脚相加，有的用牙咬，等等，一半以上的案件造成公安民警伤亡。这使得一线干警不得不采取"投降式执法""奔跑式执法""呼喊式执法""下跪式执法"等执法方式。所有这些，影响的不仅是执法司法公信力，更为严重的是践踏了法律的权威和国家的尊严，进而影响社会的稳定和百姓的安宁，营造良好的执法环境和法治生态成为必然。邓小平认为，"我们国家缺少执法和守法的传统"①，所以，改革开放以来，中国共产党人特别强调要在培养守法上下功夫。主要包括：一是紧紧抓住"关键少数"，发挥关键少数的示范作用，正确处理权与法的关系，时刻牢记职权法定的原则，做到守法律、重程序，保护人民的权益，接受人民的监督，消除领导干部干预司法活动、插手具体案件现象，确保执法司法机关依法独立公正行使职权。二是培养公民的法律意识，做到法治教育从娃娃抓起，健全公民和组织守法信用记录，以期形成守法光荣、违法可耻的社会氛围，推动形成办事依法、遇事找法、解决问题用法、化解矛盾靠法的良好环境。三是要求新闻媒体既要加强对执法司法工作的监督，又要对执法司法部门的正确行为加以支持，正确处理好监督与干预的关系，营造良好的舆论环境。

---

① 邓小平．邓小平文选：第 3 卷 [M]．北京：人民出版社，1993：163.

四是通过深化司法体制改革，聚焦人民群众反映强烈的突出问题，抓紧完善权力运行监督和制约机制，推动大数据、人工智能等科技创新成果同执法司法工作的深度融合，坚决防止执法不严、司法不公甚至执法犯法、司法腐败，为公安机关严格规范公正文明执法营造良好的执法环境和运行机制。

第四节　坚持改革强警、科技兴警战略，
增强公安工作创新发展的内生动力

改革开放的40多年，也是我国公安改革的40多年。公安工作的发展历史，是一部在改革开放中不断推进公安改革的奋进历史，也是一部向科技要警力、要战斗力的奋斗历史。改革开放以来，随着全党全国工作重心的转移，中国共产党带领全国公安机关和公安民警紧紧围绕经济建设这个中心，坚持政治建警、从严治警，在改革强警、科技兴警方面做了许多探索，提出了许多重要思想。

一、坚持改革强警、科技兴警战略的目的

坚持改革强警、科技兴警战略的目的是高质量履行好党和人民赋予的职责使命。改革强警、科技兴警，就是要从日常管理、机构职能、政策制度、方式手段等各个方面大力改革创新，坚持向科技要警力、要战斗力，不断推进公安工作法治化、现代化和公安队伍革命化正规化专业化职业化建设，不断提升打击犯罪、服务人民的能力，高质量履行好党和人民赋予的职责使命。改革开放、建立社会主义市场经济，必然需要与之相适应的上层建筑；科学技术发展一日千里，也必然影响各行各业；社会转型，各种社会矛盾叠加，各种作案手段层出不穷，违法犯罪动态化、智能化的特点日益凸显，"魔高一尺"必然需要"道高一丈"；社会主要矛盾发生变化，人民对美好生活的向往，对民主、法治、公平、正义、安全、环境日益增长的需求，必然需要公安机关不断提升服务人民的能力，改善服务人民的方式。这些变化和影响，需要公安机关不断适应形势的变化和科技发展。

中国共产党十分重视公安改革，坚持以科技助推提升公安工作战斗力。从1991年颁发的《中共中央关于加强公安工作的决定》明确提出的"要本着积极、谨慎、科学的原则，有计划地改革公安管理体制"，到2003年《中共中央关于进一步加强和改进公安工作的决定》提出的"各级公安机关要在党委、政府的领导下，坚持改革创新，充分履行职责，在应对新情况上要有新思路，在

解决新问题上要有新对策,在攻克难点、热点问题上要有新突破"①,再到2019年5月颁发的《中共中央关于加强新时代公安工作的意见》提出"实施改革强警战略""中央把完善和发展中国特色社会主义公安制度、推进国家治理体系和治理能力的现代化作为全面深化公安改革的总目标"②,经历了公安业务改革、公安技术改革、公安队伍改革、公安体制机制改革、公安保障改革等全方位多方面的改革,并且逐步深化,充分体现了中国共产党向改革要警力、要战斗力的思想。

对公安工作而言,科技创新本身就是改革强警的重要内容。从邓小平提出科学技术是第一生产力,要求恢复和重建公安科研机构、警察学校,1991年召开第十八次全国公安会议提出要抓紧先进科学技术手段的研制和推广应用,到江泽民提出实施"科教兴国"战略,1996年召开的第十九次全国公安会议提出要科教强警,提高公安机关的战斗力,1999年《中共中央关于加强政法干部队伍建设的决定》提出要坚持走科技强警之路,大力提高政法干部队伍的科技文化水平和运用现代化科技手段与犯罪分子作斗争的能力;从胡锦涛用"四个坚定不移"③表明实施科教兴国战略、推动科技创新的决心和信心,2003年召开的第二十次全国公安会议提出全面实施科技强警战略,强调"要实现公安工作的现代化,必须走科技强警之路""牢固树立向科技要警力、要战斗力的思想"④,到习近平提出"我国科技发展的方向就是创新、创新、再创新"⑤,"只有把核心技术掌握在自己手中,才能真正掌握竞争和发展的主动权,才能从根本上保障国家经济安全、国防安全和其他安全"⑥,以及2019年召开的新时代全国公安工作会议明确提出"把大数据作为推动公安工作创新发展的大引擎、培育战斗力生成

---

① 中共中央文献研究室.十六大以来重要文献选编:上[M].北京:中央文献出版社,2011:495.
② 赵炜.公安改革40年:历程 经验 趋势[J].中国人民公安大学学报(社会科学版),2018(2):1-11.
③ 坚定不移地把科学技术作为第一生产力,坚定不移地实施科教兴国战略和人才强国战略,坚定不移地贯彻经济建设和社会发展必须依靠科学技术、科学技术发展必须面向经济建设和社会发展的方针,坚定不移地依靠科技进步和创新来实现全面、协调、可持续发展。
④ 中共中央文献研究室.十六大以来重要文献选编:上[M].北京:中央文献出版社,2011:501.
⑤ 习近平.习近平谈治国理政[M].北京:外文出版社,2014:123.
⑥ 习近平.习近平谈治国理政[M].北京:外文出版社,2014:122.

新的增长点，全面助推公安工作质量变革、效率变革、动力变革"①。改革开放40多年来，科技兴警战略不断向纵深发展。所有这些，充分体现了几代共产党人对改革强警、科技兴警的期盼和所付出的心血，其目的都是公安机关更好地履行职责使命，确保共产党执政地位的巩固、国家政权的安全、社会大局的稳定、人民的生命财产不受损失。

二、坚持改革强警、科技兴警战略的总目标

坚持改革强警、科技兴警战略的总目标是推进公安工作法治化、现代化和公安队伍革命化、正规化、专业化、职业化。对公安工作而言，公安改革、科技创新始终具有战略性、基础性和全局性地位。实施改革强警、科技兴警战略的过程，既是公安改革法治化的过程，也是公安改革现代化的过程，还是公安队伍革命化、正规化、专业化、职业化建设的过程。习近平明确要求，凡属重大改革都要于法有据。也就是说，必须运用法律政策和制度来引领和推动公安改革，加快推进公安机构、职能、权限、程序、责任法定化。宪法明确规定，国家加强武装力量的革命化、现代化、正规化的建设。中央文件也有明确的要求，如《中共中央关于加强政法工作的指示》（1982年1月）明确提出"有计划地实现政法队伍的革命化、年轻化、知识化、专业化"②，《中共中央关于加强政法干部队伍建设的决定》（1999年4月）要求"不断推进政法干部队伍的革命化、正规化、现代化建设"③，《中共中央关于进一步加强和改进公安工作的决定》（2003年11月）要"促进公安工作的现代化、正规化"④ 等。党的十八大以来，2015年12月30日召开的中央全面深化改革领导小组第八次会议首次提出"全面深化公安改革"这一新概念，要求公安机关深入推进警务机制改革、公安行政管理制度改革、执法权力运行机制改革、人民警察管理制度改革，通过这些改革，来提高预防打击犯罪的能力和水平、社会治理和服务群众的能力和水平、维护社会公平正义的能力和水平、公安队伍正规化建设的能力和水

① 习近平. 坚持政治建警改革强警科技兴警从严治警　履行好党和人民赋予的新时代职责使命 [N]. 人民日报, 2019-05-09 (1).
② 中共中央文献研究室. 三中全会以来重要文献选编：下 [M]. 北京：中央文献出版社, 2011：398.
③ 中共中央文献研究室. 十五大以来重要文献选编：中 [M]. 北京：中央文献出版社, 2011：2.
④ 中共中央文献研究室. 十六大以来重要文献选编：上 [M]. 北京：中央文献出版社, 2011：501.

平；要求公安机关充分运用现代信息技术，打好信息战、合成战，提高动态化、信息化条件下驾驭社会治安局势的能力。习近平更是反复强调加快推进包括公安队伍在内的政法队伍革命化、正规化、专业化、职业化建设。由此可见，坚持改革强警、科技兴警战略的总目标是推进公安工作法治化、现代化和公安队伍革命化、正规化、专业化、职业化，并且这一思想一以贯之。

实践也一再证明，坚持公安改革，向科技要警力、要战斗力，有利于加快公安队伍的革命化、正规化、专业化、职业化建设，有利于实现更高水平的公安工作法治化和现代化。以公安科技创新推进公安工作现代化为例，公安科技应用于公安工作，主要包括信息通信技术、侦查与监控技术、物证技术、现场处置技术、警用技术、法医学应用技术和防伪质证技术等领域。比如，通过遥感探测非法种植罂粟技术、人体藏毒检查仪可以有力防范和打击毒品犯罪；通过人脸识别查询技术可以快速识别辨别特定人员真实身份以及用于边检口岸的旅客自助服务；利用犯罪人员及案件、在逃人员、被盗抢汽车、失踪人员、DNA等"金盾工程"① 信息系统，可以开展网上侦查、网上追逃、网上串并案件；等等。这些技术和手段的利用，使公安工作从依靠经验向依靠科技转变，从人力密集型向科技集约型转变，切实推进公安工作的现代化进程，极大地提高了公安队伍的战斗力和维护社会稳定、服务经济社会的能力。公安科技是公安工作的重要支撑，在打击犯罪、便民利民、维护公共安全等方面发挥了极其重要的作用。

三、坚持改革强警、科技兴警战略的价值取向

坚持改革强警、科技兴警战略的价值取向是为民、公正、高效。这是中国共产党人的一贯做法，更是新时代中国共产党人的公安改革价值观。无论改什么、改到哪一步，坚持以人民为中心的改革价值取向不能变，这是习近平对全面深化改革定的总基调。党的十八大以来，中国特色社会主义进入新时代，以

---

① "金盾工程"是公安机关实施科技强警战略、全面提升公安工作水平和公安队伍战斗力的重要载体，是国民经济和社会信息化的重要组成部分，是国家信息化建设的重点项目。公安机关实施的"金盾工程"是在社会信息化的大背景下，实现公安机关内部信息化的一个跨世纪、跨警种、跨区域的科技建设项目。其实质是利用现代化的信息通信技术提高公安机关对于警务信息的传输、共享能力，以进一步增强公安机关快速反应、协同作战的能力，提高公安机关的工作效率和侦破案件水平，适应新形势下社会治安的动态管理，实现网上办公、网上办案、网上查询、网上办证、网上追逃、网上破案、网上督察、网上巡逻、网上视频会议。信息化建设推动了公安工作的跨越式发展，为公安工作提供了强有力的技术支持。

习近平同志为主要代表的中国共产党人从坚持和发展中国特色社会主义全局出发，提出并形成了"四个全面"战略布局。全面深化改革、推进国家治理体系和治理能力现代化，全面依法治国、建设中国特色社会主义法治国家，必然要求与之相适应的运转高效的公安工作体制机制。习近平高度重视公安改革工作，多次作出指示，先后主持召开中央全面深化改革领导小组会议、中央政治局常委会会议，研究审议了关于全面深化公安改革"1+3"意见方案①，明确了全面深化公安改革的指导思想、目标任务、基本原则、政策措施和工作要求。在2019年召开的中央政法工作会议上，习近平指出：政法系统要在更高起点上，推动改革取得新的突破性进展，加快构建优化协同高效的政法机构职能体系；要努力提供普惠均等、便捷高效、智能精准的公共服务。2019年5月，习近平在全国公安工作会议上提出了"把新时代公安改革向纵深推进"②的新要求，着力从加快构建职能科学、事权清晰、指挥顺畅、运行高效的公安机关机构职能体系上下功夫，从增强基层实力、激发基层活力、提升基层战斗力上下功夫，从深化同机构改革配套的相关政策制度改革上下功夫，从运用大数据为代表的高科技手段培育战斗力新的增长点上下功夫，以完善与国家治理体系和治理能力现代化相适应的现代警务运行机制，确保严格规范公正文明执法，促进社会公平正义，从政策上、制度上推出更多高质量的惠民利民便民新举措，着力解决好群众办事难、办事慢、来回跑、不方便等突出问题，让人民群众有更多、更直接、更实在的获得感、安全感。所有这些，充分体现了为民、公正、高效的公安改革价值取向。

四、坚持改革强警、科技兴警战略的前提条件

坚持改革强警、科技兴警战略的前提是要有自我改革的胸襟和思维创新。习近平指出："法治领域改革涉及的主要是公检法司等国家政权机关和强力部门，社会关注度高，改革难度大，更需要自我革新的胸襟。"③改革就要触动利益，没有自我革新的胸襟，必然是磕磕绊绊、难有作为。思想是行动的先导，人的行为受思维的影响，改革首先是一场思想的变革，是一种思维方式的解放。改革开放40多年，既是我国经济迅猛发展的时期，也是科学技术一日千里的时

---

① 中办、国办《关于全面深化公安改革若干重大问题的框架意见》及相关改革方案，简称"1+3"意见方案，即1个框架意见和3个配套方案。

② 习近平. 坚持政治建警改革强警科技兴警从严治警 履行好党和人民赋予的新时代职责使命［N］.人民日报，2019-05-09（1）.

③ 习近平. 论全面坚持依法治国［M］.北京：中央文献出版社，2020：117.

期，不断出现的新领域、新业态、新技术，都是公安机关改革开放之前不可想象和未曾接触过的新事物、新现象，不进行思维方式上的彻底变革，不运用创新的方式去应对处理，是没有办法推进和落实改革强警、科技兴警战略任务的。①

思维的创新并不是一件轻而易举的事情。马克思有一句名言，"一切已死先辈们的传统，会像梦魇一样纠缠着活人的头脑"②。这就是说，打破思想上的束缚比破除现实的障碍更不容易。改革开放以来，公安工作和公安队伍面对经济社会和科技发展的巨大变化而产生的种种不适应，究其根源还是思维方式上的守旧与落后。公安改革涉及面广、层次多、幅度大、要求高，势必会遇到这样或那样的困难和问题，这就需要解放思想，转变观念，统一认识，最大限度凝聚改革共识，形成改革合力。

每一次的成功改革，都源于思维方式的创新。改革开放以来，无论是就宏观方面的公安工作从以阶级斗争为纲、主要为政治运动服务，转移到以经济发展为中心、主要为经济建设服务，还是就微观层面的公安工作从以控制人为主的被动接警的传统警务方式，向以构建立体化的社会治安防控体系的主动防控警务模式转变，从以自由裁量权设定过大的权威型警务向法无授权不可为的法治型警务转变，从以政府过度依赖警察强制权力和公安机关大包大揽的全能型警务向以突出主业为主的有限型警务转变，从以搞人海会战的人力资源型警务向以信息化、智能化手段为主导的科技主导型警务转变，等等，无一不是以思维和理念为前提的变革，公安改革说到底就是一场思想观念的革命。

综上所述，改革开放以来，中国共产党人认为：做好公安工作需要从多方面入手，正确区分和处理两类不同性质的矛盾尤其是处理好人民内部矛盾，这是做好公安工作的首要问题；构建立体化的社会治安防控体系，坚持专项治理和系统治理、综合治理、依法治理、源头治理相结合，切实抓好社会治安综合治理，这是建设更高水平的平安中国的必由之路；坚持严格规范文明执法，这是实现公安工作促进社会公平正义的必然要求。只有坚持改革强警、科技兴警战略，才能源源不断地增强公安工作创新发展的强大内生动力。

---

① 林华. 新时期公安改革与警务创新的本质分析 [J]. 法制与社会，2019（5）：157-158.
② 中共中央马克思恩格斯列宁斯大林著作编译局. 马克思恩格斯文集：第 2 卷 [M]. 北京：人民出版社，2009：471.

第七章

要把我们的专政机构教育好

　　"要把我们的专政机构教育好"，这是邓小平晚年站在捍卫国家政权安全、防止和平演变的政治高度向全党和公安机关发出的郑重告诫。公安队伍建设是搞好公安工作的万泉之源、万木之本，是公安工作的永恒主题。改革开放以来，全球化和社会转型的不断深入给公安工作带来了严峻的考验，对公安队伍建设提出了崭新的课题。改革开放以来，中国共产党人对公安工作强调最多的就是公安队伍建设，将公安队伍建设放在重中之重的位置。尤其是党的十八大以来，以习近平同志为主要代表的中国共产党人提出了队伍建设的一系列要求，并于2021年在全国开展了以筑牢政治忠诚、清除害群之马、整治顽瘴痼疾、弘扬英模精神为主要任务，以全面正风肃纪、反腐强警，加强革命化、正规化、专业化、职业化建设，锻造忠诚干净担当的政法公安铁军为目的的声势浩大的政法队伍教育整顿活动。他们继承和发展了毛泽东的公安队伍建设思想，围绕着为什么要加强公安队伍建设、如何加强公安队伍建设、公安队伍建设的目标等提出了许多新观点新论断新思想，这是公安队伍建设的根本遵循。

第一节　政治建警：全面加强革命化建设
确保公安队伍政治过硬

　　政治建警，就是坚持不懈地用中国化的马克思主义理论武装全体民警，坚持党对公安工作的绝对领导，始终在思想上政治上行动上同党中央保持高度一致，永葆忠于党、忠于祖国、忠于人民、忠于法律的政治本色。改革开放以来，中国共产党人深知公安工作的复杂性、腐蚀性、残酷性，站在巩固国家政权的战略高度，对公安队伍政治建设提出了许多要求，形成了政治建警的思想，为建设政治过硬的公安队伍指明了方向。

一、政治建警是我国公安队伍建设的内在要求和优良传统
　　警察是国家机器的重要组成部分。在阶级社会里，任何一个阶级的执政党

都要求强有力的掌握、控制和领导警察力量。人民警察的阶级性决定了人民警察的政治性。公安队伍建设首先是思想政治建设，在整个公安工作中，思想政治工作是队伍建设的灵魂和生命线。公安部队初创时期，毛泽东就明确要求公安队伍政治质量要精。他认为，公安工作是一把双刃剑，公安部门是最重要的部门，也是最容易出问题的部门，需要将可疑分子预做处置，确保掌握在可靠人的手里。他要求，"公安系统要把政治工作做好，思想工作抓活"①，如此等等，对为什么要政治建警进行了充分的论述，对公安系统的思想政治工作提出了很高的要求。

二、政治建警第一要务是对党绝对忠诚

习近平深刻指出："对党绝对忠诚要害在'绝对'两个字，就是唯一的、彻底的、无条件的、不掺任何杂质的、没有任何水分的忠诚。"② 忠诚就是真心实意、尽心尽力、没有二心。中国共产党人认为，政法机关是人民民主专政的工具，公安机关更是要害部门③。公安姓党，这是公安机关的政治基因。新中国的公安工作是由中国共产党一手创建的一支拿枪的、准军事性的队伍，是为中国的革命建设和改革开放保驾护航的，对党忠诚天经地义。公安队伍必须保持政治坚定，站稳政治立场，把握正确方向，做到对党忠诚。改革开放，打开国门，西方世界的各种价值观和各种社会思潮不断涌进，各种敌对势力一刻也没有停止对我国进行意识形态渗透，使公安队伍中的意志薄弱者忠诚警魂弱化、理想信念异化、政治本色退化，直接影响公安工作的开展。邓小平反复强调要把我们的专政机构教育好，确保做到组织上必须纯洁，政治上必须坚强，必须同中央保持一致。江泽民逢场必讲公安机关和广大干警要"讲学习、讲政治、讲正气"，真正做到政治上坚定，永远做党和人民利益的忠诚卫士。胡锦涛再三要求一定把政治建警放在公安队伍建设的首位，把忠诚作为警魂，建立健全干警政治轮训的机制，加强理论学习，提高理论素养，保证公安队伍始终忠于党、忠于祖国、忠于人民、忠于法律。习近平一再强调从政治上建设和掌握公安机关，他所提出的公安队伍建设"四句话十六字"总要求的第一句就是"对党忠诚"。他要求全警要增强"四个意识"、坚定"四个自信"、做到"两个维护"，决不

① 公安部政治部．毛泽东公安工作理论［M］．北京：群众出版社，1993：125.
② 中共中央党史和文献研究院．习近平关于全面从严治党论述摘编（2021年版）［M］．北京：中央文献出版社，2021：98.
③ 中共中央文献研究室．三中全会以来重要文献选编：下［M］．北京：中央文献出版社，2011：399.

能同党中央离心离德，做"两面人"，搞"伪忠诚"。所有这些，充分说明了对党忠诚是公安民警的根和魂。

三、全面加强公安队伍革命化建设是确保公安队伍政治过硬的根本途径

革命化是邓小平在考虑干部队伍建设选拔人才标准时提出的。他在提出实现干部队伍年轻化、知识化、专业化的基础上，增加了革命化的要求，并且强调在"四化"之中，首先是革命化。革命化是在坚持社会主义道路的语境下提出的。邓小平所指的革命化是指坚持社会主义道路、坚持党的领导。①

公安队伍革命化建设是改革开放以来的中国共产党人对毛泽东的军队革命化建设思想的拓展，它所强调的是政治立场、政治方向、政治原则问题，强调的是坚持党对公安工作的绝对领导。公安队伍革命化建设是保持公安队伍性质和政治本色不变质的根本要求，也是确保公安工作性质方向的基石和灵魂。马克思主义认为"革命是历史的火车头"②。公安队伍革命化对坚持刀刃向内、自我革命提出了更严要求，是推进公安工作和公安队伍建设的根本动力，所以，改革开放以来，中国共产党人始终强调要全面推进公安队伍革命化建设，确保从政治上掌握公安机关。

四、政治建警要落实在行动上

政治建警，落实在具体行动上，就是强化政治纪律和政治规矩意识，做到政令警令畅通，确保党的路线方针政策和各项重大决策部署得到不折不扣的贯彻落实。习近平指出，"在所有党的纪律和规矩中，第一位的是政治纪律和政治规矩"③。公安队伍是一支纪律部队，是国家政权的捍卫者，要把政治纪律放在首位，在关键时刻和重大政治原则问题上要具有坚定正确的政治立场和政治方向，始终以党的旗帜为旗帜、以党的方向为方向、以党的意志为意志，做到服从命令、听从指挥、令行禁止，这是保证党对公安工作的绝对领导顺利实施的基本前提。改革开放以来，中国共产党人要求公安机关的人民警察要正确处理好政策和法律的关系，确保党的政策和国家法律得到统一正确实施；要求公安

---

① 邓小平. 邓小平文选：第 2 卷 [M]. 北京：人民出版社，1994：326，361.

② 中共中央马克思恩格斯列宁斯大林著作编译局. 马克思恩格斯文集：第 2 卷 [M]. 北京：人民出版社，2009：161.

③ 中共中央纪律检查委员会，中共中央文献研究室. 习近平关于严明党的纪律和规矩论述摘编 [M]. 北京：中国方正出版社，2016：28.

战线选干部必须把好政治关，特别是要防止西方敌对势力及其代理人向公安队伍渗透；要大力培养选拔知法懂法的人，不知法不懂法的人不能当政法干部；还要求公安队伍要有强烈的担当意识，面对歪风邪气，必须敢于亮剑，面对急难险重，绝不能畏缩不前。上述观点，体现了对公安队伍的政治要求和政治建警的具体手段，寄予了对公安队伍的殷切期待。

第二节　从严治警：全面强化纪律规矩意识确保公安队伍纪律作风过硬

"从严治警"，是指依照相关制度和法规，对广大人民警察严格教育训练，严明纪律，使其能够依法行政、依法履职，自觉地遵守国家法律、法规的约束和监督。公安队伍是一支纪律部队，担负着党和人民赋予的重要历史使命，行使着党和国家赋予的许多特殊权力。它的性质、任务、特点决定了公安干警除了要有过硬的政治、业务素质以外，还必须要有严明的组织体系和纪律作风，否则难以堪当大任。改革开放以来，中国共产党人提出了从严治警，依法治警，全面加强公安队伍正规化建设，锻造铁一般的纪律作风的公安铁军的具体要求，主要形成了以下观点。

一、公安机关要牢记慈不掌兵的道理，担负起管党治警的主体责任

早在新中国成立初期毛泽东就曾经说过，握有权、财、物的部门，往往是会滋生贪污腐败分子的地方，必须进行整顿。针对有些基层公安干部不遵守法律，随便捕人、拘留人的严重问题，他反复要求队伍整顿，教育干部懂政策。"不懂政策，就会乱整。"① 他认为，一个几十人、几百人的机关，过几年就会发生一些问题。明确提出，对于公安和司法机关要隔几年就整顿。即使不是一年整一次，几年就要整一次。改革开放以来，在体制转轨、社会转型、利益多元、矛盾凸显的新形势下，公安队伍肩负的使命更重，人民群众的期盼更高，对公安队伍自身建设的要求也越来越严。公安机关在经济体制改革的大潮中，既要服从和服务于党的中心工作，为改革开放创造稳定的社会环境，又要在面对资本主义的价值观念和腐朽没落的生活方式时有着强大的抗诱惑力和抗腐蚀力。公安队伍是一把"双刃剑"，搞不好会伤到自己，如果不实行从严治警，不

---

① 公安部政治部.毛泽东公安工作理论［M］.北京：群众出版社，1993：128.

仅不能担当重任，反而会给党和国家以及人民的利益带来恶劣影响。尽管公安队伍的主流是好的，是一支听党指挥、服务人民、能打胜仗、不怕牺牲的队伍，是一支党和人民完全可以信赖的、有坚强战斗力的队伍，在群众需要的关键时刻挺身而出，在为民服务的平凡岗位默默耕耘，是一支英雄辈出、正气浩然的队伍，但是，损害党的威信、伤害人民群众的感情、践踏法律的尊严、败坏公安队伍的形象的现象也并不鲜见。如滥用执法权，办"人情案""关系案""金钱案"现象有之；消极不作为，有警不接、有难不帮、有险不救现象有之；服务态度生硬，工作方法简单，"门难进、脸难看、事难办"现象有之；更有甚者，以权谋私、权钱交易、吃拿卡要、充当黑社会保护伞等，与"立警为公、执法为民"背道而驰。所有这些，都要求公安机关要履行好从严管党治警这一重任，坚持常管长严，使全警真正养成知敬畏、存戒惧、守底线的高度自觉。

二、从严治警首先要从严治"长"

火车跑得快，全靠车头带。早在公安部初创时期，毛泽东就要求把公安骨干"像秧一样插到全国"，以适应新中国成立后公安保卫工作的需要；还要求公安部对全国所有公安局局长进行教育，使他们具有作为一个公安局局长的起码常识；更要求必须"肃清政法部门，特别是司法系统和公安系统的贪污分子，严惩大老虎"[①]。改革开放以来，中国共产党人高度重视公安机关班子建设，选好配强各级公安机关领导班子和领导干部。对于没有很强的法治意识、不守规矩的人，纵有天大的本事也不能当领导干部。江泽民在全国政法工作会议上明确提出了从严治警首先要从严治"长"的思想，指出："从严治警首先要从领导干部抓起，只有高素质的班子才能带出高素质的队伍。"[②] 胡锦涛提出了对"一把手"要严格把关审核的要求，"把好领导班子成员特别是主要负责人的提名、考察、审批关，确保政法机关领导权始终掌握在忠于党、忠于国家、忠于人民、忠于法律的人手中"[③]。习近平认为上行下效，上梁不正下梁歪，要紧紧抓住领导干部这个"关键少数"，时时处处严要求、做表率，并指出，"从大量案件来看，领导干部违纪违法问题大多发生在担任一把手期间"，要"用刚性制度把一

① 中共中央文献研究室.建国以来毛泽东文稿：第3册［M］.北京：中央文献出版社，1987：317.
② 中共中央文献研究室.十五大以来重要文献选编：上［M］.北京：中央文献出版社，2011：146.
③ 胡锦涛.胡锦涛文选：第3卷［M］.北京：人民出版社，2016：32.

把手管住，保证一把手正确用权、廉洁用权"。① 公安保卫工作行走在刀刃上，执行政策、运用法律来不得半点偏差。领导干部是关键少数，公安局局长是一个班子的班长，是公安工作的谋划者、决策者和领导者，首要的是懂政策、懂法律、懂策略，要具备起码常识，否则，不仅不能胜任工作，还会给党和人民的事业造成损失。所以，一方面要求领导干部严格自律，率先垂范；另一方面用制度和规矩约束他们的行为，要求"各级领导干部要带头依法办事，带头遵守法律，牢固确立法律红线不能触碰、法律底线不能逾越的观念，不要去行使依法不该由自己行使的权力，更不能以言代法、以权压法、徇私枉法"②。公安队伍中的腐败现象，不仅仅是一个利益问题，很多都涉及人权、人命。有的搞了腐败，自己得了一些好处，但无辜的人就有牢狱之灾，甚至要脑袋落地。所以，对违法违纪问题，始终保持"零容忍"。党的十八大以来，全国公安系统被绳之以法的官员不计其数，上至省部级高官，下至县处级公安局局长，真正做到了"老虎""苍蝇"一起打，以"零容忍"的态度对待黑恶势力犯罪的"保护伞"和群众身边的"微腐败"。

三、从严治警要全方位、全覆盖，切实做到全面从严治警

2017 年 5 月 19 日，习近平在会见全国公安系统英雄模范立功集体表彰大会代表时，专门强调公安机关"要切实落实全面从严治党，全面从严治警各项部署要求，确保公安机关矢志不渝做中国特色社会主义的建设者捍卫者"③。"全面从严治警"的提出，将从严治警推向了新的阶段。从"从严治警"到"全面从严治警"，丰富了从严治警的新内涵，提出了从严治警的新要求。关于全面从严治警的深刻含义，尽管习近平没有作出专门论述，但从其在十八届中央纪委六次全会上对全面从严治党的阐释和日常对公安队伍建设提出的具体要求，不难理解其包含以下六个方面。其一，"全面"就是管全警、治全警，面向各个警种、各个部门的 200 万公安干警，确保管警治警无死角、无盲区、全覆盖。其二，要抓住关键少数，严肃查处领导干部违纪违法问题，着力推动全面从严治警向基层单位、执法一线延伸，坚决查处有警不接、有案不立、立而不侦、违

---

① 中共中央纪律检查委员会，中共中央文献研究室. 习近平关于严明党的纪律和规矩论述摘编 [M]. 北京：中国方正出版社，2016：100.

② 习近平. 习近平谈治国理政 [M]. 北京：外文出版社，2014：149.

③ 习近平. 习近平在会见全国公安系统英雄模范立功集体表彰大会代表时强调 始终坚持人民公安为人民 做到对党忠诚服务人民执法公正纪律严明 [N]. 人民日报，2017-05-20 (1).

规立案及办关系案、人情案、金钱案等行为，坚决整治吃拿卡要、乱收费乱罚款等问题，"决不允许对群众报警求助置之不理，决不允许让普通群众打不起官司，决不允许滥用权力侵犯群众合法权益，决不允许执法犯法造成冤假错案"①。惩治腐败必须"坚持无禁区、全覆盖、零容忍"②。其三，对党纪政纪不能有选择地执行，要全面遵守。其四，坚持把"严"的精神贯彻到公安干警日常工作、训练、生活的全过程、全时段，对公安队伍实行严格教育、严格管理、严格训练、严格纪律，做到真管真严、敢管敢严、长管长严，"不论什么人，不论其职务多高，只要触犯了党纪国法，都要受到严肃追究和严厉惩处，决不是一句空话"③。其五，全面压实责任，全面从严监督。全面落实党委主体责任、纪委监督责任、部门主管责任，实现对民警的日常行为和勤务活动实时、动态、全息管理，提升公安队伍管理的科学化、规范化水平。其六，警钟长鸣，对腐败问题零容忍，确保公安队伍的纯洁性。公安工作的性质和任务决定了公安干警手中有一定特殊的权力，经常单兵作战于社会基层，接触社会阴暗面多，工作腐蚀性强，因此强化反腐败意识，是坚持公安机关人民民主专政性质、落实政治建警的一项重要措施。公安队伍是党绝对领导下的一支有着 200 万民警的纪律部队，是必须牢牢掌握在党和人民手中的"刀把子"，从严治警必须是全面的。党的十八大以来至 2017 年 8 月，全国公安机关共查处公安民警违纪案件 2.4 万多起，处理处分 3.1 万多人，比党的十七大期间分别增加 54% 和 38%。④

四、严管还需厚爱，落实从优待警

严管还需厚爱。良好的思想政治素质、严明的纪律作风，不能只靠说教和制度约束。切实解决公安民警的实际困难，也是做好思想政治工作、进行严管的手段之一。公安工作具有艰苦性、危险性、超时性、工作时间无规律性的特点，严重影响公安民警的身心健康和生命安全，可谓时时有流血，天天有牺牲。警察已成为和平年代流血最多、牺牲最大的职业。他们有的在人民群众危难时刻挺身而出，置生死于度外；有的在平凡岗位上默默奉献，为百姓守护平安而

① 习近平.习近平谈治国理政 [M].北京：外文出版社，2014：148.
② 习近平.在第十八届中央纪律检查委员会第六次全体会议上的讲话 [N].人民日报，2016-05-03 (2).
③ 中共中央文献研究室.十八大以来重要文献选编：上 [M].北京：中央文献出版社，2014：135.
④ 吴雪梅.形成合力 吹响全面从严治党从严治警集结号 [EB/OL].中国警察网，2017-08-02.

鞠躬尽瘁。他们用生命和鲜血诠释着"人民公安为人民"的铮铮誓言。哪里有险情、哪里有事故、哪里有灾难，哪里必有人民警察的身影。改革开放以来，至 2017 年，全国共有 1.3 万余名公安民警因公牺牲。2013—2017 年的 5 年里，全国公安民警共因公牺牲 2003 人，因公负伤或致残 2.5 万人，① 平均每年 400 余名民警因公牺牲、5000 余名民警因公负伤或致残。在新型冠状病毒疫情肆虐时，是医务人员和公安民警冲在一线，公安民警仅有的防护设施只是一个口罩。他们白天冒着寒冷在外防控疫情，晚上还要连续奋战研究案情。新冠疫情首次发生以来至清明节不到 3 个月的时间，全国共有 60 名公安民警和 35 名辅警牺牲在抗击疫情和维护安全稳定第一线，他们年龄最大的 56 岁，最小的还不满 30 岁，正值青春韶华。正是如此，中国共产党人在始终坚持忠诚教育、理想信念教育、政治理论教育，提高广大公安干警的思想政治素质的同时，还提出了从优待警的政策，从政治、思想、生活上关心爱护公安民警，切实解除公安民警思想上的后顾之忧。习近平明确指示，"对这支特殊的队伍，要给予特殊的关爱，做到政治上激励、工作上鼓劲、待遇上保障、人文上关怀，千方百计帮助解决各种实际困难，让干警安身、安心、安业"②。这一思想集中体现在四个方面：其一，以情感人，以爱暖人，从精神上关爱民警，让精神的大厦巍然耸立；其二，建立符合人民警察职业特点的工资待遇保障体系和安全保障体系，切实改善公安民警的物质待遇；其三，督促各级党委和政府落实从优待警各项政策；其四，切实维护法律尊严和公安机关执法权威，为执法司法机关行使职权撑腰鼓劲。所有这些，有效解除警察的后顾之忧，最大限度地调动其工作积极性，更加坚定了广大民警依法履职、服务人民的信心和勇气。

第三节　依法治警：全面推进正规化建设
确保公安队伍责任过硬

公安队伍是一支具有武装性质的纪律部队，从严治警，不是单纯喊喊口号而已，既要严之有道，更要严之有据，做到依法治警，加强公安队伍正规化建设。从严治警，是对公安队伍实行严格教育、严格管理、严格训练、严格纪律。如何严、严到什么程度、严的边界范围在哪里，不能依靠长官意志，随心所欲，

---

① 张洋.致敬公安英烈　警徽永远闪亮［N］.人民日报，2018-04-05（4）.
② 习近平.习近平谈治国理政：第 3 卷［M］.北京：外文出版社，2020：355.

需要用制度来规范，需要正规化建设。改革开放以来，中国共产党人提出了依法治警、建设正规化公安队伍的思想，以此提高队伍的政治素质、业务素质，形成一支能够应对重大政治和治安事件的统一指挥、快速反应、秉公执法和有坚强战斗力的队伍。

一、实行正规化建设是公安队伍建设应有之义

警察在任何一个国家都是正规的治安力量，公安队伍作为我们国家正规的治安力量，实行正规化建设与管理天经地义、顺理成章。公安队伍正规化建设，既是一个系统工程，也是一个循序渐进不断走向科学的有机进程，涉及公安机关事务的方方面面，既包括队伍建设的正规化，更强调在所有的公安行为中能够促进公安队伍和公安工作建设与发展的所有环节及过程的正规化。自从中华人民共和国公安机关成立之初便开始了公安队伍正规化建设。公安队伍正规化建设的着力点是队伍建设相关标准和规范的制定和实施。改革开放以来，公安队伍正规化建设从最初只是一种目标式的口号的提出到有实质性的具体内容的边实施边完善，经历了一个漫长的发展过程。1983 年，在全国公安改革工作会议上第一次提出公安队伍正规化建设的议题，中共中央随即作出的《关于加强和改革公安工作的若干问题的决定》第一次明确提出了公安机关正规化建设的目标。1991 年，《中共中央关于加强公安工作的决定》再一次对正规化建设予以强调。2003 年，《中共中央关于进一步加强和改进公安工作的决定》规定了正规化建设的主要内容和具体要求，确定了正规化建设应遵循的原则：公安队伍的正规化建设必须符合公安机关的性质、任务和工作特点，体现公安特色原则；符合国情和当地的经济发展水平、根据各地实际确定工作进程的原则；有利于提高队伍整体素质和战斗力的原则；与业务工作紧密结合的原则；等等。指出了依法从严治警、加强正规化建设的实现路径：加强思想政治建设，确保公安队伍坚定正确的政治方向；加强领导班子建设，规范"关键少数"；加强制度建设，规范公安队伍的组织人事管理；加强教育训练工作，建立适应实战需要的训练体系；加强养成教育，规范警容风纪和民警的执法行为。① 党的十八大以来，习近平在不同的场合反复用"推进正规化建设""大力推进正规化建设""全面加强正规化建设"等词语表达正规化建设的迫切性，2019 年印发的《中共中央关于加强新时代公安工作的意见》再一次提出了加强公安队伍正规化建

---

① 中共中央文献研究室. 十六大以来重要文献选编：上 [M]. 北京：中央文献出版社，2011：500-501.

设的新要求。

二、公安队伍正规化建设要有法可依、有章可循

公安队伍正规化建设强调的是规范、标准、科学、法治、效能，是对公安队伍有效履行职责使命的整体要求。2003 年 11 月 8 日印发的《中共中央关于进一步加强和改进公安工作的决定》对其有明确的阐释，就是要根据公安机关的性质、任务和工作特点，依据《人民警察法》等法律法规，在公安机关的组织机构、勤务机制、管理方式、教育训练、监督制约、警务保障等方面实现标准化、程序化、法制化和科学化，使公安机关指挥畅通、内务规范、工作高效、保障有力。① 在全面推进依法治国、建设社会主义法治国家的今天，正规化建设在本质上是更彻底的法治化，在形式上是更完善的法治化。2015 年 7 月，公安部印发的《关于深入推进公安队伍正规化建设的意见》，提出了以铸造忠诚警魂为根本、以科学管理队伍为核心、以增强素质能力为重点、以培育优良警风为保障，深入推进公安队伍正规化建设的总要求。强调要严格、统一、规范公安队伍的组织管理、机构编制、职务序列、训练标准、纪律要求、职业保障，确保公安队伍政治过硬、业务过硬、责任过硬、纪律过硬、作风过硬。这是对公安队伍正规化建设比较全面的一次概括。2016 年 5 月，中央全面深化改革领导小组审议通过的《关于深化公安执法规范化建设的意见》又对执法规范化作出了详细要求。

建立一支正规化的公安队伍，关键是必须有自己的章程、条令、条例、法规制度，以便做到有法可依、有章可循。1996 年 2 月召开的第十九次全国公安会议和同年 3 月下发的《"九五"公安工作纲要》，首次明确提出了"依法治警"的方针，并要求按照这一方针尽快建立起一整套与《人民警察法》相配套，符合公安机关性质、任务要求，充分体现人民警察特点的队伍建设法规和规章制度。改革开放以来，公安队伍建设的法律法规和制度体系开始逐步建立，形成了以《中华人民共和国公务员法》《中华人民共和国人民警察法》为纲，以《公安机关组织管理条例》《公安机关人民警察纪律条令》《公安机关人民警察内务条令》《公安机关人民警察训练条令》《公安机关人民警察奖励条令》等为"目"的法律规章制度总和。为了与全面依法治国、全面深化改革相适应，《关于深化公安执法规范化建设的意见》对执法制度体系、办案体系、管理体系、

---

① 中共中央文献研究室．十六大以来重要文献选编：上［M］．北京：中央文献出版社，2011：499—500.

培训体系、保障体系进行了系统和规范，从完善公安执法权力运行机制出发，以保障执法质量和执法公信力不断提高。所有这些，为依法治警、从严治警，推动和促进公安队伍的职责和职务行为的法制化、规范化、标准化，强化正规化、专业化、职业化建设提供了保障。

三、公安队伍正规化建设的目的是有效规范警察权的运行

依法治警、公安队伍正规化建设，最主要的目的是，通过明确警察的职责边界，有效规范警察权的运行。警察权是由国家宪法和法律赋予警察机关和人民警察维护国家安全和主权、维护社会治安和公共安全，进行治安管理和惩治犯罪的一种国家权力。[①] 警察之于国家、社会、民众的重要意义在于保卫国家安全、维护社会秩序、保护公民的合法权益。为了实现这一目标，宪法和法律赋予了公安干警行政执法权和刑事司法权等重要职权。公安干警能否正确行使这些职权，关乎国家安危、关乎社会稳定、关乎百姓平安。据考证，我国的法律规定约有80%需要行政机关实施[②]，而公安法规所占比例比较大，相对于其他行政机关，公安机关的执法涉及领域广泛，涉及各方面的利益，尤其是掌握着生杀予夺的权力。警察的行政权力的行使过程，拥有较多的自由裁量权。警察行政权力的行使必须依法规制，实现由权力型警察向责任型警察转变，改变长期以来重视权力、轻视责任的倾向。所以，从邓小平到习近平等多次在不同的场合提出通过从严治警、依法治警，加强公安队伍建设，规制警察权的运行。如要求"在执法办案各个环节都设置隔离墙、通上高压线"[③]，"要把依法治警、从严治警作为全局性、基础性、长期性工作抓紧抓实"[④]，等等。

第四节　素质强警：积极推进专业化职业化建设确保公安队伍本领过硬

素质强警，就是以提高队伍的整体素质为重点，通过政治的、文化的、教育的、科技的等手段，提高公安队伍的政治素质、业务素质、法律素质、科技

① 王明泉. 警察学教程 [M]. 北京：中国人民公安大学出版社，1996：67.
② 向党. 中国警务改革战略 [M]. 北京：中国人民公安大学出版社，2010：26.
③ 习近平. 习近平谈治国理政 [M]. 北京：外文出版社，2014：149.
④ 习近平. 建设听党指挥能打胜仗作风优良的现代化武装警察部队 [N]. 人民日报，2013-01-30（1）.

素质、身体素质等，提高公安队伍的整体战斗力，确保公安队伍能够"说得过""追得上""打得赢"。公安队伍的战斗力强弱直接反映了公安队伍的素质水平，公安队伍的素质水平则是衡量公安战斗力水平的直接依据，在一定程度上决定着公安队伍建设的成败，决定着公安事业的成败。改革开放以来，中国共产党人在十分重视公安民警的政治素质和纪律作风建设的同时，格外重视公安队伍的专业化职业化建设，对公安民警的业务素质建设作出了许多重要指示。

一、公安队伍业务素质需要与变化了的形势相适应

改革开放以来，随着国际国内形势的变化，随着社会主义市场经济体制的建立和改革的不断深入，随着科学技术的日新月异和高科技犯罪的不断增加，维护社会稳定对公安队伍提出了更大的挑战。改革开放以来，中国共产党人在充分肯定公安队伍在打击犯罪、维护社会治安稳定、保障经济社会发展所做出的突出贡献的同时，清醒地认识到，公安队伍的整体素质与新形势、新任务的要求相比，仍有不相适应的地方，比如：思想观念与新的形势不相适应，工作中墨守成规，缺乏开拓进取精神，思想观念跟不上形势的发展；素质能力与社会治安管理的新要求不相适应，在执法司法实践中，公安干警的群众工作能力、维护社会公平正义能力、社会沟通能力、科技信息化应用能力、拒腐防变能力等还有许多短板，"'追不上、打不赢、说不过、判不明'等问题还没有完全解决，面临着'本领恐慌'问题"①；纪律制度的建立健全和落实跟不上公安队伍建设的实际需要；管理体制和监督制约机制与社会经济的发展不相适应；等等。对此，中国共产党人在不同的发展阶段提出了素质能力提升的明确要求，概括来讲，就是要通过公安队伍正规化、专业化、职业化建设，建设一支过硬的与形势发展变化相适应的公安队伍。

二、公安队伍专业化建设强调的是"专"和"匠"

公安队伍专业化建设强调的是"专"和"匠"，解决的问题是能力不足，这是对公安队伍履职能力的岗位要求。公安队伍专业化，简单来说，就是从业者达到应具备的知识、能力及态度，并且成为行家里手的过程。② 在建设平安中国的大背景下，公安队伍专业化建设是公安机关应对治安形势变化、正确行使职权、实

---

① 中共中央文献研究室. 习近平关于全面依法治国论述摘编［M］. 北京：中央文献出版社，2015：101.

② 杨威. 试论公安队伍专业化建设［J］. 公安教育，2014（7）：9–12.

现向"无增长"要警力的必由之路。毛泽东说过,"政治是主要的,是第一位的,一定要反对不问政治的倾向;但是,专搞政治,不懂技术,不懂业务,也不行"①。邓小平也说过,不管你搞哪一行,你不专,你不懂,你去瞎指挥,损害了人民的利益,耽误了生产建设的发展,就谈不上是红。② 习近平说,我们常讲要亮剑,这不仅需要有亮剑的勇气,更需要有亮剑的本事和克敌制胜的能力。③

警察职业是一种专业,需要学科理论、知识和专业技能来支撑;警察执法实践,如打击犯罪、预防犯罪、社会管理,必须具备专业知识和专业素质,需要专门的培训和学习。公安队伍专业化建设,就是要求公安干警的知识结构、专业素养与承担的职责任务相适应,胜任不同岗位的业务工作。在开放、透明、信息化社会条件下,违法犯罪越来越向专业化方向发展,人民群众对公安工作的要求也越来越高,大数据、云计算、人工智能对公安民警的挑战也越来越大,这就对公安民警的素质能力提出了更高要求。强中更有强中手,公安机关面对复杂的社会治安形势,若要做到有效地遏制犯罪、打击犯罪,就必须建设一支高素质的能征善战、快速反应的专业化队伍。以审判为中心的刑事诉讼制度改革也迫切需要一支依托运用大数据、人工智能等的专业化的公安队伍。所以,习近平不仅要求党员干部特别是领导干部成为领导经济社会发展的行家里手,而且专门强调政法机关要把能力建设作为一项重要任务,全面提高政法干警职业素养和专业水平。

三、职业良知是公安队伍职业化建设的魂

建立一支对党忠诚、作风过硬、确保为经济社会建设保驾护航的公安队伍,仅做到规范化、专业化是不够的,还必须有基本的职业素养和与这一职业相配套的制度体系。公安队伍职业化建设强调的是职业素质,如职业伦理、职业道德、职业精神、职业素养等,这是增强公安队伍创造力、凝聚力、战斗力的根本保证。与专业化相比较,职业化是一种普遍性的要求,是对从事的某种职业所要求的工作状态、程序、标准的规范化。公安队伍职业化是对从事公安执法值勤岗位的普遍性要求,其实质是对每一个公安民警职业素质的考量。警察作为以维护国家安全和管理社会治安秩序为职责的特殊机构、人员和职业,职业

① 中共中央文献研究室. 毛泽东文集:第7卷 [M]. 北京:中央文献出版社,1999:309.
② 邓小平. 邓小平文选:第2卷 [M]. 北京:人民出版社,1994:261.
③ 中共中央文献研究室. 习近平关于全面依法治国论述摘编 [M]. 北京:中央文献出版社,2015:101.

化建设中的职业良知尤为重要。习近平在中央政法工作会议上谈到执法问题时指出，执法不严、司法不公一个很重要的原因是缺乏职业良知，要求把强化公正廉洁的职业道德作为必修课，教育引导广大干警自觉用职业道德约束自己。职业精神是公安队伍职业化的内核，职业化本身意味着从业人员以该职业作为生存发展之本。习近平要求根据人民警察武装性、实战性、高强度、高风险等职业特点，以及公安队伍规模大、层级多、主要集中在基层一线等实际情况，建立适合警务工作特点的警察职务晋升机制，尤其注重向基层一线倾斜，激发队伍活力；要求各级党委和政府关心和支持公安工作，关心关爱公安民警，加大综合保障力度，落实从优待警各项措施。从职业准入到职业类别，从职业尊荣到职业保障，从职业技能到职业良知，"职业化"这根"线"贯穿公安队伍建设始终。

四、公安院校担负重要职责

公安院校专业化职业化教育是公安队伍正规化、专业化、职业化、建设的基础和支撑。公安民警对所在的工作领域应具有系统的知识和技能，这些知识和技能需要长时间的训练和学习作基础，也就是邓小平所说的"办法就是学。一个是办学校、办训练班进行教学，一个是自学"[1]。仅仅依靠民警的入职培训和平时工作的积累是远远不够的，必须通过系统的公安职业教育来培养。改革开放以来，从1981年开始提出要"恢复和扩大建设政法院校、政法干校、公安学院、警察学校、司法学校和各种训练班，大力加强干部的培训"[2]，要求全国50万人口以上的城市，都要安排举办一所警察学校，到2000年以后已有20余所有条件的专科学校升格为本科院校，公安院校的培养规格不断提高，招生规模不断扩大，教育教学训练质量不断提升，一级学科从无到有，专业化程度也不断提高。中央对公安院校提出了"参照军事院校进行管理"[3] 的要求，加强公安院校的正规化建设。为了适应新时代公安队伍正规化、专业化、职业化建设要求，2015年12月，国家出台文件对人民警察招录培养体制进行改革，自2016年起，我国公安机关人民警察实行"双轨"招警机制，一方面面向公安院校公安专业毕业生单独招录，一方面面向社会公开招录。这两种方式的运行，

---

①　邓小平. 邓小平文选：第 2 卷 [M]. 北京：人民出版社，1994：263.
②　中共中央文献研究室. 三中全会以来重要文献选编：下 [M]. 北京：中央文献出版社，2011：398.
③　中共中央文献研究室. 十六大以来重要文献选编：上 [M]. 北京：中央文献出版社，2010：500-501.

使公安专业人才和符合公安工作需要的社会各类优秀人才集聚到公安机关，确保从源头上提升公安队伍整体素质和战斗力水平，为公安队伍专业化职业化建设提供了智力保证。因此，加强公安院校的教育培训是实现公安队伍正规化、专业化、职业化的必备基础。

改革开放以来，在中国共产党的公安队伍建设思想指导下，公安队伍建设取得了满意成绩。江泽民、胡锦涛、习近平都对这支队伍给予了高度的肯定。公安队伍是一支政治坚定、忠于职守、勇于奉献，党和人民完全可以信赖的，有坚强战斗力的队伍，是一支关键时刻拉得出、危急时刻冲得上的队伍，是一支正气浩然、英雄辈出的队伍，不愧为坚强的共和国之盾。这是他们对公安队伍建设的最高评价，也是对公安工作的最高奖赏，更是验证了他们的公安队伍建设思想的正确性。其基本内容可以概括为，全部公安工作中，队伍建设是根本，也是保证。要坚持政治建警、从严治警、依法治警的治警方针，全面加强公安队伍革命化、正规化、专业化、职业化建设，努力建设一支政治过硬、业务过硬、责任过硬、纪律过硬、作风过硬的公安队伍。换句话说，就是建设一支具有铁一般的理想信念、铁一般的责任担当、铁一般的过硬本领、铁一般的纪律作风的公安铁军，确保公安民警对党忠诚、服务人民、执法公正、纪律严明。

综上所述，第三章至第七章构成了中国特色社会主义公安工作理论的基本内容。这一理论，是几代中国共产党人领导公安工作的丰富实践和宝贵经验的科学总结，在实践中得到了验证。改革开放以来，以中央名义召开的四次全国公安工作会议，总结了公安工作取得的成功经验（详见表2）。我们要坚持好、运用好、发展好这些成功经验。

表2　第十八、十九、二十次全国公安会议的经验总结

第十八次全国公安会议（1991年11月4—11日）	第十九次全国公安会议（1996年2月6—9日）	第二十次全国公安会议（2003年11月20—22日）
第一，坚持人民民主专政，充分发挥公安机关的职能作用，全力维护国家的稳定和发展	第一，必须紧紧围绕经济建设这个中心，服从服务于这个中心，在为经济建设的服务中确定公安工作的出发点和落脚点	第一，坚持党对公安工作的绝对领导。公安工作只有置于党的绝对领导之下，坚决贯彻执行党的路线方针政策，在思想上、政治上、行动上与党中央保持高度一致，才能始终保持正确的政治方向

续表

第十八次全国公安会议 （1991 年 11 月 4—11 日）	第十九次全国公安会议 （1996 年 2 月 6—9 日）	第二十次全国公安会议 （2003 年 11 月 20—22 日）
第二，坚持党委领导下专门工作与群众路线相结合的工作方针，并在新形势下不断发展创新	第二，必须坚持党对公安工作的绝对领导，同以江泽民同志为核心的党中央保持高度一致，增强政治上的坚定性，保持正确的政治方向和政治立场	第二，坚持服从和服务于经济建设这个中心。公安工作必须紧紧围绕全党全国工作大局，自觉服务经济建设，努力为现代化建设创造稳定的社会环境
第三，坚决执行依法从重从快严厉打击严重刑事犯罪活动的方针，对社会治安实行综合治理	第三，必须把维护稳定作为一项长期的、经常性的任务摆在公安工作的首位，正确区别和妥善处理两类不同性质的矛盾	第三，坚持全心全意为人民服务的宗旨。坚持人民的利益高于一切，把维护好、实现好、发展好最广大人民的根本利益作为全部公安工作的出发点和落脚点
第四，严格区分和正确处理两类不同性质的矛盾，努力维护安定团结的政治局面	第四，必须把严厉打击和积极防范有机地结合起来，全面加强基层基础工作，对社会治安实行综合治理	第四，坚持把维护稳定置于公安工作的首位。维护社会稳定是公安机关的神圣职责。能否积极主动、扎实有效地维护国家安全和社会稳定是检验公安工作成效的重要标准
第五，努力加强公安法制建设，以适应新时期对公安工作的要求	第五，必须适应建立和发展社会主义市场经济的要求，加大公安改革的力度，努力克服现有的弊端，提高公安机关的整体战斗力	第五，坚持打防结合、预防为主的方针。坚持严打方针不动摇，把严打、严防、严管、严治有机结合起来，大力加强治安防控体系建设
第六，注重调查研究，坚持实事求是	第六，在各项工作中，既要严格执法，维护社会主义法制尊严，又要热情服务，更好地贯彻全心全意为人民服务的根本宗旨	第六，坚持专门工作与群众路线相结合。坚持和发扬公安机关的特色和优势，强化群众观念，坚定地相信和依靠群众

第十八次全国公安会议 （1991 年 11 月 4—11 日）	第十九次全国公安会议 （1996 年 2 月 6—9 日）	第二十次全国公安会议 （2003 年 11 月 20—22 日）
第七，始终把公安队伍建设放在突出位置	第七，必须坚持专门工作与群众路线相结合，适应社会的发展变化，不断探索这种结合的新形式、新途径	第七，坚持与时俱进、改革创新。主动适应时代发展的要求，增强改革创新意识，不断革除体制机制障碍，推动公安工作自我完善和发展
	第八，必须坚持"抓班子、带队伍、促工作、保平安"的基本思路，从严治警，依法治警，大力提高队伍的整体素质	第八，坚持科教强警战略。坚定不移地走科教强警之路，大力推进公安工作的信息化、现代化，充分依靠科技进步和教育培训提高公安队伍的战斗力
	第九，必须牢固树立向科技、教育要警力、要战斗力的思想，提高公安工作的科技含量，坚持走科教强警之路	第九，坚持从严治警依法治警。始终把队伍建设放在突出位置，严格要求，严格训练，严格纪律，努力造就一支政治坚定、业务精通、作风优良、执法公正的公安队伍

第八章

中国特色社会主义公安工作理论的总体特征

中国特色社会主义公安工作理论具有自身的特点。从特征论的角度探讨这一思想，有助于深化本课题的研究。通过对中国特色社会主义公安工作理论中诸多内容进行系统解析、提炼和整合，在把握共性和规律性的基础上，可以认为：该理论在具有马克思主义理论共有的民族性、开放性等基本特征的基础上，从生成方式和过程来看，具有强烈的时代性、继承性、实践性特征；从内容构成上来看，具有鲜明的科学性、政治性、法治性特征；从本质属性和价值取向上来看，具有突出的人民性特征；具有鲜明的中国特色。

第一节　生成过程的时代性、实践性和继承性

任何理论都是时代和实践的产物。历史告诉我们，建设中国特色社会主义，没有现成的模式可搬，必须随着实践发展和时代变迁接力探索。这是中国共产党不断推动理论创新和实践创新的根本原因。改革开放以来，我国公安工作的发展历程，是与时代的发展脉搏同频共振、与我国的经济社会发展共同进步的光辉历程。中国特色社会主义公安工作理论是随着时代的变迁和形势任务的要求而发展起来的，其发展逻辑蕴含在时代的演进逻辑之中，具有强烈的时代性、继承性和实践性特征。这主要体现在改革开放以来中国共产党人准确判断国际形势，准确判断所处发展阶段我国社会主要矛盾，准确把握经济社会发展对社会秩序和稳定的新要求、人民群众对安全保障的新期待、公安自身改革发展的新挑战，在继承中创新，在实践中发展，使公安工作的指导思想更加具有科学性。

一、浓郁的时代性特征

理论是时代的产物，问题是时代的口号，时代总是与它面临的问题联系在一起的。时代性反映都通过实践的发展和认识的加深来实现，因为时代是客观的存在，实践和认识发展是时代的本质体现。中国特色社会主义公安工作理论

是在解决时代问题的实践中不断丰富和发展的。以邓小平为主要代表的中国共产党人清醒地认识到，和平与发展是国际大势，国内社会主义改造完成以后，无产阶级与资产阶级的阶级斗争已不再是我国社会的主要矛盾，"我国社会主义制度还处于初级阶段"。面对这一时代课题和基本国情，他们将全党工作重心转移到经济建设上来，公安工作的指导思想和工作重心也从过去"以阶级斗争为纲"、突出镇压敌对阶级的专政职能，转移到主要是对各种敌对分子、破坏分子的专政，维护社会稳定、保卫和服务社会主义现代化建设上来。提出了特殊形式的阶级斗争理论和加强新时期人民民主专政理论，强调"稳定压倒一切"，一手抓改革开放，一手抓打击各种犯罪活动，两手抓两手都要硬，依法从重从快严厉打击刑事犯罪活动等方针政策，形成了以"稳定压倒一切"为重心的公安工作思想。

以江泽民为主要代表的中国共产党人针对东欧剧变、苏联解体、社会主义处于低潮的国际局势，对外如何应对西方敌对势力加紧对我国西化、分化，对内如何解决随着改革开放和市场经济建设出现的各种社会问题，提出了"三个代表"重要思想，依法治国基本方略，"严打"整治斗争理论，打防结合、预防为主的公安工作方针，形成了以"讲政治、讲法制、讲服务""严格执法、热情服务"为要旨的公安工作思想。

以胡锦涛为主要代表的中国共产党人，准确把握我国全面建设小康社会的战略机遇期的时代特征，提出了以人为本、全面协调可持续发展的科学发展观，突出强调要切实抓好包括社会管理在内的社会建设，推进社会管理体制创新，深入研究社会管理规律。他们准确判断我国总的治安形势和影响治安稳定的因素的表现形式，认为我国的治安形势处在对敌斗争复杂期、人民内部矛盾凸显期、刑事案件高发期；影响治安稳定的因素的表现形式是：境内因素与境外因素相互交织、传统安全因素与非传统安全因素相互交织、现实社会与虚拟社会相互交织、敌我矛盾与人民内部矛盾相互交织。在解决这些时代问题中，形成了社会主义法治理念，提出了人民公安为人民，严格公正文明执法，提高公安机关的能力建设要求，提出了社区警务战略、警务下沉，提出了平安建设、治安防控体系建设、打防控一体化现代警务机制建设等，形成了以"立警为公、执法为民"为主旨的公安工作思想。

以习近平同志为主要代表的中国共产党人在全面建成小康社会的关键时期，一方面准确把握国际大势，提出了"当今世界正经历百年未有之大变局"，另一方面准确作出了中国特色社会主义进入新时代，我国社会主要矛盾已经发生变化的重大判断。他们面对波谲云诡的国际形势、复杂敏感的周边环境、艰巨繁重的改革发展稳定任务，聚焦人民群众的更高层次需要，立足国际秩序大变局来把握规律，立足防范风险的大前提来统筹公安工作，提出了全面依法治国，建设法治中国；提出了坚持总体国家安全观，建设更高水平的平安中国；提出了从政治上建设和掌握公安机关，坚持政治建警改革强警科技兴警从严治警；提出了坚持专项治理和系统治理、综合治理、依法治理、源头治理相结合，切实抓好社会治安综合治理；提出了"四个铁一般"的队伍建设要求，形成了以"对党忠诚、服务人民、执法公正、纪律严明"为总要求的新时代公安工作指导思想。

二、丰富的实践性特征

马克思主义经典作家认为，实践的内在品质是科学理论的根本特征。中国特色社会主义公安工作理论，正是在改革开放这一历史背景下，在公安工作实践中不断进行总结，并在实践中不断修正和完善。公安工作本身就是实践的，实践性是这一理论体系的本质特征，贯穿于其他一切内容和特征之上，影响并规定着我们对其他内容和特征理解的程度、方式和途径，是全面系统掌握中国特色社会主义公安工作理论的关键点和入口处。中国特色社会主义公安工作理论的实践性特征主要体现在三个方面：中国特色社会主义公安工作理论是在公安工作实践中形成的；在实践中形成的中国特色社会主义公安工作理论为新的实践服务，并在实践中得到检验；在新的实践中不断丰富和发展中国特色社会主义公安工作理论。可以说，历史性公安工作实践是公安工作理论发生的土壤，现时性公安工作实践是公安工作理论发展的动力，未来性公安工作实践是公安工作理论丰富的源泉。

马克思主义认为，任何科学理论必定是一种目的性的存在，与变化了的现实保持密切联系。"理论在一个国家实现的程度，总是取决于理论满足这个国家需要的程度。"① 这个需要正是实践的过程。中国特色社会主义公安工作理论是以马克思主义理论为指导，在解决中国的公安工作实际问题中形成的理论。这一点，在之前论述其发生逻辑和历史逻辑中已经得到了很好的阐释。在此，仅以社会治安综合治理理论的形成与发展为例，加以说明。

改革开放初期，各种反党反社会主义活动和刑事犯罪活动猖獗，一小撮抵触改革开放、唯恐天下不乱的人，操纵非法组织、非法刊物公开发表反党反社

---

① 中共中央马克思恩格斯列宁斯大林著作编译局．马克思恩格斯文集：第 1 卷 [M]．北京：人民出版社，2009：12.

会主义言论、散发反动传单、传播政治谣言；刑事犯罪分子打砸抢烧等各种恶性案件不断发生，手段残忍；经济领域走私漏税、投机倒把、行贿受贿、贪赃枉法等犯罪活动滋长泛滥，社会治安形势十分严峻。针对"遇事手软，下不了手"、打击不力的问题，以邓小平为主要代表的中国共产党人认为要"刹这股风，没有一点气势不行"，"如果我们没有点声势，拖拖拉拉，下不了手，还会有大批的人变坏，包括一些老干部"①，毅然作出了严厉打击刑事犯罪和经济犯罪活动的决策，形成了"严打"理论。

20世纪90年代，随着社会主义市场经济的深入发展和对外开放力度不断加大，社会管理、经济管理领域的新情况、新问题不断涌现，各种矛盾交织，各种利益冲突，一些国有企业生产经营困难，下岗待业人员增多，就业压力增大，金融领域潜伏着一些隐患，一些地方农民负担过重，贪污腐化、奢侈浪费等现象蔓延，一些地方社会治安相当不好，"严打"过后又出现新的犯罪高峰，实现良好的社会治安秩序仅仅依靠一次两次的"严打"已不能解决问题。以江泽民为主要代表的中国共产党人，在坚持"严打"方针的同时，全面推进社会治安综合治理，形成了社会治安综合治理理论。

进入新世纪、新阶段，随着改革的不断深入，治安形势也呈现出新的特点，境内外敌对势力、敌对分子的捣乱破坏活动直接威胁国家安全和社会稳定，刑事犯罪和社会治安问题仍是影响我国社会稳定的重要因素，人民内部矛盾引发的群体性事件和各类突发事件已成为严重影响社会稳定的突出问题，是公安工作将长期面对的"三个重大课题"。以胡锦涛为主要代表的中国共产党人，针对形势任务的变化，观察社会治安形势，研究公安工作所面临的新情况、新问题，寻找解决、处理的基本对策和策略，把维护稳定置于公安工作的首位，坚持打防结合，预防为主的方针，把平安建设作为社会治安综合治理的一项重要措施，形成了以平安建设活动为载体的社会治安综合治理理论。

中国特色社会主义进入新时代，我国社会主要矛盾已经转化为人民日益增长的美好生活需要和不平衡不充分的发展之间的矛盾。人民美好生活的需要不仅对物质文化生活提出了更高要求，而且在民主、法治、公平、正义、安全、环境等方面的要求日益增长。以习近平同志为主要代表的中国共产党人，追踪社会治安热点、难点问题，进行调查研究，剖析问题产生的根源，探索解决问题的措施，概括新的结论，形成了坚持专项治理和系统治理、综合治理、依法治理、源头治理相结合的社会治安治理方针，提出了构建共建共治共享的社会

---

① 邓小平．邓小平文选：第2卷［M］．北京：人民出版社，1993：403-404.

治理共同体，建设平安中国的社会治安综合治理理论。

这些理论的一个共同的特点就是，在实践中探索和不断总结规律，在实践中形成并指导新的实践，在新的实践中进一步丰富和完善理论。面对百年未有之大变局，世界秩序动荡不安，新冠疫情影响深远，我国国家安全内涵和外延比历史上任何时候都要丰富，时空领域比历史上任何时候都要宽广，内外因素比历史上任何时候都要复杂，国家安全和社会稳定面临新情况新问题，中国特色社会主义公安工作理论必将在新的实践中更加丰富和发展。

三、显著的继承性特征

一切伟大成就都是接续奋斗的结果，一切伟大事业都需要在继往开来中推进。中国特色社会主义公安工作理论的时代性有着连续性和阶段性相统一的特点，它是在继承中创新，具有显著的继承性。无可否认，各个不同阶段的中国特色社会主义公安工作理论的产生，是在面对各自不同的国际国内社会历史条件和形势任务，应对不同历史阶段的新问题、新挑战中产生的。但是，公安工作的性质是由国家的性质决定的，只要是国家的性质没有变，公安机关的性质就不会变。正如习近平所指出的那样，"无论形势如何变化，政法机关全心全意为人民服务的根本宗旨不能变，捍卫党的领导和人民民主专政的国家政权、维护党和国家工作大局的使命任务不能变"①。无论是搞社会主义计划经济，还是搞社会主义市场经济，社会主义的性质并没有变，公安工作捍卫国家政权、保卫社会主义经济建设、维护社会安宁的性质、任务没有变，全心全意为人民服务的宗旨没有变，公安工作中许多带有根本性的问题，都没有变。只要特殊形式阶级斗争还存在，只要刑事犯罪还存在，公安机关的人民民主专政的重要工具的本质属性就没有变；只要共产党执政，公安工作置于中国共产党的绝对领导之下的本质要求就没有变。归结起来，以邓小平、江泽民、胡锦涛、习近平为主要代表的中国特色社会主义公安工作理论正是在坚守这些最本质的要求中实现理论创新和发展，是同向跃升的继承和发展的关系，这也是中国特色社会主义公安工作理论与西方警务理论相区别的显著特色。

---

① 郭声琨. 学习贯彻习近平总书记重要讲话精神 不断开创新时代政法工作新局面［N］.
人民日报，2019-02-28（6）.

第二节 内容构成的科学性、政治性和法治性

一、严密的科学性特征

改革开放以来,中国共产党以马列主义、毛泽东思想为指导,尤其是马克思主义国家学说和无产阶级专政理论、毛泽东思想的人民民主专政学说为理论基础,紧紧围绕中国公安工作的具体实践,借鉴国外先进的警务工作理念,正确把握了公安工作的一般规律,提出了一系列既反映公安工作一般规律,又符合中国公安工作实际的思想,具有科学性特征。具体体现在理论基础和指导思想的科学性及思想内容的科学性上。

（一）理论基础和指导思想的科学性

中国特色社会主义公安工作理论的科学性特征,首先体现在指导思想的科学性上。中国特色社会主义公安工作理论的理论基础和指导思想是马列主义的国家学说和无产阶级专政理论,毛泽东思想的人民民主专政学说,这些都是经过了长期的实践证明是科学的、正确的。马克思主义国家学说是在与各种错误观点和资产阶级的交锋斗争中实现了人类政治思想史上的科学发展。它对国家的起源、发展及其消亡的客观规律,对国家的类型、本质、职能及其在社会发展中的地位和作用,对政党与国家的关系,警察与国家的关系,警察的本质、职能、权威,警察的消亡等作出了科学的阐述,是科学的理论。毛泽东思想关于人民民主专政学说,从哲学的高度阐明了我国人民民主政权的性质、内容和职能,丰富了马克思列宁主义关于无产阶级专政的学说,指导建立了社会主义中国的基本政治制度,被实践证明是科学的理论。

（二）思想内容的科学性

人类社会历史发展的进程表明,任何一种理论是不是科学的理论,首要看其是否具有一以贯之的科学的世界观和方法论。中国特色社会主义公安工作理论,通篇闪烁着辩证唯物主义和历史唯物主义的光芒。比如,改革开放以来,中国共产党人运用矛盾分析法来分析我国的国情,并紧紧抓住各个历史时期我国社会的主要矛盾来分析认识社会,通过主要矛盾的解决来带动其他矛盾的解决。运用对立统一规律观察社会,丰富和发展了毛泽东关于正确区分和处理两类不同性质的矛盾的理论,根据辩证法关于对抗性矛盾和非对抗性矛盾相互关

系的原理，认为人民内部矛盾处理不当，有可能激化矛盾，要求处置群体性事件时避免将非对抗性矛盾转化为对抗性矛盾。再比如，该思想鲜明地反映了马克思列宁主义毛泽东思想的群众观点，明确提出了各级公安机关和全体公安民警要继续坚持走群众路线，相信和依靠群众，学会做群众工作，同群众打成一片，做群众的贴心人的具体要求；要适应犯罪形势新变化，不断增强克敌制胜的本领，努力使人民群众安全感更加充实、更有保障、更可持续。强调要始终坚持立警为公、执法为民，自觉把人民群众满意不满意作为工作的最高标准；坚持以人民安全为宗旨的国家安全观；等等。这些思想贯穿始终，充分体现了马克思主义的世界观和方法论。用改革开放以来的中国公安工作思想做指导，我国在国际乱局和变局交织、局部冲突和动荡不断的大背景下，始终保持了社会有序、治安平稳。尤其是党的十八大以来我国成功举办了一系列重大主场外交活动，以高水平的安全保障向世界展示了和谐稳定的国家形象——中国是世界上最有安全感的国家之一。取得这样的成就，充分体现了中国特色社会主义公安工作理论的科学性特征。

二、鲜明的政治性特征

政治性或者说党性、阶级性是中国特色社会主义公安工作理论首要的鲜明特征。警察作为国家的政治工具之一，与国家同始而终，是看得见的政府，是国家权力的象征。为了保持警察这一性质始终不变，各国统治阶级无一例外地要对警察进行政治建设，并对警察提出严格的政治要求，只不过有的国家只做不说。中国共产党历来公开地、毫无遮掩地强调政治对公安工作的导向作用。从毛泽东到习近平，虽然时空相隔，但思想精髓一致，强调公安工作的政治性一直是中国特色社会主义公安工作理论的一个重要特色，主要体现在基本观点、主要论断的政治性和立场的政治性上。

（一）公安工作（警察）与政治有着天然的联系

关于什么是政治，古今中外从不同的视角有诸多表述，在此不做展开。关于政治的核心问题，有人解释为"政治的核心问题是国家政权问题"①。作为一种公共权力，警察自诞生之初就是国家权力的组成部分，也是国家权力的标志，其性质、功能和制度的变迁与国家的发展相生相随。罗瑞卿曾经指出，"公安工作本身就是一种政治斗争，任何一件事都带有浓厚的政治性"②。可以说，警察

---

① 王韶兴. 政党政治论：[M]. 济南：山东人民出版社，2011：11.

② 罗瑞卿. 罗瑞卿论人民公安工作 [M]. 北京：群众出版社，1994：495.

与国家、警察与政治相生相伴，相始而终。"无论哪个国家都将警察视为管理国家、维护统治阶级的统治地位，即治国安邦的重要力量。"①

当然，关于警察与政治的关系问题，也有相当一部分人认为警察应是中立的，是不受任何党派支配的，不受政治因素影响的。持这种观点的人主要来自西方国家。如英国伦敦政治经济学院法律系教授、英国著名的犯罪学研究专家罗伯特·雷纳在他所著的西方警察学研究的经典之作《警察与政治》中列举过类似的观点，他说，"多数警官坚持认为警务与政治是不会混合在一起的。警察局长们常常宣称他们在警务服务中保持中立。'警察执行的是公众的意愿，不是执行任何部长、市长或其他官员的意愿，也不是执行任何执政党派的意愿'"②。但是，罗伯特·雷纳认为上述观点是建立在"将警察限制于派系冲突这一站不住脚的政治观念上"的，他说，"从广义的角度看，所有的带有权力因素的关系都是政治"③，"各国警察作为国家行政的一部分，无不打上了国家的烙印，因为国家行政本身是主义、思想、旗帜、政策、政治制度与文化习俗等因素在国家政治中的具体体现"④。警务工作作为权力极强的一项工作，理应视为政治过程中的一个始终如一的部分。如美国是一个移民国家，外籍移民取得绿卡后，可以在其政府部门工作，唯独不能在警察机关工作，对此有严格的限制。法国警察的入警宣誓誓词就是"国家警察官员忠于共和国制度"。这就是说，"警察作为一种社会力量不可避免地带有国家性、政治性、阶级性特征"⑤。

（二）从中国特色社会主义公安工作理论的基本观点和主要论断上看其政治性特征

从以上分析可以看出，警察的这种天然的政治属性，必然使掌握它的统治阶级或者政党对其加强政治建设，确保不会旁落。我国的政体、国体都与资本主义国家有着本质的不同，中国共产党是唯一的执政党。因此，在我国，人民警察讲政治是中国共产党对公安机关和人民警察最基本的政治要求。"一个执政党，最怕的是在重大问题上态度不坚定。"⑥ 改革开放以后，不管是在公安机关的组织机构方面、运行机制方面、职责使命方面，还是在队伍建设方面，中国

---

① 汪勇. 论政治建警的必要性 [J]. 公安研究，1999 (4)：44-50，86.
② 罗伯特·雷纳. 警察与政治 [M]. 易继苍，朱俊瑞，译. 北京：知识产权出版社，2008：8.
③ 罗伯特·雷纳. 警察与政治 [M]. 易继苍，朱俊瑞，译. 北京：知识产权出版社，2008：9-10.
④ 汪勇. 论政治建警的必要性 [J]. 公安研究，1999 (4)：44-50，86.
⑤ 汪勇. 论政治建警的必要性 [J]. 公安研究，1999 (4)：44-50，86.
⑥ 习近平. 习近平谈治国理政：第2卷 [M]. 北京：外文出版社，2017：113.

共产党都是旗帜鲜明地要求公安工作讲政治，要求公安机关和全体人民警察必须站稳政治立场，绝对服从党的领导，坚决维护人民民主专政的社会主义制度不受侵犯，贯彻政治建警的要求，做忠于党、忠于祖国、忠于人民、忠于社会主义法制的忠诚卫士，绝不允许有警察中立论的思想和行为。如邓小平提出，"运用人民民主专政的力量，巩固人民的政权，是正义的事情，没有什么输理的地方"①；江泽民要求公安机关"切实增强政治敏锐性和政权意识，全力维护社会政治稳定"②；胡锦涛屡次强调要坚持把政治建警放在政法队伍建设的首位、放在公安队伍建设的首位，努力建设一支"政治坚定、业务精通、作风优良、执法公正"③的公安政法队伍；习近平强调，"要从政治上建设和掌握公安机关"④，"坚持党的领导是方向性问题，必须旗帜鲜明、立场坚定，决不能羞羞答答、语焉不详，决不能遮遮掩掩、搞自我麻痹"⑤；等等。这些观点和论断充分彰显了中国特色社会主义公安工作理论的政治性特征。

（三）从中国特色社会主义公安工作理论的根本立场上看其政治性特征

立场，是人们观察、认识和处理问题的立足点。立场关乎一个政党的前途和命运，每一个政党总有自己的立场，其提出的思想和理论也必然具有一定的立场。作为理论立场，即"理论为谁言说、谁来言说、言说为谁"，其实质"是理论主体站在什么人角度解决什么人关心关注的问题，以及在解决问题之中满足什么人的理论需要和达到什么样的实践高度"⑥。提出一种思想或者是理论，最基本的一点是坚守该思想或者是理论的立场，并立足于这个立场认识世界和改造世界。改革开放以来，中国共产党人正是立足于人民的立场、国家的立场和党的立场的统一上认识、阐释和指挥公安工作，他们关于公安工作的价值取向的根本政治立场始终如一。

人民立场是中国特色社会主义公安工作理论的最根本的立场。改革开放以来，中国共产党在进行公安工作的探索和实践中提出的一切论断和观点如"严格执法、热情服务""人民公安为人民""增强人民获得感、幸福感和安全感"

①　邓小平. 邓小平文选：第3卷 [M]. 北京：人民出版社，1993：379.
②　江泽民. 江泽民李鹏接见第十九次全国公安会议代表 [J]. 人民公安，1996（4）：1，4.
③　胡锦涛. 胡锦涛文选：第3卷 [M]. 北京：人民出版社，2016：32.
④　习近平. 坚持政治建警改革强警科技兴警从严治警　履行好党和人民赋予的新时代职责使命 [N]. 人民日报，2019-05-09（1）.
⑤　习近平. 习近平谈治国理政：第3卷 [M]. 北京：外文出版社，2020：85.
⑥　储著源. 论习近平新时代中国特色社会主义思想的根本立场 [J]. 福建江夏学院学报，2019（4）：1-8.

"努力让人民群众在每一项执法活动、每一起案件办理中都能感受到社会公平正义"等，都是站在立警为公、执法为民的理论立场和实践立场上的。

在我国，公安机关因党而立、因党而兴，对党忠诚是公安队伍自建立以来始终不渝的信仰。公安姓党，是公安机关的根本政治属性，是公安机关与生俱来的基因，也是做好公安工作的根本遵循。从政治上建设和掌握公安机关，将党的绝对领导贯穿公安工作的各方面、全过程是中国共产党人对公安机关的基本要求，也充分体现了强烈的党性立场。

国家利益是公民与社会的利益基础，国家安全，人民才能安全。从邓小平到江泽民、胡锦涛、习近平，他们始终将国家安全放在首位。邓小平指出，"国家主权、国家的安全要始终放在第一位"①。江泽民要求在对外开放的全过程中，都要十分注意并切实维护国家的利益和安全。胡锦涛指出，要"高度警惕和坚决防范各种分裂、渗透、颠覆活动，切实维护国家安全"②。习近平更是将国家安全、政权安全、人民安全统一起来，在党的十九大报告中明确提出要坚持总体国家安全观，"必须坚持国家利益至上，以人民安全为宗旨，以政治安全为根本"的维护国家总体安全的基本原则。这些均充分体现了中国特色社会主义公安工作理论本身的人民立场、国家立场、党性立场的有机统一。

三、强烈的法治性特征

公安工作是一项执法工作，公安民警的行为是执法行为，公安机关的职能主要是通过执行刑事法律、治安管理法规、行政法规来实现的。改革开放以来，中国共产党人坚持法治思维，将人民民主专政纳入法治化轨道，在指导公安工作的实践中提出了关于公安工作的一系列观点和论断，具有强烈的法治性特征，主要体现在思维过程的法治性和思想内容的法治性上。

（一）公安工作本身就具有强烈的法治性特征

关于什么是法治，有人讲，法治就是法律规则之治，还有一种说法是良法得到服从就是法治。客观地说，马克思主义经典作家马克思恩格斯并没有对"法治"一词作出解释，且用得也比较少，他们的更多表述是法律。笔者对10卷《马克思恩格斯文集》（人民出版社2009年版）进行搜索发现，只有2处出现"法治"一词，一处是第1卷的第674页中引用海因岑的话"他要建立一个真正的法治国家"，一处是第8卷第12页中"他们只是忘记了，强权也是一种

---

① 邓小平.邓小平文选：第3卷 [M].北京：人民出版社，1993：348.
② 胡锦涛.胡锦涛文选：第2卷 [M].北京：人民出版社，2016：645.

法，而且强者的权利也以另一种形式继续存在于他们的'法治国家'中"。我国的学术界对法治有许多解释，如张文显认为："法治，在英文中相当于'the Rule of Law'，应是以民主为前提和目标，以严格依法办事为核心，以制约权力为关键的社会管理机制、社会活动方式和社会秩序状态。"① 一般可以认为，法治即法律的统治，其主要含义是法律在社会生活中具有绝对的统治地位，任何组织和个人都应当遵守和服从法律，其根本意义在于对一切公共权力都通过法律进行限制。

　　警察（公安工作）与法治有着密切的联系。第一，警察的逻辑起始于法律，公安机关的职权是法定的。警察（公安机关、公安工作）的权力是由法律授予的。像行政处罚、强制措施、紧急处置、逮捕、拘留等措施以及使用武器的权力都是国家法律授予的。比如，《中华人民共和国宪法》第三十七条明确规定，任何公民，非经人民检察院批准或者决定或者人民法院决定，并由公安机关执行，不受逮捕；第四十条规定，只有公安机关或者检察机关可以因国家安全或者追查刑事犯罪的需要，依照法律规定的程序对公民的通信进行检查。《中华人民共和国人民警察法》第七条、第八条对什么情形下依法施行政强制措施、行政处罚、强行带离现场和拘留等明确作出规定；第十条明确规定遇有拒捕、暴乱、越狱、抢夺枪支或者其他暴力行为的紧急情况，公安机关的人民警察依照国家有关规定可以使用武器；等等。第二，法治是公安工作的路径依赖和保障机制。"警察的中心职能是执行法律"②，公安工作须臾离不开法治，离开法治公安工作不仅会丧失权威，而且会丧失其存在的必然性。警察所用法律已经形成了自身的体系。《中华人民共和国人民警察法》《公安机关组织管理条例》《治安管理处罚法》《消防法》《枪支管理法》《中国公民出入境管理法》《外国人入境出境管理法》《居民身份证法》等系列法律、行政法规、地方性法规以及规章，基本构成了一个法律部门的规模。第三，警察的权威是以法律做后盾，必须用特别的法律来取得尊敬。恩格斯在《家庭、私有制和国家的起源》中论述雅典国家和警察的产生时指出，雅典人在创立他们的国家的同时，也创立了警察，这种警察职务，因为国家还很年轻，还未享有充分的道义上的威望，所以，在自由的雅典人看来是非常卑贱的，必须用特别的法律来取得尊敬。凭借这种法律，他们享有了特殊神圣和不可侵犯的地位。文明国家的一个最微不足

① 鞠旭远. 警察法学 [M]. 北京：中国人民公安大学出版社，2009：54.
② 罗伯特·雷纳. 警察与政治 [M]. 易继苍，朱俊瑞，译. 北京：知识产权出版社，2008：196.

道的警察，都拥有比氏族社会的全部机构加在一起还要大的"权威"①，也就是说，警察的权威是靠法律来支撑的。第四，警察既是执行法律的主体，又是被法律调整的客体。一方面，警察行使权力是法律赋予的，不以当事人同意为条件；另一方面，国家权力是一种"必要的恶"，任何超越和不当行使警察权的行为都会受到国家法律的调整。基于以上认识，警察（公安工作）本身具有强烈的法治性特征，不言而喻，作为指导公安工作的理论思想必然也具有法治性特征。

（二）从中国共产党人的法治思维看中国特色社会主义公安工作理论的法治性特征

思维的过程即人们思考认识的过程，思维的结果即为人们思想认识的内容。关于法治思维有许多释义，本人赞同"法治思维就是将法治的诸种要求运用于认识、分析、处理问题的思维方式，是一种以法律规范为基准的逻辑化的理性思考方式"② 这一解释。在这里，诸种要求不外乎为以合法性为出发点，守住合法性的底线；以公平正义为标准，做到立法公正、执法公正、司法公正，坚持法律面前人人平等；以人为本，尊重和保障人权等要求。法治思维的最鲜明要求就是法律至上、权力制约、公平正义、程序正当、保障人权。基于这一认识，可以认为中国特色社会主义公安工作理论具有明显的法治思维特征。

从历史逻辑来看，改革开放以来，中国共产党人充分认识到法治的重要性，呈现出鲜明的法治思维过程。邓小平奉献了正确处理好人治与法治的关系的政治遗产，提出正确处理民主与法制的关系，要求做到"有法可依、有法必依、执法必严、违法必究"。江泽民提出了依法治国、建设社会主义法治国家的伟大构想。胡锦涛提出了社会主义法治理念。习近平提出了全面依法治国、建设法治中国的时代命题，要求做到"科学立法、严格执法、公正司法、全民守法"。党的报告和文件提出了明确要求，如十一届三中全会公报提出"要保证人民在自己的法律面前人人平等，不允许任何人有超于法律之上的特权"③。党的十三大报告强调，"民主和专政的各个环节，都应做到有法可依，有法必依，执法必严，违法必究"。党的十六届中央委员会作出的《中共中央关于进一步加强和改进公安工作的决定》要求，"牢固树立严格依法履行职责的观念，牢固树立法律

---

① 中共中央马克思恩格斯列宁斯大林著作编译局．马克思恩格斯文集：第4卷 [M]．北京：人民出版社，2009：135-136，191．

② 张立伟．什么是法治思维法治方式 [J]．学习时报，2014-3-31．

③ 中共中央文献研究室．三中全会以来重要文献选编 [M]．北京：人民出版社，1982：11．

面前人人平等的观念，牢固树立尊重和保障人权的观念。强化证据意识、程序意识、权限意识和自觉接受监督的意识，严格依法行使权力、履行职责"①。党的十八大报告中首次提出"提高领导干部运用法治思维和法治方式深化改革、推动发展、化解矛盾、维护稳定能力"。党的十八届四中全会专门用一次会议的形式研究全面依法治国问题，做出了关于全面推进依法治国若干重大问题的决定，明确要求必须以规范和约束公权力为重点，"坚持法定职责必须为、法无授权不可为""坚决纠正有法不依、执法不严、违法不究行为"，整个历史过程充分展示了渐进式的法治思维过程。这一法治思维的结果即为中国特色社会主义公安工作理论的基本内容。这些内容，无论是对公安工作的实现途径，还是对公安队伍的建设要求，不管是健全法律体系建设，还是创造良好的法治环境，从为公安民警树立执法权威，到以人为本、促进社会公平正义，通篇贯穿着强烈的法治精神。

第三节　本质属性和价值依归的人民性

人民性是我国公安机关的根本属性，人民公安为人民是我国公安机关的根本宗旨。强调公安工作的人民性一直是中国特色社会主义公安工作理论的一个重要特色。习近平指出："法治建设要为了人民、依靠人民、造福人民、保护人民。"② 如果借用习近平的"马克思主义博大精深，归根到底就是一句话，为人类求解放"③，则可以表述为"中国特色社会主义公安工作理论内涵丰富，归根到底就是一句话，为人民求安全"。中国传统文化中就有"民为贵，社稷次之，君为轻"的政治思想，强调人民才是国家的基础，民心向背决定国家的兴亡，立国施政必须以人民的福祉为最高目标。马克思认为，历史活动是群众的事业，随着历史活动的深入，必将是群众队伍的扩大。中国共产党继承和发展了中华优秀传统文化的"民本"思想和马克思的唯物史观，提出了以人民安全为宗旨，坚持专门机关与群众路线相结合的公安工作群众路线，要求公安工作一切为了人民、一切依靠人民、一切由人民检验、一切受人民监督，充分体现了中国特色社会主义公安工作理论的本质属性和中国共产党人关于公安工作的价值追求。

---

① 中共中央文献研究室.十六大以来重要文献选编：上［M］.北京：中央文献出版社，2011：497.
② 习近平.加强党对全面依法治国的领导［J］.求是，2019（4）：4-11.
③ 习近平.在纪念马克思诞辰200年大会上的讲话［J］.党建，2018（5）：4-10.

一、价值指向的人民性

我国是人民民主的社会主义国家，人民当家作主，这就决定了我国的警察属于社会主义的人民警察，其权力来自人民，反过来又服务于人民。毛泽东一贯强调公安人员必须树立全心全意为人民服务的思想，在实际工作和生活中，真正把人民群众当作国家的主人，事事为群众着想，老老实实地当好人民的勤务员和警卫员。中国特色社会主义公安工作理论自始至终贯穿了公安工作一切以人民的利益为出发点和落脚点的思想。从新中国成立初"全心全意为人民服务"这一根本宗旨的确立，到新世纪新阶段"执法为民、带着深厚的感情去执法"思想的形成，从"严格执法，热情服务"，到"严格、公正、文明执法"，再到"严格规范公正文明执法"，人民公安始终顺应时代发展变化和人民群众的新期待、新要求，把维护好、实现好、发展好最广大人民的根本利益作为全部公安工作的根本出发点和落脚点；把是否有利于人民安居乐业作为衡量公安工作好坏的标准，始终做到"情为民所系、利为民所谋、权为民所用"；把执法手段和执法目的有机结合起来，最大限度地实现了法律效果和社会效果的统一。

西方国家警察也讲警察来自人民，警权民授，要为人民服务，如主张"警察是市民的公仆""警察是公民的保姆"等。但是，资本主义的性质决定了警察不可能全心全意为人民，也不可能为了所有的人民。如美国警察，一方面在为公众服务方面创造了好经验；另一方面，在其执法中存在着对劳动者的歧视和对少数民族、有色人种的歧视，其为公众服务远远没有达到全面性、广泛性。1980年，美国《新闻周刊》的一次民意测验说明，在黑人的答卷中，有44%的人认为警察对黑人残暴。40年后的今天，这个问题仍很突出，并且越来越严重。比如，2020年5月发生在美国的明尼苏达州白人警察粗暴执法导致非洲裔男子乔治·弗洛伊德死亡引发的在全美20多个州持续升级的大规模抗议和骚乱事件，就充分说明了这一点。

全心全意为人民服务，是无产阶级的服务观，是把整个人民群众都当作自己的服务对象，从最广大人民的整体利益出发，不为狭隘利益驱动，不以短期行为妨碍战略目标，能正确执行代表人民最高利益的政策和法律。尽管实际工作中有时因为这样或那样的原因会与理论相脱节，但是公安机关和全体警察全心全意为人民服务是公安工作的宗旨，是写入宪法和警察法里的，是中国共产党人关于公安工作的一以贯之的思想和追求。全心全意为人民和为了所有的人民是中国特色社会主义公安工作理论的一大特色。

二、力量源泉的人民性

毛泽东指出，人民，只有人民，才是创造世界历史的动力。把党的正确主张变为群众的自觉行动，最广泛地动员广大人民群众为实现自己的利益和美好生活而团结奋斗，是中国共产党人的一贯主张和做法。中国共产党人把公安工作路线建立在唯物史观的基础上，认为中国共产党的事情，就是人民自己的事情；中国的公安工作，就是人民的公安工作，充分发挥人民群众在治安控制中的动力作用。如邓小平、江泽民、胡锦涛、习近平分别提出的，在预防违法犯罪问题上，充分利用人民群众这个广大的群体；要减少和避免犯罪，首要的问题是做好人民群众自己教育自己、自己解放自己这篇文章；在揭发和惩治犯罪问题上，充分依靠和运用人民群众的力量；解决人民内部矛盾要充分依靠人民群众；建设共建共治共享的社会治安综合治理体系；等等。这些主张贯穿了公安工作要依靠人民的思想。这和国外、境外一些国家的警务工作思想有着明显的不同。国外、境外一些国家的警察往往认为，治安是由警察代替人民维护，是他们恩赐给人民的一种"福利"。如日本警察学专家川路利良曾讲："政府是父母，人民是子女，警察是保姆！"美国警察则认为"警察应该是单打独斗的勇士"，是"007詹姆斯·邦德那样的斗士"。尽管他们认识到群众的作用，如美国警学专家和麦（August Vollmer）曾说过："若是警察人员没有民众合作的话，即便用一半的人充当警察，也不能保证治安的良好"，但是，就连进行社区警务革命40余年的英国，即使现已认识到人民群众是打击犯罪的主力军，由于他们未能充分认识人民在维护治安方面的主人翁地位，也没有找到如何依靠人民群众维护社会治安的路子。中国的公安工作走出了一条在党的领导下的专门工作与群众路线相结合的公安工作群众路线，为我国保持良好的治安秩序发挥了重要作用。

三、评判标准的人民性

人民群众的安全感和满意度是衡量和检验公安工作的根本标准。古人云："凡举事，必先审民心然后可举。"中共几代领导人始终以人民群众"答应不答应""满意不满意""高兴不高兴""赞成不赞成""是不是得人心"作为公安工作的出发点和落脚点。邓小平指出：过去我们已经吃了十来年动乱的苦头，

"再乱，人民吃不消，人民也不答应"①。江泽民指出："党的一切方针政策，都要以是否符合最广大人民群众的利益为最高标准，以最广大人民群众满意不满意为根本准则。"② 胡锦涛指出："维护人民权益，是党的根本宗旨的要求，也是做好政法工作的目的。政法工作搞得好不好，最终要看人民满意不满意。"③ 习近平指出："要顺应人民群众对公共安全、司法公正、权益保障的新期待"，"进一步增强人民群众安全感和满意度"。④ 这些思想贯穿于中国共产党人的整个公安工作思想之中。当然，因为警察是天生的与罪恶打交道的群体，其与生俱来的打击犯罪、解决冲突的行为，"警察永远不会博得所有人的欢心"⑤。"警权民授"，人民群众不仅对公安工作做得如何进行评判，而且对公安民警的所作所为具有监督权，人民有权利对公安机关行使的权力进行监督。我国宪法规定，一切国家机关和国家工作人员必须接受人民的监督，努力为人民服务。"一目之察，不如众目之明。"没有监督的权力是危险的权力，最广泛最有效的监督就是人民监督。中国共产党几代领导人都特别强调公安机关和人民警察要接受群众监督，主要体现在：公安机关和人民警察只有让人民监督，才不敢松懈；只有让人民监督，才会少犯错误；只有让人民监督，权力才不敢滥用；只有让人民监督，才能有工作的动力；只有让人民监督，才能更好地聚民意、集民智、凝民心，作出正确决策，各项工作才能充分体现人民的利益。一切为了人民、一切依靠人民、一切让人民满意、一切受人民监督，无不体现出强调公安工作的人民性是中国特色社会主义公安工作理论一以贯之的一个重要特色。

---

① 邓小平. 邓小平文选：第2卷［M］. 北京：人民出版社，1994：252.

② 中共中央文献研究室. 十五大以来重要文献选编：中［M］. 北京：中央文献出版社，2011：229.

③ 胡锦涛. 胡锦涛文选：第3卷［M］. 北京：人民出版社，2016：30.

④ 习近平. 顺应人民对公共安全司法公正权益保障的新期待，全力推进平安中国法治中国过硬队伍建设［N］. 人民日报，2013-01-08（01）.

⑤ 罗伯特·雷纳. 警察与政治［M］. 易继苍，朱俊瑞，译. 北京：知识产权出版社，2008：11.

第九章

中国特色社会主义公安工作理论的价值意义

从价值的角度对中国特色社会主义公安工作理论展开探讨，可以帮助我们正确认识和把握中国特色社会主义公安工作理论怎么样的问题。鉴于本文在导言部分和上述章节中已从不同角度对中国特色社会主义公安工作理论的突出贡献有所论及，为避免重复，在此仅做综合性的、概括性的评说。

第一节　中国特色社会主义公安工作理论的理论价值

中国特色社会主义公安工作理论具有极为重要的理论价值，它创造性地发展了马克思主义的国家学说，丰富和发展了毛泽东公安工作思想，是中国特色社会主义理论体系的重要组成部分，为马克思主义思想宝库增添了崭新的理论创新成果。

一、继承发展了马克思主义的无产阶级专政理论

中国共产党自成立之日起就把马克思主义理论作为指导思想，新中国成立之后，每一届中央领导集体都坚持马克思主义理论与中国具体实际相结合、与中华优秀传统文化相结合，不断与时俱进、创新理论，中国特色社会主义公安工作理论正是对马克思主义国家学说和无产阶级专政理论的传承和发展。

第一，创造性地提出了特殊形式的阶级斗争理论，发展了马克思的阶级斗争理论。马克思认为，阶级斗争只是与生产发展的一定阶段相联系；阶级斗争必然导致无产阶级专政；无产阶级专政的任务是消灭阶级，实现从阶级社会向无阶级社会的过渡。这是他对阶级斗争和无产阶级专政的新贡献。我国在生产资料私有制的社会主义改造基本完成之后，剥削阶级作为一个阶级被消灭，在社会主义现代化建设时期，阶级斗争是否存在、无产阶级专政是否继续、公安机关的专政职能能否实行，是中国共产党人需要回答的一个重大问题。以邓小平为主要代表的中国共产党人运用马克思主义的阶级分析法，科学地认识我国在建设中国特色社会主义的历史时期的阶级关系和阶级斗争状况，提出并运用

了特殊形式的阶级斗争这一论断，并且认为：在国际、国内各种因素的作用下，尽管阶级对阶级的斗争已不复存在，但是一定范围的特殊形式的阶级斗争还会长期存在，有时还会很尖锐；既要反对阶级斗争扩大化的观点，也要反对阶级斗争熄灭论的观点。与此同时，他运用马克思阶级斗争必然导致无产阶级专政的观点，认为在特殊形式的阶级斗争长期存在的情况下，人民民主专政的职能不仅不能丢，反而要加强，公安机关的国家机器功能须臾都不能丢掉，不可能消亡。特殊形式的阶级斗争理论，为公安机关行使专政职能提供了理论基础。这些思想，丰富和发展了马克思主义的阶级斗争学说，对于指导全党和全国人民正确认识和处理阶级斗争问题、加强人民民主专政职能、推进社会主义现代化建设，具有重大的指导意义，既是党和国家制定工作路线和战略方针的出发点，也是公安工作行使专政职能的理论依据。

第二，提出了依法专政的思想，丰富和发展了马克思主义的无产阶级专政理论。马克思主义关于无产阶级专政理论的一个基本原理就是无产阶级取得领导权后，就要用无产阶级专政来代替资产阶级专政，过渡时期的国家只能是无产阶级专政，并且是共产党领导的无产阶级专政。马克思认为：工人阶级不能简单地夺取现成的国家机器并运用它来达到自己的目的，还必须建立完备的民主制和真正有效的人民监督制。① 列宁也指出：无产阶级专政的国家"应当是新型民主的（对无产者和一般穷人是民主的）国家和新型专政的（对资产阶级是专政的）国家"②。这里所提到的无产阶级专政是无产阶级对资产阶级或者是被剥削阶级对剥削阶级的专政，专政的手段基本上是以暴力为主。恩格斯说过，获得胜利的政党如果不愿意失去自己努力争得的成果，就必须凭借它的武器对反动派造成的恐惧，来维持自己的统治。列宁也说：历史教导我们，从来没有一个被压迫阶级，不经过专政时期，即不经过夺取政权并用暴力镇压剥削者总要不惜采取一切罪恶手段来进行的最猛烈、最疯狂的反抗的时期，就能够取得统治。③ 这主要是针对无产阶级政权的渊源和新政权建立之初复杂的阶级斗争形势而言的。在资产阶级统治的国家里建立无产阶级政权的国家，必须通过暴力革命，打碎旧的国家机器，废除旧的法律体系，建立一个无产阶级专政的国家

① 中共中央马克思恩格斯列宁斯大林著作编译局. 马克思恩格斯文集：第3卷［M］. 北京：人民出版社，2009：151.
② 中共中央马克思恩格斯列宁斯大林著作编译局. 列宁选集：第3卷［M］. 北京：人民出版社，1995：200.
③ 中共中央马克思恩格斯列宁斯大林著作编译局. 列宁选集：第3卷［M］. 北京：人民出版社，1995：693.

政权。它凭借的是暴力，而不是法律。另外，在新政权建立之初，刚刚被推翻的剥削阶级不甘心自己的灭亡，会以十倍的努力、百倍的拼命向无产阶级新生政权进行穷凶极恶的反扑，在这个时候，"专政是直接凭借暴力而不受任何法律约束的政权。无产阶级的革命专政是由无产阶级对资产阶级采用暴力手段来获得和维持的政权，是不受任何法律约束的政权"①。

改革开放以后，以阶级斗争为纲转移到以经济建设为中心，剥削阶级作为一个阶级已经被消灭，阶级斗争已不再是我国社会的主要矛盾，专政对象是否存在、国家机器的专政职能还有无必要，也就是说要不要专政、对谁专政、如何行使专政，在马克思那里没有现成的答案。中国共产党人对这个问题作出了回答。

在要不要专政和对谁专政这个问题上，邓小平指出，"四个坚持"任何时候都没有让过步，人民民主专政不能丢，但是对于专政可以少讲，或只做不讲。要理直气壮地坚持人民民主专政，加强人民民主专政的国家机器。"对各种敌对势力、反革命分子、严重危害社会秩序的刑事犯罪分子实行专政，决不对他们心慈手软。"② 江泽民指出：我们必须"用人民民主专政来维护人民政权，维护人民的根本利益。在这个问题上，要理直气壮"③。胡锦涛指出："在涉及我国主权、安全和国家利益等大是大非问题上，我们必须坚决斗争，绝不能含糊。"④ 习近平指出：面对各种敌对势力变本加厉的渗透破坏颠覆活动，面对民族分裂势力和宗教极端势力穷凶极恶的暴力恐怖活动，我们要毫不迟疑、毫不动摇地拿起人民民主专政的武器，不能当东郭先生!⑤ 所有这些，明确了在无产阶级取得政权以后，为了维护国家的安全和社会的稳定，要理直气壮地行使专政职能；对专政的对象划分上，在以阶级成分确定专政对象改变为以政治表现以及这些政治表现对社会的危害程度来划分的基础上，一是根据新的历史时期不同阶段阶级斗争的特点，二是根据维护国家安全、社会稳定和人民利益的需要来确定。

在如何行使专政上，明确提出运用法律武器行使专政职能。从以邓小平为

---

① 中共中央马克思恩格斯列宁斯大林著作编译局. 列宁全集：第35卷［M］. 北京：人民出版社，1985：237.
② 邓小平. 邓小平文选：第2卷［M］. 北京：人民出版社，1994：371.
③ 江泽民. 江泽民文选：第3卷［M］. 北京：人民出版社，2006：222-223.
④ 胡锦涛. 论构建社会主义和谐社会［M］. 北京：中央文献出版社，2013：11-12.
⑤ 刘明福，王忠选. 习近平民族复兴大战略：学习习近平系列讲话的体会［J］. 决策与信息，2014（Z1）：152.

主要代表的中国共产党人提出的"保障社会主义民主，加强社会主义法制"的民主法制思想，要求"国家的政治生活、经济生活和社会生活的各个方面，民主和专政的各个环节，都应做到有法可依，有法必依，执法必严，违法必究"①，将人民民主专政纳入法治化轨道，到以江泽民为主要代表的中国共产党人提出的"依法治国、建设社会主义法治国家"并将其写入宪法，"加强对敌对势力的专政，必须也只能在宪法和法律的范围内进行，而决不能超出法律范围，任意动用专政手段去处理不属于专政范围的社会问题，混淆两类不同性质的矛盾"②，从以胡锦涛为主要代表的中国共产党人提出"依法治国、执法为民、公平正义、服务大局、党的领导"的社会主义法治理念，到以习近平同志为主要代表的中国共产党人作出全面推进依法治国、建设"法治中国"的重大决定，要求全面依法治国正确处理好政治与法治的关系，可以看出，改革开放以来，中国共产党人赋予了人民民主专政新的内涵，这就是"从本质上说，人民民主专政就是依照宪法和法律规定，在人民民主的基础上，由国家机构来行使专政的职能"③。依法专政的思想是对马克思无产阶级专政理论的传承和发展。

二、丰富发展了毛泽东公安工作思想

中国特色社会主义公安工作理论是中国共产党人在继承和汲取毛泽东公安工作思想精髓的基础上，结合改革开放的时代背景和公安工作的实际情况逐步提出、发展和完善的。通过重新审视和对比分析本文第一章有关毛泽东公安工作思想的相关内容和本文第三章至第七章有关中国特色社会主义公安工作理论的相关内容可以发现，该理论从关于公安工作的定性定位问题到公安工作应该坚持的原则、路线、方针、策略以及公安队伍建设等方面，都对毛泽东公安工作思想有所发展、有所创新、有所突破，丰富和发展了毛泽东公安工作思想。

第一，关于公安工作思想的理论依据问题。以毛泽东为主要代表的中国共产党人在领导新民主主义革命的过程中，把马克思列宁主义关于无产阶级专政的基本原理同中国革命的具体实践相结合，建立了人民民主专政的国家政权，并用人民民主专政的手段治国理政。在新中国成立前夕，毛泽东发表了《论人民民主专政》，1957年6月发表了《关于正确处理人民内部矛盾的问题》，对人

---

① 中共中央文献研究室．十三大以来重要文献选编：上［M］．北京：中央文献出版社，2011：40.
② 中共中央文献研究室．十三大以来重要文献选编：中［M］．北京：中央文献出版社，2011：337.
③ 江泽民．江泽民文选：第3卷［M］．北京：人民出版社，2006：222.

民民主专政理论进行了补充和完善。人民民主专政理论是毛泽东对国家性质和治国理念的完整表述，从理论上解决了新中国的一系列有关政治和政权的核心问题，也为当代中国的公安工作确定了一个总的基调，这就是公安机关是国家机器，是人民民主专政的重要工具，要正确处理两类不同性质的矛盾，打击敌人，保护人民，"专政的目的就是为了保卫全体人民进行和平劳动，将我国建设成为一个具有现代工业、现代农业和现代科学文化的社会主义国家"①。可以说，毛泽东公安工作思想的理论依据就是人民民主专政理论和正确处理两类不同性质的矛盾学说。如上所述，改革开放以来，中国共产党人提出了加强社会主义民主，健全社会主义法制，树立社会主义法治理念，全面依法治国，建设法治中国的思想，将人民民主专政的手段纳入法治化轨道。运用法律武器，依法行使专政职能是新的理论突破，极大地丰富和发展了毛泽东的人民民主专政思想。

第二，关于公安工作坚持的原则和路线问题。坚持党对公安工作的绝对领导是公安工作的基本原则，以毛泽东为主要代表的中国共产党人参照"党指挥枪"的思想，提出了公安工作必须特别强调党的领导作用，并在实际直接接受党的领导的具体要求。改革开放以来，中国共产党人一方面强调公安工作必须接受党的绝对领导、全面领导，另一方面提出了要加强和改善党对公安工作的领导，这个改善主要体现在通过处理好党的政策和国家法律的关系、党的领导和依法治国的关系，强调党的领导与依法治国的有机统一。"党既领导人民制定宪法法律，也领导人民执行宪法法律，做到党领导立法、保证执法、带头守法"，"确保党的政策和国家法律得到统一正确实施"。② 这一思想和理论，突破了"人治"做法，发展了毛泽东的党对公安工作的领导的思想。群众路线是中国共产党的根本工作路线，是生命线。以毛泽东为主要代表的中国共产党人提出了公安工作也要走群众路线，要坚持专门工作与群众路线相结合的方针，通过群众来预防、发现、协助打击犯罪，并创建了治保会等群众组织协助公安机关维护社会治安。改革开放以来，中国共产党人始终坚持专门工作与群众路线相结合，提出了社会治安综合治理理论，这一理论是新形势下坚持专门机关工作和群众路线相结合原则的新发展，是具有中国特色的解决社会治安问题的新路子，继承和发展了毛泽东的公安工作群众路线。

第三，关于公安队伍建设问题。公安队伍是国家权力的象征，是打击各种

---

① 中共中央文献研究室. 毛泽东文集：第 7 卷［M］. 北京：人民出版社，1999：207.
② 习近平. 习近平谈治国理政［M］. 北京：外文出版社，2014：147-148.

犯罪的主体，队伍建设好坏、警察素质如何，直接关系国家的安宁和社会的稳定。毛泽东十分重视公安队伍建设工作，对公安队伍的政治思想、组织纪律、作风、学风建设等方面作了许多重要指示，有力地促进了公安队伍的正规化建设，形成了一整套公安队伍建设思想。改革开放以来，面对全球化和社会转型的不断深入，中国共产党人根据中国公安工作的实际，与时代脉搏同频共振，将队伍建设不断引向深入，从队伍建设的重要性和必要性、队伍建设的目标、队伍建设的措施等各个方面作了许多新的阐释，继承并发展了毛泽东的队伍建设思想。例如，提出了"全部公安工作中，队伍建设是根本，也是保证"的建警理念；提出了"政治建警、依法治警、从严治警、素质强警"的建警方针；提出了建立一支有"铁一般的理想信念、铁一般的责任担当、铁一般的过硬本领、铁一般的纪律作风"的公安铁军的建警标准；提出了"在公安机关的组织机构、勤务机制、管理方式、教育训练、监督制约、警务保障等方面实现标准化、程序化、法制化和科学化，使公安机关指挥畅通、内务规范、工作高效、保障有力"① 的正规化建设内容；提出了"对党忠诚、服务人民、执法公正、纪律严明"的公安工作和队伍建设总要求。这些论述，无论从广度上还是从深度上都极大地丰富了毛泽东的公安队伍建设思想。

三、为中国特色社会主义理论体系增添了新的内容

中国特色社会主义公安工作理论是中国特色社会主义理论体系的重要组成部分。中国特色社会主义理论体系，包括邓小平理论、"三个代表"重要思想、科学发展观、习近平新时代中国特色社会主义思想在内，是对马克思列宁主义、毛泽东思想的坚持与发展，这是党的十七大报告、党的十八大报告和党的十九大报告对中国特色社会主义理论体系内涵所作出的科学概括。中国特色社会主义公安工作理论与中国特色社会主义理论体系的本质目标和指导思想是一致的，是在建设中国特色社会主义的伟大实践中产生的。

第一，从指导思想来看，中国特色的社会主义理论体系是坚持以马克思列宁主义、毛泽东思想为指导，中国特色社会主义公安工作理论正是马克思主义的国家学说和无产阶级专政理论以及毛泽东的公安工作思想与公安实际相结合的产物，是中国特色社会主义理论体系的重要组成部分。

第二，从社会主义本质要求来看，我国是社会主义国家，各项工作都要围

---

①　中共中央文献研究室．十六大以来重要文献选编：上 [M]．北京：中央文献出版社，2011：499-500.

绕社会主义的本质展开。社会主义的本质是解放生产力，发展生产力，消灭剥削，消除两极分化，最终达到共同富裕。解放和发展生产力是中国特色社会主义的根本任务。服从和服务于党和国家的工作大局、为党和国家的中心工作服务是我国公安工作的政治使命，是中国共产党人的一贯要求。中国特色社会主义本质要求我们的公安工作是社会主义性质的，是发展和保障最广大人民群众根本利益的。可以说，中国特色社会主义公安工作理论和中国特色社会主义理论体系都是围绕建设社会主义而开展的，两者的本质目标是一致的。在价值取向上，中国特色社会主义理论体系最显著的特点就是它的人民性，而强调公安工作的人民性一直是中国特色社会主义公安工作理论一个重要特点。从邓小平的"集中打击严重刑事犯罪活动还必须发动群众"①，到江泽民的"严格执法，热情服务"②，到胡锦涛的"人民公安为人民"③，再到习近平的"努力让人民群众在每一个司法案件中都能感受到公平正义"④，无不强调公安工作的人民性，这是中国特色社会主义公安工作理论中一以贯之的一个重要特色。在坚持党的领导上，中国特色社会主义最本质的特征是坚持中国共产党的领导，这也是中国特色社会主义法治体系最本质的特征。坚持党对公安工作的绝对领导是公安工作的根本原则，也是中国特色社会主义公安工作理论的根本内容之一，从邓小平到习近平，这项原则一以贯之。由此可见，从社会主义本质要求来讲，中国特色社会主义公安工作理论是中国特色社会主义理论体系的重要组成部分。

　　第三，从基本内容来看，社会主义和谐社会理论、社会主义民主法治理论等是中国特色社会主义理论体系的重要组成部分，这些理论无一不与中国特色社会主义公安工作理论有着天然的联系。改革开放以来，中国共产党在公安工作中提出的建设更高水平的平安中国思想，正确处理新形势下的人民内部矛盾的思想，处理好维稳与维权的关系、活力与秩序的关系，坚持社会治安综合治理，构建立体化的社会治安防控体系理论，等等，丰富了社会主义和谐社会理论；依法治国建设法治中国，正确处理好民主与法治的关系，公安机关民主与专政的职能在公安工作的各个环节都要在法治框架内依法实施，严格规范公正

---

① 邓小平.邓小平文选：第3卷 [M]. 北京：人民出版社，1993：33.
② 陶驷驹.新时期公安工作和公安队伍建设的指导方针：纪念江泽民总书记为济南公安交警支队题词一周年 [J]. 求是，1996（20）：26-29.
③ 胡锦涛.胡锦涛在观摩全国公安民警大练兵汇报演练时强调　要切实提高处置突发事件的能力 [EB/OL]. 中央政府门户网站，2004-10-16.
④ 习近平.顺应人民对公共安全司法公正权益保障的新期待，全力推进平安中国法治中国过硬队伍建设 [N]. 人民日报，2013-01-08（01）.

文明执法，等等，丰富了社会主义民主法治理论。

第四，从产生过程来看，中国特色社会主义公安工作理论是在建设中国特色社会主义的伟大实践的历史进程中产生的。中国共产党领导中国人民在建设有中国特色的社会主义历史进程中产生了邓小平理论、"三个代表"重要思想、科学发展观和习近平新时代中国特色社会主义思想。一方面，这些思想和理论指导中国的公安工作取得了历史性的成就，使中国成为世界上最有安全感的国家之一，形成了中国特色社会主义公安工作理论；另一方面，中国特色社会主义公安工作理论是与中国特色社会主义理论体系同频共振的结果，它指导公安工作为建设社会主义现代化强国保驾护航，是中国特色社会主义理论体系的重要组成部分。

第二节 中国特色社会主义公安工作理论的实践意义

阐述理论不但要看其理论表述，还要看其政治实践，实践本身比理论表述更重要。理论的价值在于它能够指导实践。"马克思主义看重理论，正是，也仅仅是，因为它能够指导行动。"[①] 中国特色社会主义公安工作理论，以马克思主义基本原理为理论基础，立足于公安工作新的实践，对新的历史条件下公安工作的性质地位、职能作用、目标任务、指导方针、原则路线、组织保证等重大问题进行了全面阐述，提出了许多新思想、新观点、新要求，为进一步改进和加强公安工作提供了强大的理论指引和思想武器，是公安工作的基本遵循。

一、科学统领了公安工作的全面发展

中国特色社会主义公安工作理论，有效地统领了公安事业，使公安各项工作得到了全面发展，为我国的经济社会建设和发展起到了保驾护航的作用。改革开放以来，我国经历了国内经济社会转型、国际全球化的双重挑战，在这一历史进程中，我国用了几十年的时间经历了西方资本主义国家一百多年的历史进程，也用了几十年的时间承受和化解着西方一百多年所出现的各种矛盾和问题。英国的"圈地运动"所造成的社会失范现象和狄更斯笔下的《雾都孤儿》所描述的社会问题在我国并不鲜见，环境污染造成的大规模群体性事件接连不断，与此同时，境内外敌对势力、民族分裂势力、宗教极端势力和暴力恐怖势

---

① 毛泽东. 毛泽东选集：第1卷 [M]. 北京：人民出版社，1991：292.

力的捣乱破坏活动一刻也没有停止，且愈演愈烈。错综复杂的社会矛盾和严峻的治安形势时刻考验着我国的公安工作，也时刻考验着中国共产党人应对各种治安问题的挑战和能力。中国共产党人运筹帷幄，总揽全局，使公安机关在大是大非面前能站得稳，在急难险重面前能冲得出，有力地维护了政治社会稳定大局。

第一，运用法律武器，依法行使专政职能的思想，有效地维护了国家安全、人民生命财产不受侵犯和社会治安秩序的稳定。如前所述，改革开放以来，中国共产党人高度重视人民民主专政职能，分别以中央文件的形式、专门会议讲话的形式、个别批示的形式，要求公安机关依法运用专政手段维护国家安全、国家利益和人民的生命财产安全以及社会治安秩序的稳定。例如，中国共产党人提出的人民民主专政不但要讲，而且还要用，在坚持人民民主专政问题上不能书生气十足，人民民主专政职能只能加强，不能削弱，面对十分猖獗的暴力恐怖活动，面对丧心病狂的暴力恐怖分子，要毫不迟疑、毫不动摇地拿起人民民主专政的武器；民主和专政的各个环节都要纳入法治化轨道；稳定压倒一切，要正确处理改革发展稳定的关系，发展是硬道理，稳定是硬任务，稳定是改革发展的前提，必须坚持改革发展稳定的统一，要处理好维稳和维权的关系；等等。这些主张明确提出了公安工作的基本要求，为公安机关理直气壮地正确行使专政职能、维护社会稳定提供了强有力的政治保证。

改革开放40多年，公安机关以中国特色社会主义公安工作理论作为强大的理论武器，紧紧围绕各个历史时期党和国家工作大局，紧紧依靠广大人民群众，充分发挥人民民主专政职能作用，严密防范和严厉打击各种敌对势力的破坏活动，正确处理新时期人民内部矛盾，全力维护社会政治稳定，为巩固党的执政地位，维护国家长治久安，促进社会公平正义，保障人民安居乐业，服务经济社会发展作出了突出贡献，用鲜血和生命捍卫了国家和人民的利益，捍卫了法律的尊严。

在新的历史条件下，国家安全、社会治安局势、突发事件、经济和社会发展等方面随时都可能爆发危险。国际上，国际关系和国际政治格局正经历着一次深刻复杂的大调整，两种社会制度、两种意识形态的较量更加激烈，境内外敌对势力公开向我国发难、企图挑战党和国家的政治底线；国家内部，随着改革进入攻坚期和深水区，社会结构和利益格局深刻调整，利益关系多样化、利益诉求复杂化趋势更加明显，大量社会矛盾相互交织、各种风险隐患增多。面对一个以互联网和大数据为代表的瞬息万变的信息化时代，国际、国内不安全因素内外交织给我国带来的不稳定、不确定因素比以往更为复杂，公安机关维护国家安全和社会稳定的任务更加繁重，强化国家机器、运用法律武器对各种敌对势力依法行使专政职能，巩固人民民主专政的政权，在全面深化改革，全面推进依法治国、建设法治中国，坚持总体国家安全观，建设更高水平的平安中国语境下具有重要的现实意义。

第二，"严格执法、热情服务"的思想和"立警为公、执法为民"的理念以及以人民安全为宗旨的思想有效地处理了执法与服务、警察与百姓之间的关系。公安机关作为人民民主专政的重要工具、武装性质的国家治安行政力量和刑事司法力量，其主要职责、任务就是通过打击、防范、管理、保护等全方位的执法活动，依法为社会、为人民群众提供良好的服务。"严格执法，热情服务"正是这种依法从严管理与文明热情服务辩证关系的科学概括，既阐明了公安机关的职责所在和为警之道、立警之本，又强调了公安民警执法能力和职业道德建设的基本原则。中国共产党人运用历史唯物主义的基本观点，明确指出，"集中打击严重刑事犯罪活动还必须发动群众"①，"严格执法、热情服务"②，"立警为公、执法为民"，"人民公安为人民"③，"从人民群众最希望公安机关做的事情做起，从人民群众对公安工作最不满意的事情改起"④，"金色盾牌热血铸就，人民警察是'人民卫士'"⑤，"要全面推进依法治国，更好维护人民群众的合法权益"⑥，"政法工作搞得好不好，最终要看是否有利于人民安居乐业"，政法机关的职业良知，最重要的是执法为民，要求做到对群众深恶痛绝的事零容忍、对群众急需急盼的事零懈怠，决不允许对群众的报警求助置之不理，决不允许让普通群众打不起官司，决不允许滥用权力侵犯群众合法权益，决不允许执法犯法造成冤假错案，等等，明确回答了"为了谁、依靠谁、我是谁"这一根本问题，为公安战线牢固树立群众观点、站稳群众立场、践行群众路线、维护群众权益，努力把公安工作深深扎根于人民群众之中，指明了前进方向。

公安机关把严格执法作为公安工作的生命线，把执法为民作为执法思想的核心和价值取向，自觉用法律、法规规范一切警务活动，慎用自由裁量权，把

① 邓小平. 邓小平文选：第 3 卷 [M]. 北京：人民出版社，1993：33.

② 陶驷驹. 新时期公安工作和公安队伍建设的指导方针：纪念江泽民总书记为济南公安交警支队题词一周年 [J]. 求是，1996（20）：26-29.

③ 胡锦涛. 胡锦涛在观摩全国公安民警大练兵汇报演练时强调要切实提高处置突发事件的能力 [EB/OL]. 中央政府门户网站，2004-10-16.

④ 胡锦涛. 胡锦涛同第二十次全国公安会议部分代表座谈 [EB/OL]. 中国政府网，2005-06-28.

⑤ 习近平. 习近平看望一线劳动者 [EB/OL]. 新华网，2013-02-10.

⑥ 习近平. 习近平谈治国理政 [M]. 北京：外文出版社，2014：204.

严格执法寓于热情服务之中，深化改革、强化管理，不断健全队伍管理机制和监督制约机制，进一步提高队伍的整体素质和战斗力，严格依法打击犯罪，强化社会治安管理，将热情服务落实到公安机关的具体工作之中，保护了人民群众的合法利益。与此同时，通过严格执法的实践，树立了公安机关的执法权威，树立了公安民警的良好形象，赢得群众的信任和支持。"严格执法、热情服务""立警为公、执法为民"，尤其是习近平对如何做到严格执法的具体要求和措施，对全面深化公安改革、建设法治型公安、增强执法能力、提升执法规范化程度、提高执法质量、增进群众感情，具有重要的现实指导意义。

第三，政治建警、从严治警、依法治警、素质强警、从优待警，极大地提高了队伍的战斗力。在全部公安工作中，队伍建设是根本，也是关键。改革开放以来，中国共产党人确立了政治建警、从严治警、依法治警、素质强警、从优待警的公安队伍建设方针，并且强调，要坚持把政治建警放在公安队伍建设的首位，要信仰法治、坚守法治，做知法、懂法、守法、护法的执法者，站稳脚跟，挺直脊梁，只服从事实，只服从法律，铁面无私，秉公执法，等等，努力建设一支"铁一般的理想信念、铁一般的责任担当、铁一般的过硬本领、铁一般的纪律作风"的过硬公安队伍。这一思想，对于改变公安队伍中政治立场不坚定、理想信念缺失，有法不依、执法不严甚至以权谋私、徇私枉法，说不过、追不上、打不赢，流血、流汗又流泪的现象，"切实提高维护国家安全的能力；切实提高驾驭社会治安局势的能力；切实提高处置突发事件的能力；切实提高为经济社会发展服务的能力"，不断提高公安队伍正规化建设水平和执法水平提供了组织保证，发挥了重要作用。新的历史条件下，这一思想，对于加强公安队伍建设，按照政治过硬、业务过硬、责任过硬、纪律过硬、作风过硬的要求，努力建设一支公安铁军，切实承担起神圣职责，提高人民公安服务质量有着非常重要的指导意义。

二、有效推动了公安制度改革创新

创新是一个国家、一个民族发展和进步的动力，要实现创新，就必须厉行改革。党的十一届三中全会之后，我国进入了经济体制改革和对外开放的新时期，与此相适应的政府机构改革和司法体制改革也随之展开。为了适应经济社会发展的需要和政治体制改革的总体要求，伴随着我国政治、经济、社会、文化等各项事业的发展，作为政治体制改革组成部分的公安体制与工作机制改革经历了一个不断完善的过程。中国特色社会主义公安工作理论，有力地推动了公安制度的改革与创新，为公安机关充分发挥职能作用提供了制度保证。

以机构改革为例，自拨乱反正恢复和调整公安机关的机构设置以来，公安机关经历了五次大的机构改革。无论是发生在 1983 年前后的具有公安改革里程碑意义的公安编制与国家机关总的行政编制剥离，单独列为国家公安专项编制，同时将实行兵役制的武装、边防、消防三个警种合并组建中国人民武装警察部队，还是发生在 1988—1992 年的建立和完善大中城市民警巡逻体制和指挥系统，抑或是发生在 1993—1997 年的将武警部队列入国务院编制序列，公安边防、消防、警卫列入武警序列，由国务院和中央军委双重领导，实行统一领导管理与分级指挥相结合的体制，设立公安机关督察制度和督察队伍，从严治警，无论是发生在 1998 年至 2003 年的改革警务机制，实施社区警务战略，还是发生在 2003 年至 2012 年的配合正规化建设要求、立足于建立服务型公安机关和法治行政所建立的保障公安队伍依法履行职责的组织体系，乃至党的十八大以来公安现役部队官兵集体退出现役，不再列入武警部队序列，现役编制全部转为人民警察编制等，这些机构改革，都是在改革开放的大背景下进行的，都是在中国特色社会主义公安工作理论指导下展开的。

三、有力推进了法治公安建设

党的十八大提出了"到 2020 年，依法治国基本方略全面落实，法治政府基本建成，司法公信力不断提高，人权得到切实尊重和保障"的法治建设总目标，党的十八届三中全会更是提出了建设法治中国，必须坚持依法治国、依法执政、依法行政共同推进，坚持法治国家、法治政府、法治社会一体建设的总要求。公安机关既是国家机器的重要组成部分，又是政府机关的一个行政部门，是建设法治社会的主要力量，法治国家、法治政府、法治社会中的公安机关理应成为法治公安。2013 年 8 月 15 日，公安部出台的《公安机关深化执法规范化建设工作任务和阶段目标》提出了建设法治公安的总目标。

法治公安，是在中国特色社会主义的法治国家语境下的一个特有名词，有着丰富的内涵。简单地讲，法治公安，就是以社会主义法治理念来统领公安工作①，在新时代就是应用习近平法治思想统领公安工作，用法治思维和法治方式落实公安工作。法治公安是由法治国家、法治政府派生出来的。法治国家的基本构成要件就是政治民主、法律至上、保障人权、法制完备、执法司法公正、权力制约。法治国家、法治政府的一个基本原则是法律至上，即国家宪法为最

---

① 王鹰. 法治公安：社会主义法治原则在公安工作中的新发展 [J]. 政法学刊，2009（6）：88-91.

高法律，一切政策与法律不能与宪法冲突，一切行为以法律为准绳。社会主义法治理念指导下的法治公安的最主要理念就是宪法、法律至上，法律面前人人平等。我国宪法明确规定："一切国家机关和武装力量、各政党和各社会团体、各企业事业组织，都必须遵守宪法和法律"，"任何组织或者个人都不得有超越宪法和法律的特权"。公安机关要树立"对执法者来讲，法有规定方可为；对公民来讲，法无规定即自由"的依法执法理念，改进和完善执法方式，实现执法权能法治化，执法行为规范化、执法过程制约化。法治国家的一个重要特点就是以人为本，国家尊重和保障人权。与之相适应，社会主义法治理念指导下的法治公安的一个重要理念就是警察权力受制于公民权利，公安民警要树立"人权优于警权"的现代法治理念，正确处理社会治安与公民自由、维护社会安全与保障公民个人权利的关系，把握好公民的自由权、人身权、财产权这一执法边界线，在法律规定的框架内依法行使职权。法治国家的另一个重要特点就是公平正义，与之相适应，社会主义法治理念指导下的法治公安的一个重要理念就是严格执法，公正执法司法。公安民警要树立严格执法，公正执法司法的执法司法理念，不受权势、金钱、美色、亲情、友情的干扰，一切以法律为准绳，公平公正地处理每一个案件。

建设法治公安的基本载体和抓手就是执法规范化建设。以胡锦涛为主要代表的中国共产党人提出的"党的事业至上、人民利益至上、宪法法律至上""立警为公、执法为民"，立法工作要"按照法定的立法程序，扩大公民对立法的有序参与，推动解决好人民最关心、最直接、最现实的利益问题，维护人民合法权益和社会公平正义"①，执法司法工作"要坚持以人为本，坚持执法为民，坚持司法公正，把维护好人民权益作为政法工作的根本出发点和落脚点，着力解决人民最关心、最直接、最现实的利益问题"② 等重要观点，为创建法治公安指明了方向，注入了强大的思想动力，推进了公安机关执法规范化建设的步伐。从 2008 年开始，全国公安机关就把执法规范化建设当作一项中心工作来抓。从执法主体能力建设、执法制度建设到法律执行、执法行为监督管理等各个方面，先后制定下发了《关于大力加强公安机关执法规范化建设的指导意见》《全国公安机关执法规范化建设总体安排》《公安机关执法规范化建设阶段目标和成效标准》等一系列文件，并多次召开全国性的会议予以推动，系统提升民警执法能

---

① 胡锦涛. 胡锦涛在十七届中央政治局第一次学习会议上的讲话［N］. 人民日报，2007-11-27（1）.

② 胡锦涛. 胡锦涛在同全国政法工作会议的代表和全国大法官、大检察官座谈时的讲话［N］. 人民日报，2007-12-26（1）.

力，坚持以执法规范促进执法公正。为了压缩自由裁量的空间、减少公安民警执法的随意性，公安部围绕执法主要流程，明确和细化执法标准，制定了《公安机关执法细则》，对公安机关办理刑事案件和行政案件的各个环节、步骤作出全面的规定；针对有关财物管理，出台了《公安机关涉案财物管理若干规定》《公安机关代为保管涉案人员随身财物若干规定》；针对民警现场执法制定了《公安机关人民警察现场制止违法犯罪行为操作规程》，明确了处置的原则、措施、程序，为民警现场依法、及时处置提供了依据。广大公安民警的法治观念明显提升，公安机关的执法制度体系基本形成，执法办案场所面貌一新，执法管理的科学化、系统化显著增强，执法能力及执法质量、效率稳步提高。

党的十八届四中全会作出了全面推进依法治国的重大决定，公安机关作为全面推进依法治国、建设法治国家的主力军，遇到了前所未有的机遇和挑战，也为法治公安建设提出了新的要求。以"四个全面"为统领，党中央作出了全面深化公安改革的决定，并审议通过了《关于全面深化公安改革若干重大问题的框架意见》和相关改革方案，这是在全面深化改革、全面推进依法治国大背景下的一次公安改革，对建设法治公安具有重要的影响。习近平提出的公安机关"要抓住关键环节，完善执法权力运行机制和管理监督制约体系，努力让人民群众在每一起案件办理、每一件事情处理中都能感受到公平正义"[1]，"凡属重大改革都要于法有据。在整个改革过程中，都要高度重视运用法治思维和法治方式"[2]，"要严格规范公正文明执法，把打击犯罪同保障人权、追求效率同实现公正、执法目的同执法形式有机统一起来，努力实现最佳的法律效果、政治效果、社会效果"[3]，如此等等，为法治公安建设注入了强大的思想动力。

四、为经济建设和国家安全社会稳定人民安宁提供了思想保障

服从和服务于国家中心工作为经济建设保驾护航，维护国家安全社会稳定人民安宁是公安机关的主要职能。改革开放40多年来，我国的公安工作在中国特色社会主义公安工作理论指导下，在我国经济建设和国家安全、保卫中国特色社会主义伟大事业中做出了突出贡献，取得了举世瞩目的辉煌成就。国际上

---

① 习近平.坚持政治建警改革强警科技兴警从严治警　履行好党和人民赋予的新时代职责使命 [N].人民日报，2019-05-09（1）.

② 中共中央文献研究室.习近平关于全面深化改革论述摘编 [M].北京：中央文献出版社，2014：153.

③ 习近平.坚持政治建警改革强警科技兴警从严治警　履行好党和人民赋予的新时代职责使命 [N].人民日报，2019-05-09（1）.

普遍认为，经济持续健康发展、社会持续安全稳定是中国创造的"两大奇迹"，中国是世界上最有安全感的国家之一。习近平在全国公安工作会议上对公安工作给予了高度评价，他说：取得这样的成就，凝聚着全国公安战线和广大公安民警的艰苦努力。这既是党和国家最高领导人对公安工作的充分肯定，也是国际舆论对中国公安的高度褒奖，更是中国特色社会主义公安工作理论强大引领力的具体体现。比如，在科技强警思想的指导下，公安部于 2011 年年底开展了为期约 7 个月的网上追逃专项督察"清网行动"，使一大批重大网上在逃人员落入法网。公安部 A 级通缉令通缉的特大毒枭于浩，非法吸收公众存款 40 亿元潜逃加拿大的王宝连，结伙袭警抢枪潜逃 13 年还参演了 30 多部电视剧的吉思光，等等，3100 多起因犯罪嫌疑人长期在逃而得不到解决的信访积案被彻底清理，赢得了社会各界和人民群众的高度评价和普遍赞誉，群众赠送锦旗、感谢信 5.2 万余件。"清网行动"取得显著成效。这种事例不胜枚举，充分体现了中国特色社会主义公安工作理论的强大思想力量。

尽管中国特色社会主义公安工作理论在理论上取得了突破性的进展，在实践中发挥了强大的指导作用并取得了丰硕的成果，但是公安民警对中国特色社会主义公安工作理论的接受程度与中国共产党人的期望值之间还有一定落差，具体在实效性上还需进一步加强。另外，任何理论和思想都是在一定的历史条件下产生的，是从客观实际中抽象出来，又在客观实际中加以验证的。客观事物都是在变化、发展的，作用于客观事物的实践也是如此。理论只有在实践中面对新挑战、解决新问题，才能焕发出强大的生命力；理论只有在实践中不断修正其某些不合时宜的观点和内容，才能保鲜不衰。中国特色社会主义公安工作理论也不例外，需要在新时代公安工作的实践中不断丰富和发展。

第十章

在新的实践中坚持和发展
中国特色社会主义公安工作理论

中国特色社会主义公安工作理论是在实践中形成的，还必须回到公安工作的实践中去，指导实践，在实践中继续发展，"这就是检验理论和发展理论的过程，是整个认识过程的继续"①。中国特色社会主义公安工作理论是中国共产党人在马克思主义理论的指导下，在领导我国公安工作实践中对公安工作形成的规律性的认识，需要在不断总结经验中、在理论与实践的紧密结合中、在正确认识坚持与发展的关系中坚持和发展。

第一节　在不断总结经验中坚持和发展

积极推动中国特色社会主义公安工作理论创新发展，是中国共产党的优良传统，也是公安工作与时俱进的强大思想武器。纵观中国特色社会主义公安工作理论发展的历史进程，可以看出，中国特色社会主义公安工作理论在各个阶段的发展，是一个同向跃升的过程，在其基本内容、本质特征和坚持的根本原则上一脉相承。虽然由于时代的特点和面对的问题不同各有其独特的内容，但理论的本质是一样的，为中国共产党领导公安工作提供了根本原则，积累了丰富经验。全面总结、科学把握中国特色社会主义公安工作理论发展的历史经验，有助于坚持和发展中国特色社会主义公安工作理论，推动公安事业不断进步。

一、以坚持马克思主义和中国化马克思主义理论为指导思想

坚持马克思主义理论指导，这是无产阶级政党推进理论发展的重要基础。马克思恩格斯指出："统治阶级的思想在每一时代都是占统治地位的思想。"②中国共产党从诞生之日起，就把马克思列宁主义确定为自己的指导思想。党的

---

① 毛泽东．毛泽东选集：第 1 卷［M］．北京：人民出版社，1991：292.
② 中共中央马克思恩格斯列宁斯大林著作编译局．马克思恩格斯文集：第 1 卷［M］．北京：人民出版社，2009：550.

七大第一次明确地把马克思列宁主义与中国实际相结合产生的毛泽东思想确立为全党的指导思想，并庄严地写入党章。之后分别在党的十四大、党的十六大、党的十八大、党的十九大将邓小平理论、"三个代表"重要思想、科学发展观、习近平新时代中国特色社会主义思想确立为党的指导思想并分别写入党章。这些指导思想也分别被写入宪法，把党的指导思想转化为国家指导思想，使其成为国家的意志，一直坚持下来。马克思主义和中国化马克思主义理论是中国共产党的指导思想，理所当然是党领导下的公安工作的指导思想，这是中国共产党在领导中国公安工作的实践中所得出的重要经验。同样地，中国特色社会主义公安工作理论也是在马克思主义特别是在中国化马克思主义理论指导下发展的。今天，要坚持和发展这一理论，理应好好理解把握运用这条经验。

以什么样的理论体系作为警察机关的指导思想，直接决定着警察机关的性质、宗旨、政治方向和政策、法律、队伍建设等基本内容①。马克思主义认为，国家在本质上是一个阶级概念、政治概念，是同阶级和阶级斗争联系在一起的。公安机关作为国家的强力机关，具有鲜明的阶级性，中国共产党自然要用无产阶级政党理论武装之。"毛泽东同志关于公安工作的理论，就是他创造性地运用马克思列宁主义普遍真理指导中国公安保卫工作的一个光辉典范"②。改革开放以来，中国共产党人高度重视坚持以马克思主义及其中国化的理论成果为指导，这是中国公安机关作为人民民主专政工具的根本思想保证。邓小平强调，不管情况发生多大变化，马克思列宁主义、毛泽东思想的基本原理是完全正确的，必须永远坚持，决不能背离和丢弃。《中国共产党政法工作条例》对这一要求做出了明确规定，以此确保中国特色社会主义公安工作理论的根本性质不改变，"确保政法队伍全面正确履行中国特色社会主义事业建设者、捍卫者的使命"，对推动中国特色社会主义公安工作理论创新起了极大的促进作用。

坚持马克思主义及其中国化理论成果为指导，不仅是中国共产党在推进公安工作理论发展历史进程中得出的一条基本经验，同时也是指导中国公安工作的现实需要。列宁在创建无产阶级政党时指出："只有以先进理论为指南的党，才能实现先进战士的作用。"③ 马克思主义的核心和精髓是实事求是。毛泽东公安工作思想的内容之一是坚持实事求是的原则，严禁逼供信。公安工作的科学

---

① 中国警察学会公安学基础理论专业委员会中国特色公安研究组. 中国特色公安之研究 [M]. 北京：群众出版社，1996：35.

② 公安部政治部. 毛泽东公安工作理论 [M]. 北京：群众出版社，1993：2.

③ 中共中央马克思恩格斯列宁斯大林著作编译局. 列宁专题文集：论无产阶级政党 [M]. 北京：人民出版社，2009：71.

性、法律性、政策性都很强，关系人的生杀予夺，掌握得好，就能准确打击犯罪，保护人民，掌握不好，容易造成冤假错案，误伤自己。只有坚持实事求是、调查研究的思想方法和工作方法，才能从纷繁复杂的社会治安形势中正确认识和掌握公安工作的规律，掌握公安工作的主动权；才能从根本上端正公安民警的执法指导思想，重证据、重调查研究，严禁逼供信，坚持严肃与谨慎相结合，以事实为根据，以法律为准绳，有错必纠，正确执法，切实发挥公安机关的职能作用。

二、以坚持党对公安工作的绝对领导为根本原则

从政治上建设和掌握公安机关，始终坚持"党对公安工作的绝对领导"，确保公安工作坚定正确的政治方向，这是中国共产党在长期的革命、建设和改革过程中领导公安工作的一条基本经验，也是公安工作必须坚持的根本原则，同样是党领导公安工作的思想基因。《中国共产党政法工作条例》将之列为最高原则。中国特色社会主义公安工作理论是在党的领导下发展的，是集体智慧的结晶。今天，要坚持和发展这一理论，应好好理解把握运用这条经验。

早在第二次国内革命战争时期，毛泽东就强调公安保卫工作必须依靠党的领导。但是，井冈山斗争的中后期，由于受王明的"左"倾路线影响，国家政治保卫局的工作实行了教条主义、宗派主义的肃反方针，曾经不正确地强调了保卫机关独立系统的垂直领导，使保卫工作完全由保卫机关一手包办，把保卫机关凌驾于党中央之上，使主观主义的逼供信方法盛行，冤枉了许多好人，造成肃反扩大化的错误，革命事业受到严重摧残。毛泽东一直将这个教训引以为戒，把各级公安机关置于党中央和各级党委的实际领导之下，始终将党的领导作为公安机关必须坚持的根本原则。中国共产党作为执政党，坚持了党对公安机关和公安民警的绝对领导，这是公安决策正确性的根本保证。新中国成立以来，中国共产党为公安工作制定了许多重要方针、政策和工作原则，党的决策无论是在历史上，还是在现实中都经受了重大实践检验，证明了它的正确性。党中央和各级党委通过制定并坚决实施这些政策来实现对公安工作的领导。党从全局、整体和长远利益出发，能够总揽全局，协调各方，高瞻远瞩地对重大问题作出正确决策。因此，在一些大的方针、政策的制定上，在事关重大案件与事件的处置上，公安机关要及时向党组织请示汇报，取得党组织的有力领导。改革开放以来，中国共产党人始终坚持党对公安工作的绝对领导的原则，中共中央分别于1991年、2003年、2019年作出的《关于加强公安工作的决定》《关于进一步加强和改进公安工作的决定》《关于加强新时代公安工作的意见》，都

是在突出位置明确要求坚持和加强党对公安工作的绝对领导和全面领导,且内涵越来越丰富,始终如一地要求公安机关和公安民警对党绝对忠诚,确保坚定正确的政治方向。

坚持"党对公安工作的绝对领导",确保公安工作坚定正确政治方向,既是中国共产党在推进中国特色社会主义公安工作理论发展历史进程中得出的一条基本经验,更是刀把子牢牢掌握在党和人民手中、做好公安工作的现实要求。公安机关有着侦查、逮捕、拘留、收容、关押看守、审讯、搜查、传讯、治安处罚等权力,担负着打击敌人,惩罚犯罪,保护人民、保卫党、保卫社会主义制度的重要任务。公安机关处在与违法犯罪斗争的第一线,它所面对的是各种社会矛盾中最具有对抗性、尖锐性的部分,是危害性活动中最具有隐蔽性、复杂性的部分,是污染社会行为中最具有腐蚀性的部分。如果不听党的话,脱离了党的监督,是可以干出坏事来,伤到自己、伤到人民的。坚持党的领导,才能确保这支队伍始终坚持正确的政治方向,在大是大非面前明辨是非,做到令行禁止,确保关键时刻"拉得上,靠得住,打得赢"。

三、以坚持服从和服务党和国家的中心工作为立足点

中国共产党人始终将公安工作置于建设中国特色社会主义的大局和战略高度来谋划,坚持公安工作服从和服务党的中心工作,把维护国家安全和社会稳定置于公安工作首位,确保国家安全、社会稳定、人民安宁。这是中国共产党领导公安工作的基本经验,是长期以来形成的优良传统在新的历史时条件下的新发展。无论是邓小平主政时期还是江泽民、胡锦涛、习近平主政时期,其公安工作思想始终有这一主要内容。公安工作服从和服务于党和国家的中心任务,是公安工作的内在要求。从根本上来说,公安机关是国家统治的工具,是党和人民手中的刀把子,是国家意志和党的意志的忠实执行者,公安机关只有自觉地把公安工作融入全党全国工作大局,坚持在大局下思考、在大局下谋划、在大局下行动,积极服从服务于党和国家政治、经济、社会发展的大局,才能在建设中国特色社会主义的伟大实践中切实找准自身定位,牢牢把握发展方向。中国特色社会主义公安工作理论是在以坚持服从和服务党和国家的中心工作为立足点的过程中发展起来的,这是一条重要经验,今天,要坚持和发展这一理论,也应好好理解把握运用这条经验。

党和国家的中心任务是动态的。在没有建立政权前,党的中心任务是夺取政权,公安工作就是为夺取政权服务的;当已经建立起政权,党的中心任务是巩固政权,公安工作又是为巩固政权服务的。党在每一个阶段的中心任务的表

现形式有所不同，但都是围绕着建立政权和巩固政权而展开的。

在革命即将成功、人民政权即将建立之际，毛泽东在七届二中全会上明确提出：包括政权机关的工作、肃反工作在内的城市中的一切工作"都是围绕着生产建设这一个中心工作并为这个中心工作服务的"①。新中国首任公安部部长罗瑞卿亲自告诫公安人员要"与全党全国中心工作相结合，既懂得部门工作，又懂得中心工作"②。其在调离公安部时谆谆告诫大家："任何公安工作的业务都要为政治服务，为党的中心工作服务。我们公安工作的中心，应当服从党的整个工作中心。公安工作不可能有一个脱离党的中心工作，并且同党的中心工作相对立的中心工作。"③ 正是有毛泽东的公安工作要服从和服务于党和国家的中心工作的思想做指导，公安机关在各个时期围绕着党的中心任务开展工作，为实现各个时期党和国家的中心工作起到了保驾护航的作用。

改革开放以来，中国共产党人始终秉持这一理念开展公安工作，发展公安工作理论，把其作为一条经验长期坚持下来。在改革开放初期，随着全党工作重心的转移，公安工作的指导思想和工作重心迅速从过去"以阶级斗争为纲"转移到了保卫和服务社会主义现代化建设上来；在建立社会主义市场经济时期，建立与社会主义市场经济相适应的公安工作运行机制、队伍管理体制和警务保障机制，成为新形势下公安工作的发展目标；在全面建设小康社会时期，全国公安机关按照落实科学发展观、构建社会主义和谐社会的要求，紧密结合公安执法实践重点在民生领域推出若干改革举措；在新时代，为了确保人民安居乐业、社会安定有序、国家长治久安，按照习近平要求"把平安中国建设置于中国特色社会主义事业发展全局中来谋划，把人民群众对平安中国建设的要求作为努力方向，着力建设平安中国"④。可以看出，这一基本经验将会越来越发扬光大。

四、以坚持人民公安为人民为根本价值指向

中国共产党的初心和宗旨就是全心全意为人民服务。坚持以人民为中心、忠实践行人民公安为人民的初心使命，不断增强人民群众获得感、幸福感、安全感，是中国共产党在长期的公安实践中形成的重要历史经验，也是中国共产

① 毛泽东. 毛泽东选集：第4卷 [M]. 北京：人民出版社，1991：1428.
② 罗瑞卿. 罗瑞卿论人民公安工作 [M]. 北京：群众出版社，1994：431.
③ 罗瑞卿. 罗瑞卿论人民公安工作 [M]. 北京：群众出版社，1994：495.
④ 中共中央文献研究室. 习近平关于全面深化改革论述摘编 [M]. 北京：中央文献出版社，2014：93.

党一贯坚持的公安工作根本路线和价值取向，同时也是中国特色社会主义公安工作理论历久弥新的一条经验，是我们在坚持和发展这一理论中需要好好理解把握运用的经验。

唯物史观告诉我们，人民群众是创造历史的动力和源泉。中国共产党的一切工作既要为了人民，也要依靠人民。群众路线是毛泽东思想的重要组成部分，也是毛泽东关于公安工作思想的重要组成部分。毛泽东在中共七大上要求全党提起警觉，注意每一个工作环节上的每一个同志，不要让他脱离群众。在中国共产党第八届全国代表大会第二次会议上明确指出："一切工作都要走群众路线，公安工作也要走群众路线。"公安机关要让敌人害怕，人民喜欢。要在党委领导下贯彻群众路线，要求"人民公安机关必须永远置于无产阶级政党的领导和人民群众的监督之下。在保卫社会主义成果和人民利益的斗争中，要实行依靠广大人民群众和专门机关相结合的方针，不放过一个坏人，不冤枉一个好人。有反必肃，有错必纠"①。改革开放以来，中国共产党人继承和发展了毛泽东这一思想，从邓小平的"集中打击严重刑事犯罪活动还必须发动群众"②，到江泽民的"严格执法，热情服务"③，从胡锦涛的"人民公安为人民"④，到习近平的"以人民安全为宗旨"⑤、"不断提升人民群众安全感和满意度"⑥ 等，无不体现出强调公安工作的人民性是党的公安工作思想中一以贯之的一个重要特色，为中国特色社会主义公安工作理论不断向前推进提供了基本遵循。

五、以坚持辩证思维法治思维为方法论

执法活动是公安工作的基本活动，坚持运用辩证思维、法治思维相结合的基本方法做好公安工作是中国共产党公安工作在方法论上的一条基本经验，也是理论创新的一条经验，要坚持好运用好发展好。在新中国成立初期，百废待

---

① 中共中央文献研究室．建国以来重要文献选编：第 19 册 ［M］．北京：中央文献出版社，1998：69．
② 邓小平．邓小平文选：第 3 卷 ［M］．北京：人民出版社，1993：33．
③ 陶驷驹．新时期公安工作和公安队伍建设的指导方针：纪念江泽民总书记为济南公安交警支队题词一周年 ［J］．求是，1996（20）：26-29．
④ 胡锦涛．胡锦涛在观摩全国公安民警大练兵汇报演练时强调　要切实提高处置突发事件的能力 ［EB/OL］．中央政府门户网站，2004-10-16．
⑤ 习近平．习近平谈治国理政 ［M］．北京：外文出版社，2014：200-201．
⑥ 习近平．习近平在会见全国公安系统英雄模范立功集体表彰大会代表时强调　始终坚持人民公安为人民　做到对党忠诚服务人民执法公正纪律严明 ［N］．人民日报，2017-05-20（1）．

兴、法制空缺，公安工作以政策为主，党的政策一度成为全部公安工作的主要依据。毛泽东注重法制建设，亲自领导起草了新中国第一部宪法。改革开放以后，邓小平深刻吸取"文革"期间法治不彰给党和人民带来的深刻教训，强调还是法制靠得住，要求制定法律，做到"有法可依，有法必依，执法必严，违法必究"。① 建设社会主义市场经济，需要有法治为其保障，江泽民提出了"依法治国，建设社会主义法治国家"的基本方略，实现了从法制到法治的转变；于1995年签署并发布实施的《中华人民共和国人民警察法》，成为加强公安队伍建设、保障公安民警依法履行职责的重要法律。进入新世纪，胡锦涛从我国社会主义现代化建设事业全局出发，在认真总结我国法治建设实践经验、借鉴世界法治文明成果的基础上提出了以"依法治国、执法为民、公平正义、服务大局、党的领导"为基本内涵的社会主义法治理念，成为社会主义法治实践的指导原则。进入新时代，习近平提出了全面依法治国、建设法治中国，并在许多重要场合多次明确提出"法治思维"的概念，要求运用法治思维和法治方式开展工作；2019年5月，在全国公安工作会议上专门强调"要加强全民普法宣传教育，推动全社会形成办事依法、遇事找法、解决问题用法、化解矛盾靠法的良好法治环境"②，形成了习近平法治思想，充分体现了法治思维的方法论特征。

中国共产党人运用辩证唯物主义的世界观和方法论，深刻阐述了做好新形势下公安工作必须处理好的若干重大关系和策略，比如，"中国的问题，压倒一切的是需要稳定，没有稳定的环境，什么都搞不成，已经取得的成果也会失掉"③。为了维护稳定，要通过"一手抓建设，一手抓法制"④，"一手抓改革开放，一手抓打击各种犯罪活动"⑤，"一手抓民主，一手抓法制"⑥，"打防结合、预防为主、专群结合、依靠群众"的方式，实行社会治安综合治理，维护社会稳定。坚持党的领导和人民当家作主、依法治国的关系，党的政策与法律的关系，民主与专政的关系，维稳和维权的关系，活力和秩序的关系，依法治国和以德治国的关系，文明执法、公正执法和严格执法的关系，从严治警和从优待

① 邓小平. 邓小平文选：第2卷 [M]. 北京：人民出版社，1994：147.
② 习近平. 坚持政治建警改革强警科技兴警从严治警　履行好党和人民赋予的新时代职责使命 [N]. 人民日报，2019-05-09 (1).
③ 邓小平. 邓小平文选：第3卷 [M]. 北京：人民出版社，1993：284.
④ 邓小平. 邓小平文选：第3卷 [M]. 北京：人民出版社，1993：154.
⑤ 邓小平. 邓小平文选：第3卷 [M]. 北京：人民出版社，1993：378.
⑥ 邓小平. 邓小平文选：第3卷 [M]. 北京：人民出版社，1993：33.

警的关系，胆子要大和步子要稳、顶层设计和摸着石头过河的关系等。这一系列的两手抓和重大关系，充分体现了辩证唯物主义的思想方法，充分体现了对不同历史时期公安工作规律的深刻把握，为公安战线辩证地观察、分析事物，正确地研究、解决问题，提高公安工作科学化水平，提供了强大思想武器。上述过程和内容，透露着深邃的法治思维和辩证思维的方法论。

这些基本经验，集聚了中国特色社会主义公安工作理论得以发展的核心元素，是中国共产党领导公安工作的基本理念和价值取向。这些核心元素，既是中国特色社会主义公安工作理论的思想基因，也是党的公安工作的思想武器。这些基因，既不会因为时代的转变而转变，也不会因为主要任务的转移而削弱。只要是中国共产党执政、中国共产党领导公安工作，它就既始终贯穿党的公安工作理论发展的整个过程，也始终贯穿党领导公安工作伟大实践的整个过程，我们要在总结好运用好这些基本经验中进一步丰富和完善中国特色社会主义公安工作理论。

第二节 在理论与实践的紧密结合中坚持和发展

毛泽东曾经告诫全党，真正的革命的指导者，既要在于当自己的思想、理论、计划、方案有错误时须得善于改正，更要善于使自己和参加革命的一切人员的主观认识跟上某一客观过程从某一发展阶段向另一发展阶段推移的转变。也就是说要使新的革命任务和新的工作方案的提出，适合于新的情况的变化。① 新的时代，世界面临着百年未有之大变局，国内社会主要矛盾发生了深刻变化，给公安工作带来前所未有的挑战。面对影响和制约公安事业发展的体制性障碍、结构性矛盾、深层次问题，需要用发展的理论引领新实践。

一、让理论掌握广大公安民警

马克思有一句至理名言："理论一经掌握群众，也会变成物质力量。"② 马克思认为，理论只有被人民群众所掌握，才能转化为改造世界的物质力量。但是，作为反映事物的本质和规律的理性认识的理论、主义、思想，要转化为广

---

① 毛泽东. 毛泽东选集：第 1 卷 [M]. 北京：人民出版社，1991：294.

② 中共中央马克思恩格斯列宁斯大林著作编译局. 马克思恩格斯文集：第 1 卷 [M]. 北京：人民出版社，2009：11.

大人民群众的理论指南和思维方式，并不是自发实现的，它有赖于理论学习与传播、理论接受、指导实践等环节。也就是说，若想让党的创新理论在形成后对实践产生作用，需要经历一个被实践者所认知、接受并主动用来指导实践的过程。科学理论并不是一经产生就自然为人民群众所接受，既需要一个接受的理由，比如理论能够面向工作实际解决问题；又需要一个接受的过程，也就是有一个学习了解的过程。其中，理论宣教、制度示范和实惠吸引则是理论成果转化为实践观念的关键。

（一）着力将中国特色社会主义公安工作理论转化为公安民警的理论信仰

重视理论学习，加强对马克思主义的信仰是中国共产党推动事业发展的一条成功经验。无论是革命战争年代、和平建设时期，还是改革开放新时期，或者是中国特色社会主义进入新时代，每当遇到新情况新问题，党都号召全党同志加强学习。毛泽东认为，革命的理论、历史的知识、对实际运动的深刻了解，是指导一个伟大革命运动的政党取得胜利的必要条件。①邓小平认为，我们的许多错误都是从对马克思列宁主义的基本原理和毛泽东思想体会不够这里来的，"不注意学习，忙于事务，思想就容易庸俗化"②，就容易变质。习近平则提出，"要注重解决好世界观、人生观、价值观这个'总开关'问题，真正做到对马克思主义虔诚而执着、至信而深厚"③。同样的道理，中国特色社会主义公安工作理论只有为广大公安干警所信服、所掌握和运用，才能在公安实践中发挥智慧和力量。

第一，让广大公安干警切实感受到中国特色社会主义公安工作理论的科学价值。中国特色社会主义公安工作理论，是中国共产党人将马克思主义的普遍真理运用于公安实践中得出的理论成果，是指导我国公安工作的正确理论。新时代的公安工作处在一个远比以前更为复杂多变的时空环境中，更需要理论自觉、理论创新和理论指导。

第二，要在学习上下功夫。着力在全面系统学习上下功夫，认认真真学、原原本本学，及时跟进学；在融会贯通学上下功夫，把学习中国特色社会主义公安工作理论与学习中国特色社会主义理论体系和习近平新时代中国特色社会主义思想尤其是习近平法治思想结合起来；在深入深刻学上下功夫，带着思考学，努力做到知其言更知其义，知其然更知其所以然，真正在深层次上提高思

① 毛泽东.毛泽东选集：第2卷［M］.北京：人民出版社，1991：533.
② 邓小平.邓小平文选：第1卷［M］.北京：人民出版社，1994：316.
③ 中共中央文献研究室.习近平关于社会主义文化建设论述摘编［M］.北京：中央文献出版社，2017：64.

想理论水平。通过学习，正确运用马克思主义的立场、观点和方法，深刻认识和妥善处理经济社会转型期我国社会发展过程中积累的旧有矛盾和新出现的情况与问题，在揭示时代主题、提炼时代精神中回应时代课题。

第三，营造良好学风。学习中国特色社会主义公安工作理论，关键要有良好的学风。学风，是指人们在学习过程中一贯表现出来的态度和行为。早在延安时期，毛泽东就把学风问题上升到对待马克思列宁主义的态度问题、对待工作的态度问题来认识，深刻阐明了"学风问题是领导机关、全体干部、全体党员的思想方法问题"[①]。由此可见，学风的问题，归根结底是如何对待理论与实际的问题，也就是如何对待理论、如何对待实际、如何对待理论与实际的关系。中国共产党始终要求全体党员干部坚持"理论联系实际"的马克思主义学风，努力做到系统地而不是零碎地、实际地而不是空洞地掌握和运用马克思主义，用科学发展的眼光看待事物的变化，用实践与理论相结合的办法认识规律、把握规律。

（二）改进教育方式强化理论武装

马克思指出："理论只要说服人，就能掌握群众；而理论只要彻底，就能说服人。所谓彻底，就是抓住事物的根本。但是，人的根本就是人本身。"[②] 换言之，理论要想切入现实，就需要遵循"彻底的理论"—"说服人"—"掌握群众"这一内在逻辑，而其根本是人本身。

理论的彻底性既取决于理论本身的彻底性，又取决于理论传播过程的彻底性，更取决于人们对理论的认识与理解的彻底性。公安机关和公安民警在实践过程中暴露出的各种问题集中反映了中国特色社会主义公安工作理论在具体实践中贯彻落实的不彻底性，其根本原因在于对中国特色社会主义公安工作理论的认识与理解的不彻底性，再向上追溯就是传播过程的不彻底性。如何强化公安民警对中国特色社会主义公安工作理论的接受度并在实践中全面落实，需要中国共产党人去反思、去研究。

客观地说，关于中国特色社会主义公安工作理论如何使得公安干警入脑入心上，目前基本处在提要求、喊口号上，对于怎么能入脑入心触及不多。公安工作的特殊性决定了公安干警接受理论教育的特殊性。姑且不谈主观是否重视学习教育的问题，就客观来讲，比如，工学的矛盾。我国现有警察不足 200 万，

---

① 毛泽东 . 毛泽东选集：第 3 卷 [M]. 北京：人民出版社，1991：813.
② 中共中央马克思恩格斯列宁斯大林著作编译局 . 马克思恩格斯文集：第 1 卷 [M]. 北京：人民出版社，2009：11.

约占全国人口总量的万分之十五，明显低于国外万分之三十的平均水平。在社会转型期，各种犯罪现象严重，各种矛盾日渐加剧，人民警察承载着沉重的压力。"白加黑""五加二"是常态，越是国家法定的休息日、节假日，越是繁忙。公安民警长期超负荷劳动，因积劳成疾而猝死在工作岗位上的就占因公牺牲民警的1/4，警力不足的问题比较突出且会长期存在。在这种情况下，理论学习"说起来重要，做起来不要"也就在所难免。

再比如，传达渠道不畅通的问题，具体表现为传达过程信息层层递减。中国特色社会主义公安工作理论是通过政策和制度体现的，党的主要领导人关于公安工作的讲话和指示批示、党中央关于公安工作的政策大都是机密文件或秘密文件，同时，党的声音基本是通过会议层层传达到公安民警当中，这种形式本身在客观上就存在信息递减现象。更何况有的领导干部自身在理解上存在偏差、曲解、误读党的理论，歪嘴和尚念错了经；有的选择性传达，合意则取、不合意则舍；还有的领导干部根本就不传达，信息截留。这些现象导致中央精神贯彻不到民警脑中，出现传播过程的不彻底性。

这些现实问题需要引起重视，亟须将如何强化公安干警理论教育的思想融入中国特色社会主义公安工作理论之中，使如何开展理论教育内涵于中国特色社会主义公安工作理论之中，成为中国特色社会主义公安工作理论的一部分，使理论创新与理论武装相结合、相促进，在强化公安干警的理论武装上不断深化和发展中国特色社会主义公安工作理论。

（三）将中国特色社会主义公安工作理论转化为公安工作的政策、制度、运行体系

任何理论只有回到实践才有意义，任何理论转化为实践，都要有一个"中介过程"，这就是"理论掌握群众"。而理论要掌握群众，不仅有认知方面的因素，还有情感方面的因素。理论必须上升为政策、制度、规范等思维的具体，成为思维行程中再现的具体，否则，一个理论再好、内涵再丰富、精神再饱满，也只能飘在空中无从落地。这就是说，理论本身必须具体化为政策、制度、规范等具有操作性的东西。人民群众总是从认识政策等具体的东西入手来认识理论，通过政策、制度、运行机制等转化为思想观念和价值取向，并内化为自觉的思维方式和行动指南。先进的理论要想被广大公安干警彻底掌握，确保具体的实践能够有效地以理论为指导，就需要着力提升理论向思维的具象的转化力。

中国特色社会主义公安工作理论是对公安工作宏观的指导思想，而不是每项工作的操作指南，其落实到实践中需要转化为具体政策或制度。比如，习近平提出的要坚持专项治理和系统治理、综合治理、依法治理、源头治理相结合，

创新完善社会治安治理的方式方法，推进社会治理现代化的思想，在实践中，这个社会治安综合治理的方针从提出到运行已经有 30 余年的时间，各地公安机关在坚持这一方针中取得了丰富的经验，我们是否可以在总结各地经验的基础上，打造一个具象的、可操作的诸如环卫工、快递员、出租车司机、物业服务员、退休人员、公共安全志愿者以及居委会、保安公司等社会治安资源在一起的警种联动、警民联防的"公安命运共同体"模型，供各地公安机关结合本地实际而运行，使得"党委领导、政府主导、社会协同、公众参与、法治保障"职责明确，环环相扣。如此等等。

（四）理论转化与公安干警需要相结合

马克思认为，人类是在欲望和需要的驱动下创造着自己的历史。毛泽东指出，马克思主义的一个基本原则，就是让人们认识自己的利益，并且团结起来为之奋斗。这里的利益是一个宽泛的概念，它包括人对理论的现实需要，如解决现实问题的需要、释疑解惑的需要、提高工作效率的需要、生存的需要、发展的需要、享受的需要等。比如，公安机关党的领导干部要首先加深对中国特色社会主义公安工作理论的认识与理解，善于做好中国特色社会主义公安工作理论的宣传教育工作，通过以中国特色社会主义公安工作理论为指导，提高洞察力、预见力、决断力和应变力，工作上做到事半功倍，从而有更多的方法上的获得感，再将其变为内在的需求。再比如，公安理论工作者要加强对中国特色社会主义公安工作理论的研究，善于赋予更多的载体、采取丰富多彩的形式将中国特色社会主义公安工作理论深入广大公安干警心中。还比如，制定更多更好的惠警政策并予以落实，而不是空头支票，让其拥有主动学习和运用中国特色社会主义公安工作理论的情感认同。举例来讲，1991 年、2003 年、2019 年制定的《中共中央关于加强公安工作的决定》《中共中央关于进一步加强公安工作的决定》《中共中央关于加强新时代公安工作的意见》，包括改革开放以前的有关规定都有贯彻落实公安民警生活待遇"高于地方、略低于军队"的原则，确定符合我国国情的、体现公安民警职业特点的工资待遇，根据国家经济和社会发展水平不断提高公安民警的岗位津贴和警衔津贴等内容。但是这些要求，长期以来没有得到全面落实，并且有的地方公安民警的工资不能按时足额发放、医药费不能及时报销，这样会或多或少的影响理论武装的感召力，对于有的警察来讲，很难把彻底的理论学彻底。能够回答和解决现实问题，能够给公安民警带来实惠的有针对性的理论，才能为其所接受、所理解、所认同、所信任、所践行，理论才能更具活力和效力。将中国特色社会主义公安工作理论转化为公安干警的实际需要，是公安机关的各级领导和理论研究者需要做好的一门功课。

二、在解决现实问题和时代之问中坚持和发展

不断发展着的公安工作实践是中国特色社会主义公安工作理论发展的最深厚的源头活水。马克思主义认为，实践是发展的，从来没有什么理论"顶峰"，当然也就没有中国特色社会主义公安工作的终极理论。实践永无止境，理论创新也同样如此。马克思主义之所以能够随着时代的变化而不断发展，说到底，就在于马克思主义在本质上是实践的。中国特色社会主义公安工作理论，来自公安实践，又走在公安工作之前，站在公安工作之上，是在具体的公安实践中解决实际问题的经验升华，在本质上是解决现实的公安工作中矛盾和难题的思维方式方法和战略方针。时代在发展，实践无止境，中国特色社会主义公安工作理论的品质决定了它需要与时俱进，在实践、认识，再实践、再认识中不断深化和丰富其内涵。

（一）在解决现实问题中不断深化和发展中国特色社会主义公安工作理论

改革开放以来，我国的公安工作在中国特色社会主义公安工作理论指导下取得了举世瞩目的成就，中国的警察是世界上人均数量最少、待遇最低的警察，但是，中国是世界上最有安全感的国家之一，这是一个不争的事实。公安民警对党忠诚，服务人民，竭诚奉献，得到了党和人民的充分肯定。

不可否认，公安工作和公安队伍建设中还存在着许多问题，比如，党的公安工作理论明确提出打防结合、预防为主的方针，但公安民警的工作理念适应不了日益增多的风险隐患的问题依然突出，靠前一步、主动防范化解的意识不强，预防犯罪、把矛盾纠纷化解在未发之时的能力有待提高。再如，党的公安工作理论明确提出坚持科技兴警的方针，以大数据作为推动公安工作创新发展的大引擎、培育战斗力生成新的增长点，但是，面对不断升级的新型犯罪，存在着传统手段弱化、现代手段不强的问题，科技信息化建设存在自立门户、各自为战，融合共享不够，科技应用适应不了日新月异的科学技术发展速度的问题。还如，党的公安工作理论明确提出坚持专项治理和系统治理、综合治理、依法治理、源头治理相结合，创新完善社会治安治理的方式方法，坚持打防结合、整体防控，专群结合、群防群治，但是有的公安民警共建共享的理念尚未完全树立、社会动员能力不够的问题依然突出，如此等等。尤其是党的公安工作理论中坚持严格执法、公正执法司法，坚持严格规范公正文明执法的思想自始至终一以贯之，但是执法司法公信力问题始终得不到广大人民群众的首肯；

人民公安为人民，警民关系鱼水情，是党的公安工作的根本路线和优良传统，但是近几年仇警、袭警现象频繁出现；政治建警，依法从严治警、从优待警，是党的建警方针，但是近几年有的基层公安民警的消极作为问题不容忽视，更有甚者，有的公安民警与黑社会组织成员称兄道弟，充当黑恶势力"保护伞"，走向犯罪的深渊。这些问题虽然极少，但在新时代人民群众对民主、法治、公平、正义、安全、环境等方面的日益增长的需求之下，是公安机关队伍建设面临的急需解决的主要问题。这些问题表面上看起来是队伍建设问题，实际上反映了公安工作的制度体系和运行机制问题，也是党的公安工作理论在实践中暴露出的理论与实际相脱节的主要问题。

上述问题集中反映了中国特色社会主义公安工作理论在具体实践中的贯彻落实的不彻底性。这种不彻底性，貌似执行力不足，但其背后有着共同的深层原因。这些原因，既有公安工作的主体人民警察自身存在的诸如政治信仰问题、非科学的思维方式、异化的执法理念、法律素养和职业操守的缺失等问题，也有有效监督匮乏、执法生态不良、公安工作运行体制机制不健全等问题；既有公安机关本体自身的因素，又有国家、社会等外部因素。这些问题和原因，需要中国共产党人正视和解决。

（二）在回答时代之问中不断深化和发展中国特色社会主义公安工作理论

习近平指出："一种理论的产生，源泉只能是丰富生动的现实生活，动力只能是解决矛盾和问题的现实要求。"① 每个时代都有属于自己的课题。根据时代变化和实践发展，不断深化认识，不断总结经验，不断实现理论创新是马克思主义者一贯的态度，也是理论保持旺盛的生命力的关键。只有坚持理论指导和实践探索相统一，实现理论创新和实践创新相促进，才能不断深化和发展理论，推进时代的进步和发展。

中国特色社会主义进入新时代，党的二十大报告对新时代中国共产党人的新使命、新目标、新要求作出了全面部署。面对世界百年未有之大变局，面对变化莫测的国际形势和环境，面对繁重的改革发展稳定任务，面对各种各样的风险挑战，我们党治国理政考验之大是前所未有的。同样，在我国已全面建成小康社会，开启全面建设社会主义现代化国家新征程、向第二个百年奋斗目标进军的历史时期，在由大国走向强国、经济由高速增长转向高质量发展的关键阶段，面对现代科学技术尤其是大数据、互联网、物联网、人工智能等信息技术正处于跨越式发展这一现实境遇，尤其是面对突如其来的史无前例的新冠疫

① 习近平. 习近平谈治国理政：第3卷［M］. 北京：外文出版社，2020：63.

情大灾难，我国的政治、文化、社会等也会发生许多不确定的变化，维护国家安全和社会稳定工作面临着经济金融风险加剧、社会治安压力加大、社会矛盾交织叠加、公共安全隐患突出、意识形态斗争复杂等诸多风险和挑战。维护国家安全的任务、维护社会稳定的任务、创新社会治理的任务异常艰巨而繁重。

我国社会主要矛盾的变化必然会对公安工作提出新要求，人民群众对营造更加安全稳定的社会环境、更加公平正义的法治环境、更加优质高效的服务环境比历史上任何时候都更为迫切，这也是新时代赋予公安机关的新使命，给中国共产党人提出的新的时代课题。能否回答好这一时代新课题，取决于公安机关政治上是否成熟和坚定。而公安机关政治上成熟和坚定的基础，是党在公安工作理论上的提高和成熟。回答好如何实现社会环境更加安全稳定、法治环境更加公平正义、服务环境更加优质高效这一时代之问，需要从其基本内涵、实现路径等方面作出新的理论概括和实践。中国特色社会主义公安工作理论是在理论与实践互动的基础上不断与时俱进的，它必将随着时间的推移和实践的不断发展进一步深化，其科学内涵、精神实质、理论体系必将进一步完备。

例如，坚持党对公安工作的绝对领导，这是公安工作的根本原则，任何时候任何场合都不能有丝毫的怀疑和动摇。进入新时代，党的工作重心由全面建成小康社会、建设社会主义现代化国家转向全面建设社会主义现代化国家，进而全面建成社会主义现代化强国。党的十九届四中全会也作出了坚持和完善中国特色社会主义制度，推进国家治理体系和治理能力现代化的决定，对加强党的全面领导的制度建设作出了安排，比如，不忘初心、牢记使命制度，坚持和完善坚定维护党中央权威和集中统一领导制度，等等。在这种形势下，党对公安工作的领导模式显然也要与新时代相适应，与全面建设社会主义现代化国家相适应。如何实现党对公安工作的绝对领导、如何从政治上建设和掌握公安机关等，都需要在实践中摸索，从理论上阐明。只有从理论上真正讲透彻，才能掌握群众；只有为广大公安民警所掌握，才能真正牢牢地将刀把子掌握在党和人民手中，而不会旁落。

第三节　在正确认识坚持和发展的关系中坚持和发展

马克思认为，共产党人的理论原理，"不过是现存的阶级斗争、我们眼前的历史运动的真实关系的一般表述"①。也就是说，从本质上来讲，理论具有时代性和实践性的特征。如前所述，中国特色社会主义公安工作理论是在指导中国公安工作的实践中形成的规律性的认识，是具有时代特征的科学理论，指导公安工作取得了举世瞩目的成就。理论既然具有时代性特征，就说明它既具有时代的局限性，有其自己的历史条件，受当时的经济、政治、文化、社会等因素的影响，在面对新的背景、面临新的问题有些不合时宜的问题，又与时代精神息息相通，需要在实践中汲取营养并不断发展。所以，对待中国特色社会主义公安工作理论，要正确认识坚持与发展的关系，既不能认为它具有时代的特征，不在同一个时代就认为它已过时，弃之不用，也不能认为理论完美无缺，是终极的理论，而教条僵化、生搬硬套。"坚持马克思主义，最重要的是坚持马克思主义的科学原理和科学精神、创新精神"②，同样，坚持中国特色社会主义公安工作理论，最重要的就是坚持其立场观点和方法、坚持其基本原理和科学精神以及最新成果。中国特色社会主义公安工作理论深刻揭示了我国公安工作的本质和发展规律，是在公安实践中得以检验的理论，是新时代我国全面深化改革和发展党的公安事业的根本指导思想。在新时代，公安工作面临的形势发生了很大的变化，遇到的新问题层出不穷，所以既要坚持，又要发展，坚持其立场观点和方法、坚持其基本原理和科学精神，紧密联系中国特色社会主义进入新时代、紧密联系我国社会主要矛盾的重大变化这一实际、紧密联系为实现全面建设社会主义现代化国家这一阶段性目标而保驾护航的具体任务，在新的实践中、在解决问题中发展理论。

一、坚持中国特色社会主义公安工作理论的基本原理和科学精神

所谓基本原理是指具有普遍意义的最基本的规律。中国特色社会主义公安工作理论的基本原理是公安工作运行中具有普遍意义的基本规律，是对什么是公安工作、为什么要加强公安工作、怎样推进公安工作、谁来推进公安工作、公安工作的落脚点等基本问题的最根本的回答。公安机关是人民民主专政的工具；加强公安工作最根本的是坚持党对公安工作的绝对领导和全面领导；坚持以人民为中心、忠实践行人民公安为人民的初心使命，坚持专门工作与群众路线相结合，坚持政治建警、从严治警，始终把队伍建设摆在突出位置；等等。

---

① 中共中央马克思恩格斯列宁斯大林著作编译局．马克思恩格斯文集：第2卷［M］．北京：人民出版社，2009：44-45.
② 江泽民．论"三个代表"［M］．北京：中央文献出版社，2001：48.

这是几代中国共产党人在公安实践中总结出来的规律性的认识，是经过实践检验的正确原则，其所蕴含的立场、观念和理念在时代发展的历史长河中闪耀着价值的光芒，是中国特色社会主义公安工作理论进一步发展的基础。我们应当坚持好、发展好。

中国特色社会主义公安工作理论是在指导公安工作实践中与时代同频共振、不断回应现实问题中产生和发展的，政治性、人民性、法治性、实践性、时代性是中国特色社会主义公安工作理论的鲜明特征。这些思想特征，是改革开放以来的中国共产党人一脉相承、统一内化于中国特色社会主义公安工作理论的精神特质。中国特色社会主义公安工作理论的政治性、人民性、法治性、实践性、时代性特征，是其之所以成为公安工作指导思想的精神支撑，是中国特色社会主义公安工作理论的灵魂和精髓。坚持中国特色社会主义公安工作理论的科学精神，就是坚持中国特色社会主义公安工作理论的人民性，一切为了人民、一切依靠人民，一切让人民满意，一切受人民监督；就是要深刻认识党的公安工作思想的政治性特征，坚持党对公安工作的绝对领导、全面领导这一根本原则，始终将刀把子牢牢掌握在党和人民手中；就是坚持中国特色社会主义公安工作理论的法治性，严格执法，公正司法，法律面前人人平等，让人民群众切实感受到公平正义就在身边；就是在实践中以更宽广的视野、更长远的眼光与时俱进，创新发展理论，使中国特色社会主义公安工作理论永葆活力，回答好在新的时代背景下如何为坚持和发展中国特色社会主义保驾护航这篇大文章。

二、坚持好发展好习近平关于公安工作的重要思想

习近平关于公安工作的思想，既是中国特色社会主义公安工作理论的重要组成部分，更是中国化马克思主义公安工作理论的最新成果，丰富和完善了习近平新时代中国特色社会主义思想和习近平法治思想，是新时代公安工作的根本遵循。我们要认真贯彻落实习近平法治思想，坚持好运用好发展好习近平关于公安工作的重要思想。

第一，坚持政治建警，锻造公安铁军，确保"刀把子"牢牢掌握在党和人民手中。深刻认识和把握"刀把子"牢牢掌握在党和人民手中事关国家政治安全，事关人民群众根本利益，事关改革发展稳定大局，事关国家长治久安的这一极端重要性的思想；深刻认识和把握建设一支"对党忠诚、服务人民、执法公正、纪律严明"的公安队伍，是确保"刀把子"掌握在党和人民手中的重要前提的思想；深刻认识和把握确保"刀把子"牢牢掌握在党和人民手中必须从政治上建设和掌握公安机关，坚持党对公安工作的绝对领导、全面领导的思想。

在政治建警、从严治警、素质强警上下功夫，把依法治警、从严治警作为全局性、基础性、长期性工作抓紧抓实，引导全警牢固树立"四个意识"、坚定"四个自信"、做到"两个维护"，始终在思想上政治上行动上同以习近平同志为核心的党中央保持高度一致。全面贯彻落实好《中国共产党政法工作条例》，坚持好运用好发展好习近平关于确保"刀把子"牢牢掌握在党和人民手中，坚决捍卫党的领导和人民民主专政的国家政权的思想，确保公安工作以党的旗帜为旗帜，以党的方向为方向，以党的意志为意志，"刀把子"牢牢掌握在党和人民手中。

第二，严格规范公正文明执法，确保社会公平正义。深刻认识和把握公平正义是中国特色社会主义的内在要求和公安工作的价值追求，是社会稳定的压舱石的思想；深刻认识和把握严格执法、公正司法，是促进社会公平正义的根本前提的思想；深刻认识和把握要为严格执法、公正司法创造良好的执法环境和制度保障的思想。在培养公安民警法治信仰、法治坚守上下功夫。在进一步提升运用法治思维和法治方式化解社会矛盾、预防惩治犯罪、维护公共安全的能力和水平上下功夫，在正确把握严格执法、文明执法、公正执法之间的关系问题上下功夫，在营造良好的执法生态上下功夫。坚持好运用好发展好习近平关于坚守严格执法公正司法、促进社会公平正义的价值追求的思想，真正使公安队伍成为维护公平正义之师、守护人民安宁之剑，以有力的行动让人民群众切实感受到公平正义就在身边。

第三，以人民安全为宗旨，建设更高水平的平安中国。深刻认识和把握习近平以人民安全为宗旨，不断提升人民群众安全感和满意度的思想；深刻认识和把握坚持以政治安全为根本，确保社会政治大局稳定的思想；深刻认识和把握加快推动公共安全体系建设，提升社会治安治理现代化水平，建设更高水平的平安中国的思想。在强化风险意识、增强驾驭风险本领上下功夫，在创新社会治理体系上下功夫，在推进健全公共安全体系上下功夫，在综合运用现代科学技术、加快创新立体化社会治安防控体系上下功夫，在加快推进基层社会治理现代化、夯实基层基础上下功夫，在扫黑除恶专项斗争常态化上下功夫。坚持好运用好发展好习近平关于以总体国家安全观为统领，以人民安全为宗旨，加快推进社会治理现代化，推动公共安全体系建设，努力建设更高水平的平安中国的思想，确保国家长治久安，社会安定有序，人民安居乐业。

第四，全面深化公安改革，积极推进公安工作现代化。深刻认识和把握坚持以问题为导向，紧紧抓住影响和制约公安事业发展的关键环节和突出问题进行改革，聚焦重点难点问题，着力构建符合新时代要求、适应国家治理体系和治理能力现代化的现代警务管理体制和运行机制的思想；深刻认识和把握要真刀真枪进行改革，努力建设与中国特色社会主义法治体系相适应的公安工作体制机制的思想；深刻认识和把握站在人民的立场全面深化公安改革，努力取得让群众看得见、摸得着的公安改革成果的思想。着力在提高社会治安防控水平和治安治理能力上下功夫，切实提高人民群众的安全感。着力在提高公安机关执法水平和执法公信力上下功夫，确保严格规范公正文明执法，努力让人民群众在每一项执法活动、每一起案件办理中都能感受到社会公平正义，提高人民群众的获得感。着力在提高管理效能和服务水平上下功夫，从政策上、制度上推出更多惠民利民便民新举措，提高人民群众的满意度。着力在运用大数据、物联网等新科技上下功夫，把大数据作为推动公安工作创新发展的大引擎，全面助推公安工作质量变革、效率变革、动力变革①，向科技要警力，"让信息多跑路、让群众少跑腿"。坚持好运用好发展好习近平关于全面深化公安改革，努力建设与中国特色社会主义法治体系相适应的公安工作体制机制的思想，努力提高人民群众的获得感、幸福感、安全感和满意度。

　　习近平关于公安工作的重要思想，内涵丰富，思想深邃，是新时代公安工作的根本遵循。实践没有止境，理论创新也没有止境。随着公安改革不断深化和公安实践的不断深入，以习近平同志为主要代表的中国共产党人的公安工作思想将会进一步丰富和发展，需要在实践中坚持好运用好发展好。

---

　　① 习近平．坚持政治建警改革强警科技兴警从严治警　履行好党和人民赋予的新时代职责使命［N］．人民日报，2019-05-09（1）．

结　语

中国特色社会主义公安工作理论内涵丰富，以邓小平、江泽民、胡锦涛和习近平为主要代表的中国共产党人站在党和国家前途命运的战略高度，运用马克思主义的国家学说和无产阶级专政理论，运用马克思主义的立场、观点和方法，在继承毛泽东公安工作思想的基础上，紧密结合我国改革和发展的时代主题，不断推进中国特色社会主义公安工作理论的发展创新，创造性地提出一系列理论和观点，逐渐形成一套相对完整、科学和独具中国特色的公安工作理论体系。在这一理论指导下，我国的公安工作取得了举世瞩目的成就，我国成为世界上最有安全感的国家之一。

为了深刻揭示中国特色社会主义公安工作理论的发展历程、主要内容、当代价值，从而为当下以及未来一段时期我国推进公安工作提供宝贵的经验、启示和方法依据，笔者以学界对邓小平、江泽民、胡锦涛、习近平公安工作思想的个案研究成果为基础，对改革开放以来党的主要领导人的重要讲话、论著，党中央的重要文献资料进行搜集和整理，并在尽可能大量占有和全面掌握原始材料的基础上，遵循实事求是的精神和逻辑与历史相统一的原则，将他们在各个不同的历史时期个别的、单独的、碎片化的指示、谈话、论述、题词与当时的具体背景、公安实践相结合，分析总结出来个别化的片段式的思想，然后在此基础上，通过对这些思想片段之间的内在逻辑的发掘和整理，建立起它们相互之间的联系，构建成一个具有一定结构和功能的理论体系，并从形成条件、发展历程、历史地位等视角对这一理论展开深入考察和全面阐述，从而大致上勾勒出中国特色社会主义公安工作理论的总体轮廓。其中，有关形成轨迹、理论依据、主要内容，以及在实践中暴露出的理论与实践相脱节问题的研究，既是本书研究的重点和难点，也是本书的突破创新之处，真实、客观地还原了中国特色社会主义公安工作理论的本真面貌和根本精髓。

研究过程主要有五个方面的特点。一是注重理论与实践的互动。马克思主义之所以得以发展，从根本上说是由其实践品格所决定的，将马克思列宁主义和中国化的马克思主义及改革开放以来中国公安工作的实践相结合，是中国特色社会主义公安工作理论发展的基本途径和动力源泉。离开了公安实践，我们就难以对改革开放以来中国公安工作发展形成正确的认识，就难以概括中国特色社会主义公安工作理论的基本观点。研究过程注重了从公安实践为视角总结、提炼、阐释这一理论。二是注重与时代特征的互动。中国特色社会主义公安工作理论是中国共产党人在各自特定的时代背景下，运用马克思主义的立场观点和方法解决中国公安工作的新问题而总结出的时代精神的精华。研究中尤其注意了国内社会转型、国际全球化的时代背景。改革开放以来，我国经历了从计划经济向社会主义市场经济的变迁，在这一变迁的过程中，作为国家权力重要组成部分的公安工作有没有发生变化以及如何变化，在变化的过程中需要什么样的理论来指导，无疑需要作出解释。全球化进程的加速和各种非传统安全威胁的出现，给我国的社会稳定带来一系列的严峻挑战。全球化和社会转型对公安机关打击和预防犯罪、服务经济和社会发展的能力建设提出了新的要求，指导公安工作的思想理论必然要有创新。所以，在研究过程中，特别注意了站在全球化和社会转型的时代背景下对公安理论创新进行学术梳理和阐释。三是注重领袖人物与广大公安干警的互动。中国特色社会主义公安工作理论的形成和发展以公安战线的广大党员、理论工作者和人民警察的创造为基础。在公安实践中，公安干警创造出一系列新事物、新经验、新观点、新理论，这些新经验和新理论为中国特色社会主义公安工作理论的形成发展和创新提供了丰富的理论素材，使中国特色社会主义公安工作理论日益走向成熟和完善。研究在这方面有所关照。四是注重中国特色社会主义公安工作理论与中国特色社会主义理论体系、习近平新时代中国特色社会主义思想的密切联系。公安工作担负着重大使命任务，是中国特色社会主义伟大事业历史进程中整个社会实践活动的重要组成部分，中国特色社会主义公安工作理论也是中国特色社会主义理论体系的重要组成部分。研究过程既没有游离于我国社会主义现代化建设的整体实践去研究和总结改革开放以来的中国公安实践活动，也没有离开中国特色社会主义理论体系去研究中国特色社会主义公安工作理论，而是采用两者相结合的研究方法。五是注重从中国特色上下功夫。公安机关是国家机器的重要组成部分，有特别强的国家性。尽管世界各国、各地区的警察有着基本的共同点，但是每个国家的公安机关都强烈地体现着其国家特征、民族特征和阶级特征，也鲜明地体现着其历史文化传统和文化特点，这些特殊性总和构成一个国家公安机关的特色。指导公安工作的思想理论必须与这些特色相适应，形成一个国家独有的公安工作思想。所以，研究过程始终从中国的国情和公安工作实际出发，而不是去迎合某一思想流派。

笔者深知，中国特色社会主义公安工作理论观点出处零散、时间跨度较长，内容涉及几代中央领导集体的思想、观点、论断和做法。较之于分别对以邓小平、江泽民、胡锦涛、习近平为主要代表的中国共产党人的公安工作思想做个案研究，客观地说，这种整体性研究驾驭起来确有难度。做到从零散中找出系统，从漫长的时间跨度中找出一贯，从不同的人在不同的场合对不同的问题的具体论述中找出内在联系，从简单的论断中挖掘其深刻内涵和深层思想，并非易事。另外，目前国内外该方面的研究成果少见，可供借鉴的直接资料相对较少，如何准确提炼出理论内容是一种挑战。由于自身知识结构和理论视野较窄、学识功力浅显、资料把握不尽翔实，书中所提炼的一些观点和结论，不一定准确和全面，还有待进一步补正和完善。笔者对这一理论的探寻仅是破题和开篇，只窥视冰山一角，初步提供一个可供人们批评、讨论的知识框架。笔者也有意将研究资料和提炼观点与结论时所依据资料的出处做了分享，以期为后续研究者提供方便。

研究中国特色社会主义公安工作理论，不能仅仅拘泥于总结过去，更重要的是面向未来。因此，我们既要珍视和利用好这份宝贵财富，使之在护航全面建设社会主义现代化国家新征程、实现中华民族伟大复兴中国梦的历史进程中发扬光大，更要根据现实和未来的需要将中国特色社会主义公安工作理论不断完善、丰富和发展。

参考文献

一、经典著作与重要文献

[1] 中共中央马克思恩格斯列宁斯大林著作编译局. 马克思恩格斯选集：第1~4卷 [M]. 北京：人民出版社，2012.

[2] 中共中央马克思恩格斯列宁斯大林著作编译局. 马克思恩格斯文集：第1~10卷 [M]. 北京：人民出版社，2009.

[3] 中共中央马克思恩格斯列宁斯大林著作编译局. 列宁选集：第1~4卷 [M]. 北京：人民出版社，2012.

[4] 中共中央马克思恩格斯列宁斯大林著作编译局. 列宁专题文集：论马克思主义 [M]. 北京：人民出版社，2009.

[5] 中共中央马克思恩格斯列宁斯大林著作编译局. 列宁专题文集：论辩证唯物主义和历史唯物主义 [M]. 北京：人民出版社，2009.

[6] 中共中央马克思恩格斯列宁斯大林著作编译局. 列宁专题文集：论资本主义 [M]. 北京：人民出版社，2009.

[7] 中共中央马克思恩格斯列宁斯大林著作编译局. 列宁专题文集：论社会主义 [M]. 北京：人民出版社，2009.

[8] 中共中央马克思恩格斯列宁斯大林著作编译局. 列宁专题文集：论无产阶级政党 [M]. 北京：人民出版社，2009.

[9] 毛泽东. 毛泽东选集：第1~4卷 [M]. 北京：人民出版社，1991.

[10] 中共中央文献编辑委员会. 毛泽东著作选读：上下册 [M]. 北京：人民出版社，1986.

[11] 中共中央文献研究室. 毛泽东文集：第1~2卷 [M]. 北京：人民出版社，1993.

[12] 中共中央文献研究室. 毛泽东文集：第3~5卷 [M]. 北京：人民出版社，1996.

[13] 中共中央文献研究室. 毛泽东文集：第6~8卷 [M]. 北京：人民出

版社, 1999.

[14] 中共中央文献研究室. 建国以来毛泽东文稿: 第 1~3 册 [M]. 北京: 中央文献出版社, 1987.

[15] 中共中央文献研究室. 建国以来毛泽东文稿: 第 4 册 [M]. 北京: 中央文献出版社, 1990.

[16] 中共中央文献研究室. 建国以来毛泽东文稿: 第 5 册 [M]. 北京: 中央文献出版社, 1991.

[17] 中共中央文献研究室. 建国以来毛泽东文稿: 第 8 册 [M]. 北京: 中央文献出版社, 1993.

[18] 中共中央文献研究室. 建国以来毛泽东文稿: 第 11 册 [M]. 北京: 中央文献出版社, 1996.

[19] 中共中央文献研究室. 建国以来毛泽东文稿: 第 13 册 [M]. 北京: 中央文献出版社, 1998.

[20] 邓小平. 邓小平文选: 第 1~2 卷 [M]. 北京: 人民出版社, 1994.

[21] 邓小平. 邓小平文选: 第 3 卷 [M]. 北京: 人民出版社, 1993.

[22] 中共中央文献研究室. 邓小平年谱 (1975—1997) [M]. 北京: 中央文献出版社, 2004.

[23] 中共中央文献研究室. 邓小平思想年编 (1975—1997): 上下 [M]. 北京: 中央文献出版社, 2011.

[24] 江泽民. 江泽民文选: 第 1~3 卷 [M]. 北京: 人民出版社, 2006.

[25] 中共中央文献研究室. 江泽民思想年编 (1989—2008) [M]. 北京: 中央文献出版社, 2010.

[26] 胡锦涛. 论构建社会主义和谐社会 [M]. 北京: 中央文献出版社, 2013.

[27] 胡锦涛. 胡锦涛文选: 第 1~3 卷 [M]. 北京: 人民出版社, 2016.

[28] 习近平. 习近平谈治国理政 [M]. 北京: 外文出版社, 2014.

[29] 习近平. 习近平谈治国理政: 第 2 卷 [M]. 北京: 外文出版社, 2017.

[30] 习近平. 习近平谈治国理政: 第 3 卷 [M]. 北京: 外文出版社, 2020.

[31] 中共中央文献研究室. 习近平关于社会主义社会建设论述摘编 [M]. 北京: 中央文献出版社, 2017.

[32] 中共中央文献研究室. 习近平关于社会主义政治建设论述摘编 [M].

北京：中央文献出版社，2017.

　　[33] 中共中央文献研究室. 习近平关于社会主义文化建设论述摘编 [M].
北京：中央文献出版社，2017.

　　[34] 中共中央文献研究室. 习近平关于全面深化改革论述摘编 [M]. 北
京：中央文献出版社，2014.

　　[35] 中共中央文献研究室. 习近平关于全面依法治国论述摘编 [M]. 北
京：中央文献出版社，2015.

　　[36] 中共中央文献研究室. 习近平关于科技创新论述摘编 [M]. 北京：
中央文献出版社，2016.

　　[37] 中共中央文献研究室. 习近平关于全面从严治党论述摘编 [M]. 北
京：中央文献出版社，2016.

　　[38] 中共中央文献研究室. 习近平关于全面建成小康社会论述摘编 [M].
北京：中央文献出版社，2016.

　　[39] 中共中央文献研究室. 习近平关于党风廉政建设和反腐败斗争论述摘
编 [M]. 北京：中央文献出版社，2015.

　　[40] 中共中央文献研究室. 习近平关于"不忘初心、牢记使命"重要论述
选编 [M]. 北京：党建读物出版社，2019.

　　[41] 中共中央文献研究室. 习近平总书记系列重要讲话读本 [M]. 北京：
学习出版社，2014.

　　[42] 习近平. 论坚持全面依法治国 [M]. 北京：中央文献出版社，2020.

　　[43] 罗瑞卿. 罗瑞卿论人民公安工作 [M]. 北京：群众出版社，1994.

　　[44] 彭真. 彭真论新中国的政法工作 [M]. 北京：中央文献出版
社，1992.

　　[45] 彭真. 彭真文选 (1941—1990) [M]. 北京：人民出版社，1991.

　　[46] 乔石. 乔石谈民主与法治：上下 [M]. 北京：人民出版社，2012.

　　[47] 中共中央文献研究室. 建国以来重要文献选编：第 1~3 册 [M]. 北
京：中央文献出版社，1992.

　　[48] 中共中央文献研究室. 建国以来重要文献选编：第 4~7 册 [M]. 北
京：中央文献出版社，1993.

　　[49] 中共中央文献研究室. 建国以来重要文献选编：第 8~10 册 [M]. 北
京：中央文献出版社，1994.

　　[50] 中共中央文献研究室. 建国以来重要文献选编：第 11 册 [M]. 北
京：中央文献出版社，1995.

[51] 中共中央文献研究室. 建国以来重要文献选编：第12~13 册 [M].
北京：中央文献出版社，1996.

[52] 中共中央文献研究室. 建国以来重要文献选编：第14~17 册 [M].
北京：中央文献出版社，1997.

[53] 中共中央文献研究室. 建国以来重要文献选编：第18~20 册 [M].
北京：中央文献出版社，1998.

[54] 中共中央文献研究室. 三中全会以来重要文献选编：上下 [M]. 北
京：中央文献出版社，2011.

[55] 中共中央文献研究室. 十二大以来重要文献选编：上中下 [M]. 北
京：中央文献出版社，2011.

[56] 中共中央文献研究室. 十三大以来重要文献选编：上中下 [M]. 北
京：中央文献出版社，2011.

[57] 中共中央文献研究室. 十四大以来重要文献选编：上中下 [M]. 北
京：中央文献出版社，2011.

[58] 中共中央文献研究室. 十五大以来重要文献选编：上中下 [M]. 北
京：中央文献出版社，2011.

[59] 中共中央文献研究室. 十六大以来重要文献选编：上中下 [M]. 北
京：中央文献出版社，2011.

[60] 中共中央文献研究室. 十七大以来重要文献选编：上 [M]. 北京：
中央文献出版社，2009.

[61] 中共中央文献研究室. 十七大以来重要文献选编：中 [M]. 北京：
中央文献出版社，2011.

[62] 中共中央文献研究室. 十七大以来重要文献选编：下 [M]. 北京：
中央文献出版社，2013.

[63] 中共中央文献研究室. 十八大以来重要文献选编：上 [M]. 北京：
中央文献出版社，2014.

[64] 中共中央文献研究室. 十八大以来重要文献选编：中 [M]. 北京：
中央文献出版社，2016.

[65] 中共中央文献研究室. 十八大以来重要文献选编：下 [M]. 北京：
中央文献出版社，2018.

[66] 中共中央文献研究室. 十九大以来重要文献选编：上 [M]. 北京：
中央文献出版社，2019.

[67] 中共中央文献研究室. 论群众路线：重要论述摘编 [M]. 北京：中

央文献出版社，2013.

[68] 中央档案馆. 中共中央文件选集: 第 17 册 [M]. 北京: 中共中央党校出版社，1989.

二、国内学者著作

[69]《中国人民公安史稿》编写组. 中国人民公安史稿 [M]. 北京: 警官教育出版社，1996.

[70] 刘惠恕. 社会治安综合治理论 [M]. 上海: 上海社会科学院出版社，2006.

[71] 王大伟. 第五次警务革命: 十论世界警务大趋势 [M]. 北京: 中国人民公安大学出版社，2012.

[72] 张小兵. 美国联邦警察制度研究 [M]. 北京: 中国人民公安大学出版社，2011.

[73] 夏菲. 论英国警察权的变迁 [M]. 北京: 法律出版社，2011.

[74] 吕绍忠，孙强，文玉花. 中外警察法治若干问题比较: 和谐警务视域中的执法规范化建设 [M]. 北京: 中国人民公安大学出版社，2009.

[75] 陈真，陈合权. 世界警察概论 [M]. 成都: 四川大学出版社，2008.

[76] 中国警察学会公安学基础理论专业委员会中国特色公安研究组. 中国特色公安之研究 [M]. 北京: 群众出版社，1996.

[77] 当代中国的公安工作编辑部. 当代中国的公安工作 [M]. 北京: 当代中国出版社，1992.

[78] 余丽芬. 公安理论方针政策概论 [M]. 北京: 中国人民公安大学出版社，2007.

[79] 公安部《论邓小平人民民主专政思想》编委会. 论邓小平人民民主专政思想 [M]. 北京: 群众出版社，1994.

[80] 朱旭东. 现代国家与公安创新 [M]. 北京: 中国人民公安大学出版社，2008.

[81] 贾东军，国章成. 严打刑事政策: 反犯罪的中国经验 [M]. 北京: 中国人民公安大学出版社，2008.

[82] 马灵喜. 法治 30 年: "回顾·反思·展望" [M]. 北京: 中国人民公安大学出版社，2009.

[83] 高全喜，张伟，田飞龙. 现代中国的法治之路 [M]. 北京: 社会科学文献出版社，2012.

[84] 向池山. 中国社会主义现代警务机制概论 [M]. 北京: 中国人民公

安大学出版社，2010.

[85] 刘伯祥. 公安工作与和谐社会 [M]. 北京：群众出版社，2006.

[86] 李健和. 公安工作改革开放30年 [M]. 北京：群众出版社，2008.

[87] 向党. 中国警务改革战略 [M]. 北京：中国人民公安大学出版社，2010.

[88] 王前勇. 新警务理念探索 [M]. 北京：群众出版社，2010.

[89] 周振国，田翠琴，等. 中国特色社会主义社会建设理论研究 [M]. 石家庄：河北人民出版社，2007.

[90] 高文英. 我国社会转型期的警察权配置问题研究 [M]. 北京：群众出版社，2012.

[91] 汤文俊，刘欣. 警务冲突与控制 [M]. 北京：中国人民公安大学出版社，2010.

[92] 吴跃章. 警务监督理论研究 [M]. 北京：中国人民公安大学出版社，2012.

[93] 张杰. 中国与俄罗斯警务合作与警务比较 [M]. 北京：中国人民公安大学出版社，2012.

[94] 公安部政治部. 公安法制建设研究 [M]. 北京：中国人民公安大学出版社，2007.

[95] 冀祥德. 法治的理念、制度与现实 [M]. 北京：中国人民公安大学出版社，2013.

[96] 吴志攀，刘俊. 中国法制建设研究 [M]. 北京：中国人民大学出版社，2009.

[97] 罗锋. 改革开放30年：中国社会治安形势和犯罪控制战略 [M]. 北京：群众出版社，2009.

三、国外学者著作

[98] 罗伯特·雷纳. 警察与政治 [M]. 易继苍，朱俊瑞，译. 北京：知识产权出版社，2008.

[99] 罗伯特·兰沃西，劳伦斯·特拉维斯. 什么是警察：美国的经验 [M]. 尤小文，译. 北京：群众出版社，2004.

[100] Kenneth J. Peak, Ronald W. Glensor. 社区警务战略与实践 [M]. 刘宏斌，等译. 北京：中国人民公安大学出版社，2013.

[101] 塞缪尔·亨廷顿. 变化社会中的政治秩序 [M]. 王冠华，等译. 上海：上海人民出版社，2007.

[102] 塞缪尔·亨廷顿. 文明的冲突与世界秩序的重建 [M]. 周琪, 等译. 北京: 新华出版社, 2003.

[103] 傅高义. 邓小平时代 [M]. 冯克利, 译. 北京: 生活·读书·新知三联书店, 2013.

[104] 安东尼·吉登斯. 失控的世界: 全球化如何重塑我们的生活 [M]. 周红云, 译. 南昌: 江西人民出版社, 2001.

[105] 松井茂. 警察学纲要 [M]. 吴石, 译. 北京: 生活·读书·新知三联书店, 中国政法大学出版社, 2005.

四、期刊论文

[106] 石镇平. 论马克思主义国家学说的发展逻辑 [J]. 马克思主义研究, 2013 (3): 104-111.

[107] 王光森. 邓小平人民民主专政思想的科学体系 [J]. 安徽工业大学学报 (社会科学版), 2005 (6): 3-5.

[108] 黄生鹏. 论邓小平公安工作思想 [J]. 江苏警官学院学报, 2008 (6): 128-133.

[109] 何立波.1983 年党中央决策"严打"始末 [J]. 检察风云, 2008 (17): 66-68.

[110] 刘杰. 论邓小平的"严打"思想 [J]. 理论界, 1997 (3): 6.

[111] 严励."严打"刑事政策的理性审读 [J]. 上海大学学报 (社会科学版), 2004 (4): 5-18.

[112] 赵远, 王智军. 邓小平理论与新时期公安队伍建设 [J]. 江苏公安专科学校学报, 1999 (1): 5-10.

[113] 周长明. 胡锦涛同志治警思想论析 [J]. 毛泽东思想研究, 2012 (4): 67-72.

[114] 罗小龙. 中国共产党主要领导人的治警思想研究现状综述 [J]. 知识经济, 2013 (4): 73-74.

[115] 江洪明. 论胡锦涛对社会稳定思想的新发展 [J]. 科学社会主义, 2008 (2): 67-70.

[116] 肖扬. 依法治国基本方略的提出、形成和发展 [J]. 求是, 2007 (20): 18-21.

[117] 谢鹏程. 论社会主义法治理念 [J]. 中国社会科学, 2007 (1): 76-88.

[118] 孙文恺. 当代中国"法治理论"三十年发展的省思 [J]. 北方法学,

2009（1）：153-160.

[119] 朱苏力. 社会主义法治理念与资本主义法治思想的比较 [J]. 中国检察官, 2009（1）：73.

[120] 魏永忠. 改革开放以来公安机关机构改革及其启示 [J]. 中国人民公安大学学报（社会科学版）, 2008（6）：7-15.

[121] 郭成伟, 姜晓敏. 依法治国方略与综合治理措施 [J]. 国家行政学院学报, 2000（2）：62-65.

[122] 陶驷驹. 陶驷驹部长在第十九次全国公安会议上的讲话（摘要）[J]. 人民公安, 1996（4）：4-9.

[123] 康大民. 中国警察：公安的百年回顾 [J]. 辽宁警专学报, 2001（4）：9-16.

[124] 朱穗生. 加强虚拟社会管理打击网络违法犯罪 [J]. 公安研究, 2008（1）：21-25.

[125] 薄振峰. 执法为民的内涵和渊源 [J]. 江苏警官学院学报, 2010（5）：68-74.

[126] 周光辉. 如何实现社会管理创新 [J]. 理论视野, 2011（3）：27-29.

[127] 王伟光. 论民主与社会主义民主：关于民主问题的札记 [J]. 红旗文稿, 2012（6）：4-9.

[128] 冯泽文. 新时代的警民关系与社区警务 [J]. 公安研究, 1995（2）：22-25.

[129] 鲍遂献. 中国公安改革大事记 [J]. 人民公安, 1998（21）：4-5.

[130] 鲍遂献. 走向公安法治的阵痛与希望：关于公安执法工作的若干思考 [J]. 公安研究, 2003（9）：23-28.

[131] 崔亚东. 实施社区警务战略是公安工作的里程碑 [J]. 公安研究, 2002（9）：16-20.

[132] 张阳, 刘德法. 流动人口犯罪：现状、原因与防控对策 [J]. 中州学刊, 2012（1）：77-79.

[133] 汪东升. 流动人口犯罪的现状、原因与防治：以北京市为例 [J]. 北京交通大学学报（社会科学版）, 2013（3）：107-112.

[134] 刘晓梅. 流动人口犯罪问题实证分析：以天津市为例 [J]. 城市问题, 2010（5）：75-77.

[135] 福建省厦门市公安局课题组. 流动人口犯罪及其防治对策探析[J].

公安研究, 2011（2）：45-51.

[136] 邓文平，雷涛. 社会转型对犯罪的诱发作用 [J]. 江西社会科学, 2001（2）：183-184.

[137] "广东公安现代化转型问题研究"课题组. 社会转型与广东公安现代化问题研究要论 [J]. 政法学刊, 2006（3）：109-115.

[138] 李锡海. 社会转型与黑社会性质犯罪 [J]. 东岳论丛, 2002（2）：13-18.

[139] 胡新祥. 试论公安机关行政执法转型 [J]. 政法学刊, 2005（4）：83-84.

[140] 王利斌. 试论我国公安工作的多元价值构建 [J]. 公安研究, 2010（6）：85-89.

[141] 张荆. 影响中国犯罪率攀升的六大关系研究 [J]. 中国人民公安大学学报（社会科学版）, 2011（5）：1-10.

[142] 薛典武. 浅论我国警察服务职能定位与服务方式转变 [J]. 公安研究, 2011（10）：85-88.

[143] 张小虎. 转型期犯罪率明显增长的社会分层探析 [J]. 社会学研究, 2002（1）：91-107.

[144] 秦剑平. 对警务运行机制改革的几点认识 [J]. 公安研究, 2005（7）：80-83.

[145] 赵月增. 运用法治思维和法治方式管理公安工作的思考 [J]. 公安研究, 2014（4）：59-63.

[146] 郭跃军，张冬梅. 从毛泽东、邓小平到江泽民：社会主义法制建设的历史发展 [J]. 河北法学, 2004（4）：157-160.

[147] 汪习根. 论法治中国的科学含义 [J]. 中国法学, 2014（2）：108-122.

[148] 吴忠民. 中国现阶段社会矛盾特征分析 [J]. 教学与研究, 2010（3）：5-11.

[149] 邹焕聪. 法治文化视角下官民矛盾的预防化解之道 [J]. 求实, 2013（8）：64-67.

[150] 黄文艺. 对"法治中国"概念的操作性解释 [J]. 法制与社会发展, 2013（5）：7-8.

[151] 向党. 法治国家的警察理念 [J]. 公安教育, 2003（7）：7-10.

[152] 王伟光. 努力推进国家治理体系和治理能力现代化 [J]. 求是,

2014 (6)：5-9.

[153] 陆永，杜永吉. 法治公安的理论诠释与实践路径 [J]. 党政论坛，2014 (4)：26-29.

[154] 王鹰. 法治公安：社会主义法治原则在公安工作中的新发展 [J]. 政法学刊，2009 (6)：88-91.

[155] 王海仁. 法治公安建设的几个重要问题 [J]. 公安学刊 (浙江警察学院学报)，2014 (3)：8-10.

后 记

本书是我主持的山东省社会科学规划项目一般项目"中国特色的社会主义公安理论研究"〔11CKSZ03〕的拓展成果。本课题的研究经历了一个漫长的过程，在申请博士学位期间，也将其作为我的博士学位论文研究的主要内容进行了探析。论文的形成得到了导师周向军教授的精心指导和许多教授的悉心点拨，对书稿的完成产生了积极的影响，在此一并向老师们表示深深的谢意。

本书作为研究项目的拓展成果，从项目申报到保密审核、再到出版，得到了山东警察学院相关部门和山东社科规划办的大力支持，在此一并表示衷心感谢。

本书在写作过程中，参考和吸取了国内外学术界的有关研究成果，所引用和参阅的文献已尽力做了注释，但可能也有疏忽遗漏的地方，在此一并向文献的作者表示诚挚的谢意。

没有家人的支持，就没有今天的成果，谢谢爱我、支持我的家人们。

由于本人才学疏浅、能力所限，本书从体系到内容，从观点到材料，难免有许多不足之处，恳请专家和学者予以批评指正。

隋从容

2022 年 10 月